Colloquial

Bulgarian

THE COLLOQUIAL SERIES
Series Adviser: Gary King

The following languages are available in the Colloquial series:

Afrikaans
Albanian
Amharic
Arabic (Levantine)
Arabic of Egypt
Arabic of the Gulf
Basque
Bengali
Breton
Bulgarian
Burmese
Cambodian
Cantonese
Catalan
Chinese (Mandarin)
Croatian
Czech
Danish
Dutch
English
Estonian
Finnish
French
German
Greek
Gujarati
Hebrew
Hindi
Hungarian
Icelandic
Indonesian
Irish
Italian
Japanese
Kazakh
Korean
Latvian
Lithuanian
Malay
Mongolian
Norwegian
Panjabi
Persian
Polish
Portuguese
Portuguese of Brazil
Romanian
Russian
Scottish Gaelic
Serbian
Slovak
Slovene
Somali
Spanish
Spanish of Latin America
Swahili
Swedish
Tamil
Thai
Tibetan
Turkish
Ukrainian
Urdu
Vietnamese
Welsh
Yiddish
Yoruba
Zulu (forthcoming)

COLLOQUIAL 2s series: *The Next Step in Language Learning*

Chinese
Dutch
French
German
Italian
Portuguese of Brazil
Russian
Spanish
Spanish of Latin America

Colloquials are now supported by FREE AUDIO available online. All audio tracks referenced within the text are free to stream or download from www.routledge.com/cw/colloquials. If you experience any difficulties accessing the audio on the companion website, or still wish to purchase a CD, please contact our customer services team through www.routledge.com/info/contact.

Colloquial
Bulgarian

The Complete Course for Beginners

Kjetil Rå Hauge and
Yovka Tisheva

LONDON AND NEW YORK

First published 1994 by Routledge

Second edition published 2006
by Routledge
2 Park Square, Milton Park, Abingdon, Oxon, OX14 4RN

Simultaneously published in the USA and Canada
by Routledge
711 Third Avenue, New York, NY 10017

Routledge is an imprint of the Taylor & Francis Group, an informa business

British Library Cataloguing in Publication Data
A catalogue record for this book is available from the British Library

Library of Congress Cataloging in Publication Data
Hauge, Kjetil Rå, 1945–.
Colloquial Bulgarian: the complete course for beginners/
Hauge, Kjetil Rå and Yovka Tisheva. – 2nd edn.
p. cm – (The colloquial series)
Includes index.
1. Bulgarian language – Textbooks for foreign speakers –
English. I. Tisheva, Yovka. II. Title. III. Series
PG839.5.E5R33 2006
491.8′182421 – dc22 2005024942

ISBN: 978-1-138-94963-8 (pbk)

Typeset in Times Ten by
Florence Production Ltd, Stoodleigh, Devon

Contents

Introduction vii

1 **Запозна́нство** 1
Getting acquainted

2 **В хоте́ла и вкъщи** 12
In the hotel and at home

3 **В рестора́нта** 22
In the restaurant

4 **Телефо́нен ра́зговор** 36
Telephone conversation

5 **Кни́ги и ве́стници** 50
Books and newspapers

6 **На поку́пки** 63
Shopping

7 **Оти́ваме на паза́р** 75
Going to the market

8 **Пъту́ване** 87
Travelling

9 **Семе́йство** 100
Family

10 **Здра́ве** 111
Health

11 На ки́но 122
Going to the cinema

12 И́мен де́н 135
Name-day

13 Вре́мето 148
The weather

14 Ма́дарският ко́нник 161
The Madara Horseman

15 Президе́нт за еди́н де́н 174
President for a day

16 Изгу́беният биле́т 185
The lost ticket

17 Ка́к прека́рах ля́тната вака́нция 197
How I spent my summer holiday

Grammar overview 210
Key to exercises 229
Bulgarian–English glossary 252
Index 282

Introduction

Bulgarian is the language of the Republic of Bulgaria, with a population of just under eight million according to the 2001 census. It is relatively easy to learn, with a less complicated grammar than most of its brethren in the family of Slavic languages, as for instance Polish and Russian. Church Slavonic, which was first put into writing in the ninth century and became the liturgical language of Eastern Orthodoxy, is seen as its distant relative (or ancestor, in the prevailing Bulgarian viewpoint). During the five centuries of Ottoman domination, starting in the later part of the Middle Ages, the language fell into disuse, although it saw a renaissance from the eighteenth century onwards.

The alphabet

The alphabet is shown on the next page. Pronunciation is relatively simple. There are very few historically motivated spellings – words are usually pronounced as they are spelled.

Voiced and voiceless consonants

The consonants **б**, **в**, **г**, **д**, **ж** and **з** (as well as their equivalents in English) are voiced – that is, pronounced with vibration of the vocal chords. Their voiceless counterparts are **п**, **ф**, **к**, **т**, **ш** and **с**. Consonants at the end of a word are pronounced as voiceless, no matter how they are spelled: **ше́ф** 'boss' is pronounced just like **ше́в** 'seam', with /f/ as the final sound.

In clusters of two or more consonants, all are pronounced either voiced and voiceless, with the last consonant deciding the matter: **о́тговор** 'answer' is pronounced as if it is written '**одговор**'.

The alphabet (Audio 1; 1)

Printed	*Handwriting*	*Example*	*Pronounced as in*
А а	А а	**á**з	f**a**r
Б б	Б б	**б**алкóн	**b**oat
В в	В в	**в**áна	**v**ery
Г г	Г г	**г**рáд	**g**ood
Д д	Д д	**д**éн	**d**ay
Е е	Е е	**é**то	b**e**t
Ж ж	Ж ж	**ж**енá	a**z**ure
З з	З з	**з**áпад	**z**oo
И и	И и	**и́**скам	k**ee**p
Й й	Й й	тó**й**	**y**oke
К к	К к	**к**óй	s**c**an
Л л	Л л	**л**и́фт	**l**ive
М м	М м	**м**óй	**m**ay
Н н	Н н	**н**áс	**n**ose
О о	О о	**ó**сем	m**o**le
П п	П п	**п**áк	s**p**end
Р р	Р р	**р**áно	**r**ed
С с	С с	**с**áм	**s**ay
Т т	Т т т̄	**т**áм	s**t**ay
У у	У у	**ý**тре	f**oo**d
Ф ф	Ф ф	**ф**и́лм	**f**ood
Х х	Х х	**х**óдя	Scottish lo**ch**
Ц ц	Ц ц	**ц**енá	ca**ts**
Ч ч	Ч ч	**ч**áй	**ch**urch
Ш ш	Ш ш	**ш**éф	**sh**e
Щ щ	Щ щ	**щ**áнд	a**sht**ray
Ъ ъ	Ъ ъ	п**ъ́**т	p**u**b
Ь ь	Ь ь		(see below)
Ю ю	Ю ю	**ю́**ли	**yu**letide
Я я	Я я	**я́**м	**ya**rd

Hard and soft consonants

The consonants **б**, **в**, **г**, **д**, **з**, **к**, **л**, **м**, **н**, **п**, **р**, **с**, **т**, **ф**, **х**, and **ц** have what we call 'hard' and 'soft' variants. Try to think of where you place your tongue when you pronounce the first sound in 'day'. Or, even better, try it now, and you will feel that the tip of your tongue is right behind your upper front teeth. Lift the middle part of your tongue towards the roof of the mouth (the palate), and you have a 'soft' d.

There are no special letters for the 'soft' variants. Instead, the burden of indicating them is shifted to the vowel sign: **дал** is pronounced with a hard **д** and means '[he/she] gave', while **дял** is pronounced with a soft **д** and means 'part'. So, although these two words are written with different vowel signs, the difference is not in the vowel, but in the first consonant. When the letters **ю** and **я** come after a consonant, they stand for the vowels **у** and **а**, but *in addition* indicate that the consonant is soft. The letter combination **ьо** indicates a soft consonant before the vowel **о**, e.g. **шофьо́р** 'driver', and it is the only context in which you will find **ь**.

Two sounds in one sign

The letter **щ** expresses two sounds, **ш** and **т**, in much the same way that 'x' expresses 'k' and 's' in English 'six': e.g. **къща** 'house' is pronounced '**къшта**'.

At the beginning of a word and after a vowel, the letters **ю** and **я** stand for the 'y'-sound of English 'yet' when followed by the vowels **у** and **а**.

Stress

Stress can fall on any syllable of a word and where you put it may affect the meaning of the word, e.g. **въ́лна** means 'wool' while **вълна́** means 'wave'. Stress is not usually indicated except in grammars and dictionaries, and books like the one you are reading now. And we go a little bit further: in one-syllable words, stress is not usually indicated, as there is just one place where the stress could fall. But there is a group of one-syllable words that are *never* stressed, or are stressed only under special circumstances, so in this book we distinguish, for example, the stressed **да́** meaning 'yes' from the unstressed **да** meaning '(in order) to'.

Unstressed vowels, especially **a** and **o**, are often pronounced less distinctly than stressed vowels, with the pronunciation of **a** tending towards **ъ** and **o** pronounced like **y**.

Alphabet practice

Start by reading a couple of words that contain only familiar letters:

та́м	[tam]	there
те́ма	[tεma]	theme
то́м	[tɔm]	volume, tome
то́к	[tɔk]	current

Then you can add a few more letters that are still familiar, but have different sound values from the ones they have in Latin script. You will quickly notice words that have been borrowed from European languages, mostly from English:

aка́унт	[ak'aunt]	account
кроаса́н	[krɔas'an]	croissant
ре́кет	[r'εkεt]	racket
ро́кер	[r'ɔkεr]	rocker

Now go on to the units. In each unit you will find three dialogues, several language points and several exercises. In the first units the dialogues are translated for you, but after a while they are phased out and you will need to rely on the list of new words after each dialogue, as well as the full Bulgarian–English glossary (pp. 252–81). Some units contain culture notes and some of the later units also contain reading passages. Keys to the exercises are given on pp. 229–51.

By the end of this course you will have developed the following skills:

- a basic vocabulary of more than a thousand words;
- the basics of Bulgarian grammar, with emphasis on the verb system;
- phrases to help you in real-life situations;
- good pronounciation habits;
- listening comprehension for normal native speech;
- some reading practice for newspaper language.

Abbreviations used

adj.	adjective	m.	masculine
adv.	adverb	p.	person
coll.	collective	part.	(past active) participle
colloq.	colloquial	pf.	perfective
conj.	conjunction	pl.	plural
f.	feminine	prep.	preposition
imp.	imperative	sing.	singular
impers.	impersonal	voc.	vocative
impf.	imperfective		

Dialogue 3 (Audio 1; 8)

At the café, Ana grabs a menu from the next table and hands it to Mary.

Áна: Заповя́дай! И́скаш ли ча́й или кафе́?
Ме́ри: Кафе́, мо́ля.
Áна: Со́к или ко́ла не и́скаш ли?
Ме́ри: Не́, благодаря́, са́мо кафе́, мо́ля.
Георги: А́з тръгвам. Къ́сно е ве́че. Дови́ждане, А́на, дови́ждане, Ме́ри! Прия́тен де́н!
А́на и Ме́ри: Дови́ждане, Гео́рги!

ANA: *Here you are! Do you want [some] tea or coffee?*
MARY: *Coffee, please.*
ANA: *Don't you want any juice or Coke?*
MARY: *No, thank you, just coffee, please.*
GEORGI: *I'm leaving. It's late already. Goodbye, Ana, goodbye, Mary! [Have a] nice day!*
ANA and MARY: *Goodbye, Georgi!*

Vocabulary

и́скам	to want	**ча́й**	tea
со́к	juice	**ко́ла**	Coca-Cola, Coke
тръ́гвам	to leave	**къ́сно**	late
ве́че	already		

Exercise 9

Complete the following sentences, using the example given below.

Example: **А́з тръ́гвам. Ти́ тръ́гваш ли?**
I am leaving. Are you leaving?

1 А́на тръгва. Гео́рги _____ ли?
2 А́з и́скам кафе́. Ти́ _____ ли?
3 Ни́е тръгваме. Ви́е _____ ли, госпожа́ Анто́нова?
4 А́з и́скам кафе́. Ти́ _____ ли кафе́?
5 А́з бързам. Ти́ _____ ли?
6 Те́ бързат. Ви́е _____ ли, А́на и Гео́рги?

1 Запозна́нство

Getting acquainted

In this unit you will learn how to:

- Greet people
- Apologise
- Say goodbye
- Ask about nationalities and professions
- Use verbs of the **a**-class

Dialogue 1

Ana meets her good friend Georgi at the café.

А́на: Здраве́й, Гео́рги. Ка́к си?
Гео́рги: Благодаря́, добре́ съм. А ти́?
А́на: И а́з съм добре́. И́мам мно́го ра́бота дне́с.
Гео́рги: И́маш ли вре́ме за кафе́?
А́на: Съжаля́вам, но́ ня́мам вре́ме.
Гео́рги: Бъ́рзаш ли?
А́на: Да́, мно́го. И́мам сре́ща с Ме́ри. Тя́ присти́га от Ло́ндон. Ча́о, Гео́рги!
Гео́рги: Ча́о, А́на!

ANA: *Hello, Georgi. How are you?*
GEORGI: *Thank you, I'm fine. And you?*
ANA: *I'm fine too. I have a lot of work today.*
GEORGI: *Do you have time for coffee?*
ANA: *I'm sorry, but I don't have time.*
GEORGI: *Are you in a hurry?*
ANA: *Yes, very much [so]. I have a meeting with Mary. She is arriving from London. Bye, Georgi!*
GEORGI: *Bye, Ana!*

Vocabulary

здраве́й	hi, hello	**ка́к си?**	how are you?
благодаря́	thank you	**добре́**	fine, well
мно́го	much, a lot	**ра́бота**	work
дне́с	today	**вре́ме**	time
бъ́рзам	to hurry	**съжаля́вам**	to be sorry, regret
сре́ща	meeting; date	**присти́гам**	to arrive
ча́о	bye!		

Language points 1

Present tense, a*-verbs*

Bulgarian verbs are grouped in three patterns, **a**-verbs, **и**-verbs and **e**-verbs, according to how their present tense is formed. There is no infinitive (for more about this, see Unit 2, pp. 17–18), so the first person singular (the 'I' form) is used as the dictionary form. Here is **и́мам** 'to have':

а́з и́мам	I have
ти́ и́маш	you (sing.) have
то́й и́ма/тя́ и́ма/то́ и́ма	he has/she has/it has
ни́е и́маме	we have
ви́е и́мате	you (pl.) have
те́ и́мат	they have

The verbs in Dialogue 1, **съжаля́вам** 'to regret', **бъ́рзам** 'to hurry', **и́скам** 'to want' and **присти́гам** 'to arrive', all follow this pattern:

А́з съжаля́вам.	I am sorry.
А́на бъ́рза.	Ana is in a hurry.
Ни́е и́скаме кафе́.	We want coffee.
Те́ присти́гат от Ло́ндон.	They arrive from London.

The plural form of 'you' **ви́е** is also used for addressing strangers and people you want to be polite to. Ana and Georgi, however, are good friends and use the **ти́** form. The **ви́е** form is written with a capital **в** in letters, but not in literary works or newspapers.

As all the forms have distinct endings, there is not any need to use a personal pronoun with the verb unless you want to put special emphasis on the pronoun:

Ѝмам вре́ме за кафе́.
I have time for coffee.

Ѝмаме вре́ме за кафе́.
We have time for coffee.

Са́мо тѝ ѝмаш вре́ме за кафе́.
Only you have time for coffee.

In the third person ('he'/'she'/'it'/'they'), though, you may sometimes need to use the pronoun to avoid ambiguity:

Гео́рги ѝма сре́ща с А́на. Тя́ пристѝга от Ва́рна следо́бед.
Georgi has a meeting with Ana. She's arriving from Varna in the afternoon.

Without the pronoun **тя́** 'she' in the sentence above, there would be no way of knowing who's arriving, Georgi or Ana.

Exercise 1

Select a suitable form of **ѝмам** from the forms in parentheses.

1 А́на _____ (ѝмат, ѝма, ѝмаме) мно́го ра́бота дне́с.
2 Нѝе _____ (ѝмаме, ѝмаш, ѝмате) сре́ща с Мери.
3 А́на и Гео́рги, вѝе _____ (ѝмаш, ѝмам, ѝмате) ли вре́ме за кафе́?
4 А́з вѝнаги (always) _____ (ѝмам, ѝма, ѝмате) вре́ме за кафе́, а тѝ _____ (ѝмаме, ѝмаш, ѝмам) ли?

Alphabet practice

Practise some more strange letters in familiar words:

бо́нус	[b'ɔnus]	bonus
бро́кер	[br'ɔkɛr]	broker
да́ртс	[darts]	darts
бѝнго	[b'ingɔ]	bingo
вѝдео	[v'ideɔ]	video
диза́йн	[diz'ajn]	design
ла́птоп	[l'aptɔp]	laptop

'To be' – 'I am', 'you are' . . .

This is how we use the verb 'to be' in Bulgarian:

а́з съм	I am
ти́ си	you (sing.) are
то́й е/тя́ е/то́ е	he is/she is/it is
ни́е сме	we are
ви́е сте	you (pl.) are
те́ са (pronounced **те́ съ**)	they are

Here are some examples:

А́з съм добре́.	I'm fine.
Ти́ си добре́.	You are fine.
Тя́ е от А́нглия.	She is from England.
То́й е ту́к.	He is here.
Ни́е сме от Со́фия.	We are from Sofia.
Ви́е сте добре́.	You (pl. or sing. formal) are fine.
Те́ са от Ва́рна.	They are from Varna.

Exercise 2

Rearrange the following sentences to make a conversation.

А ти́? Ка́к си? И а́з съм добре́.
Благодаря́, добре́ съм.

Exercise 3

Put the correct pronoun in place, choosing from:

а́з *аз* I, **ти́** *ти* you (sing.), **то́й** *той* he,
тя *тя* she, **то́** *то* it, **ни́е** *ние* we, **ви́е** *вие* you (pl.),
те́ *те* they

1 _____ и́мам сре́ща с Ге́орги.
2 _____ присти́гат от Ло́ндон.
3 И _____ сме добре́.
4 _____ съм от Ма́нчестър.
5 Откъде́ е Ме́ри? _____ е от Ло́ндон.
6 _____ и́мате ли вре́ме за кафе́?

Unstressed words

Notice that the pronouns **áз**, **ти́**, . . . 'I', 'you', . . ., are stressed, while the forms of 'to be', **съм**, **си**, . . ., are unstressed. Bulgarian has a special class of unstressed words, which you will see more of in the following units. They have a second characteristic that goes with being unstressed: they may never immediately follow a pause, or (for most practical purposes) they may never stand at the beginning of a sentence. So, if you need to use an explicit personal pronoun for emphasis, you say:

áз съм добрé	I'm fine
тé са добрé	they're fine

However, normally you don't need the pronoun, so you will just say:

добрé съм	I'm fine
добрé са	they're fine

with the unstressed word after the stressed word. Think of the unstressed words as fragile little things that cannot stand the cold draught from the sentence border and have to be tucked behind a fully stressed word!

Exercise 4

Complete the following with the correct form of **съм** 'to be'.

1 А́з _____ от А́нглия.
2 Гео́рги _____ от Бълга́рия.
3 Ти́ _____ от Со́фия.
4 А́на и Гео́рги _____ от Ва́рна.
5 Тя́ _____ от Ло́ндон.
6 Ви́е _____ от Шотла́ндия.
7 Ни́е _____ от Ма́нчестър.

Exercise 5

Remove the personal pronoun from the following sentences and rearrange word order as needed.

Example: **А́з съм добрé** – ***Добрé съм***

1 Ти́ си добрé. __________ .
2 Ни́е сме добрé. __________ .

3 Ви́е сте от Ло́ндон. _________ .
4 Ви́е сте добре́. _________ .
5 Ти́ си от Ва́рна. _________ .
6 Тя́ е добре́. _________ .

Dialogue 2

Much later, Georgi is still at the café. Ana returns with Mary.

А́на:	До́бър де́н, Гео́рги. Запозна́й се с госпожа́ Ме́ри Уа́йт!
Ме́ри:	Не́ госпожа́ Уа́йт, Ме́ри, мо́ля.
Гео́рги:	А́з съм Гео́рги. Прия́тно ми е.
Ме́ри:	И а́з се ра́двам.
Гео́рги:	Ви́е сте англича́нка, нали?
Ме́ри:	Да́, англича́нка съм.
Гео́рги:	Откъде́ сте?
Ме́ри:	От Ло́ндон. Ви́е студе́нт ли сте?
Гео́рги:	Не́, програми́ст съм.

ANA:	*Good afternoon, Georgi. Meet* (lit. 'get acquainted with') *Ms Mary White!*
MARY:	*Not 'Ms White', Mary, please.*
GEORGI:	*I'm Georgi. Pleased to meet you.*
MARY:	*I'm pleased too.*
GEORGI:	*You are English, aren't you?*
MARY:	*Yes, I'm English.*
GEORGI:	*Where are you from?*
MARY:	*From London. Are you a student?*
GEORGI:	*No, I'm a programmer.*

Vocabulary

до́бър де́н	good morning, good afternoon
мо́ля	please
прия́тно ми е	pleased to meet you (stock phrase at introductions)
откъде́	from where
програми́ст	programmer

Language points 2

Nationalities are always expressed by separate words for men and women:

Америка́нец, америка́нка	American man, American woman
Англича́нин, англича́нка	Englishman, Englishwoman
Герма́нец, герма́нка	German man, German woman
Ту́рчин, турки́ня	Turkish man, Turkish woman
Италиа́нец, италиа́нка	Italian man, Italian woman
Бъ́лгарин, бъ́лгарка	Bulgarian man, Bulgarian woman

Negation

Negation is expressed by **не**, which usually goes before the verb.

А́з съжаля́вам	I regret
А́з не съжаля́вам	I don't regret
Ни́е и́скаме кафе́	We want coffee
Ни́е не и́скаме кафе́	We don't want coffee

In this spot before the verb, **не** has a curious behaviour: it is a stressed word, but the stress is transferred to the word that immediately follows. In this way, the unstressed words that you remember from earlier in this unit may become stressed:

А́з не съ́м бъ́лгарин.	I am not a Bulgarian.
Тя́ не е́ герма́нка.	She is not a German (woman).

This has no effect when the following word is a stressed word: in **ни́е не и́скаме кафе́** above the verb **и́скаме** does not get more stress than it already has, but in **А́з не съ́м бъ́лгарин** the normally unstressed **съм** has received the stress from **не**, which is left without stress. (In the he/she forms, you may sometimes hear **не́ е** as well as **не е́**.)

If you listen closely, you will also hear that when Mary says '**Не́ госпожа́ Уайт**' in the dialogue, the **не́** is stressed, because here it is not in front of a verb!

The verb ня́мам

In just one verb, the negation particle **не** fuses with the verb to form a new verb with incorporated negation: **ня́мам** 'not to have' (compare with **и́мам** 'to have'). Apart from that, it behaves like any other **a**-verb:

И́мате ли кафе́? – Не́, ня́маме.
Do you have coffee? – No, we don't.

И́маш ли вре́ме за кафе́? – Не́, ня́мам.
Do you have time for coffee? – No, I haven't.

Questions

Yes/no-questions are formed by adding the question particle **ли**:

То́й е бъ́лгарин. He is a Bulgarian.	**То́й бъ́лгарин ли е?** Is he a Bulgarian?
А́на и́ма вре́ме за кафе́. Ana has time for coffee.	**А́на и́ма ли вре́ме за кафе́?** Does Ana have time for coffee?

This particle is always unstressed. Put it after the verb or whatever other word constitutes the base for the question:

Ня́мате ли вре́ме за кафе́?
Don't you have time for coffee?

Ту́к ли е Гео́рги?
Is Georgi here?

For the other type of questions, those that are not answerable with 'yes' or 'no', you use question-words. Most question-words in Bulgarian begin with **к-**: e.g. **как** 'how', **къде** 'where'.

Ка́к е Гео́рги?
How is Georgi?

Къде́ е А́на?
Where is Ana?

Polite address

Address people as **ви́е**, unless you know them very well and/or they suggest you use **ти́**. Ana introduces her friend rather formally as **госпожа́ Ме́ри Уа́йт**. She could also have used **госпо́жица** ('Miss') **Уа́йт**, as Mary is single, but **госпожа́** ('Mrs') is commonly used as an equivalent to 'Ms'. Although Mary insists on being addressed by her first name, Georgi still uses the **ви́е** form – after all, they have only just met.

Exercise 6

Complete the answers to the following questions.

Example: **Ме́ри бъ́лгарка ли е? – Не́, не е́.**
Is Mary (a) Bulgarian? – No, she isn't.

1 **А́на и́ска ли кафе́? – Не́, _________ .**
(Does Ana want coffee? – No, _________ .)

2 **А́на бъ́лгарка ли е? – Да́, _________ .**
(Is Ana Bulgarian? – Yes, _________ .)

3 **А́на и Ме́ри и́скат ли кафе́? Не́, _________ .**
(Do Ana and Mary want coffee? – No, _________ .)

4 **Америка́нец ли си? Да́, _________ .**
(Are you American? – Yes, _________ .)

5 **Гео́рги и А́на от А́нглия ли са? Не́, _________ .**
(Are Georgi and Ana from England? – No, _________ .)

Exercise 7

Do some silly, persistent questioning. Ask Georgi what nationality he is, using **америка́нец**, **англича́нин**, **герма́нец**, **ту́рчин**, **италиа́нец**, **бъ́лгарин** (of which obviously only one will be correct) with the **ти́** form, and give his answers.

Example: **Гео́рги, америка́нец ли си?**
– Не́, не съм америка́нец.

Georgi, are you an American?
– No, I am not an American.

Exercise 8

Ask Mary the same questions, using the **ви́е** form and **америка́нка**, **англича́нка**, **герма́нка**, **турки́ня**, **италиа́нка**, **бъ́лгарка**.

Example: **Мéри**, **америка́нка ли сте?**
– Нé, **не съм америка́нка.**

Mary, are you an American?
– No, I am not an American.

Cultural note: 'yes'/'no' in body language

You may have heard that the Bulgarian body language for 'yes' and 'no' is the other way round from Western European equivalents. That is to some extent true, but we want to give you the full picture. The following is about as difficult as it gets in this book, so give us your full attention.

The 'no' you are used to is a head shake, the opposite, 'yes', is a nod. Bulgarian body language 'no' is not a 'nod', which usually starts from above going down and may be repeated, but a single nod starting from below and going up. It may, for good measure, be accompanied by the sound that in English expresses disapproval and is usually represented by 'tsk, tsk', but in Bulgarian there is usually only one instance of 'tsk'.

The 'yes' you are used to is a nod, the opposite, 'no', is a head shake. Bulgarian 'yes' in body language is not a quick shaking of the head, but rather a leisurely wagging from side to side, with no accompanying sound.

Got that? The rest of the book will be a breeze. (Oh, and people in the tourist business often try to adjust their body language to what is common in Western Europe. But do hang on in there.)

Dialogue 3 (Audio 1; 8)

At the café, Ana grabs a menu from the next table and hands it to Mary.

Áна: Заповя́дай! И́скаш ли ча́й или кафé?
Мéри: Кафé, мóля.
Áна: Сóк или кóла не и́скаш ли?
Мéри: Нé, благодаря́, са́мо кафé, мóля.
Георги: А́з тръгвам. Къ́сно е вéче. Дови́ждане, А́на, дови́ждане, Мéри! Прия́тен дéн!
А́на и Мéри: Дови́ждане, Геóрги!

ANA: *Here you are! Do you want [some] tea or coffee?*
MARY: *Coffee, please.*
ANA: *Don't you want any juice or Coke?*
MARY: *No, thank you, just coffee, please.*
GEORGI: *I'm leaving. It's late already. Goodbye, Ana, goodbye, Mary! [Have a] nice day!*
ANA and MARY: *Goodbye, Georgi!*

Vocabulary

и́скам	to want	**ча́й**	tea
сóк	juice	**кóла**	Coca-Cola, Coke
тръгвам	to leave	**къ́сно**	late
вéче	already		

Exercise 9

Complete the following sentences, using the example given below.

Example: **А́з тръгвам. Ти́ тръгваш ли?**
I am leaving. Are you leaving?

1 А́на тръгва. Геóрги _____ ли?
2 А́з и́скам кафé. Ти́ _____ ли?
3 Ни́е тръгваме. Ви́е _____ ли, госпожа́ Антóнова?
4 А́з и́скам кафé. Ти́ _____ ли кафé?
5 А́з бързам. Ти́ _____ ли?
6 Тé бързат. Ви́е _____ ли, А́на и Геóрги?

2 В хоте́ла и вкъ́щи

In the hotel and at home

In this unit you will learn how to:

- Ask about availability
- Express qualities by using adjectives
- Use verbs of the **и**-class

Dialogue 1 (Audio 1; 9)

On a hot summer's day, Georgi Petrov arrives at the hotel.

Гео́рги:	До́бър де́н. Ка́звам се Гео́рги Петро́в. И́мам резерва́ция за то́зи хоте́л.
Служи́телка:	До́бър де́н, господи́н Петро́в, добре́ дошли́. Еди́н моме́нт са́мо . . . (*checks the reservations*). Да́, е́то: Гео́рги Петро́в, едини́чна стáя, за една́ но́щ. Каква́ ста́я и́скате – с ду́ш или́ с ва́на?
Гео́рги:	Предпочи́там с ва́на. И́ма ли телеви́зор?
Служи́телка:	Да́, разби́ра се. Зна́чи, едини́чна ста́я с ва́на.
Гео́рги:	Да́, то́чно така́. Пъту́вам с кола́. И́ма ли па́ркинг?
Служи́телка:	Да́, и́ма голя́м и удо́бен па́ркинг.

GEORGI:	*Good morning. My name is Georgi Petrov. I have a reservation at this hotel.*
RECEPTIONIST:	*Good morning, Mr Petrov. Just a moment . . . yes, here it is: Georgi Petrov, single room, for one night. What kind of room do you want – with a shower or with a bathtub?*
GEORGI:	*I prefer [one] with a tub. Is there a TV set?*

RECEPTIONIST:	*Yes, of course. So, a single room with a bath.*
GEORGI:	*Yes, right. I'm travelling by car. Is there a car park?*
RECEPTIONIST:	*Yes, there is a large and convenient car park.*

Vocabulary

ка́звам се	my name is	**резерва́ция**	booking
добре́ дошли́	welcome!	**е́то**	here; here it is
едини́чна стая́	single room	**но́щ** (f.)	night
с	with	**ду́ш**	shower
ва́на	bath(tub)	**предпочи́там**	to prefer
телеви́зор	television set	**разби́ра се**	of course
то́чно така́	right, exactly	**пъту́вам**	to travel
кола́	car	**па́ркинг**	car park
голя́м	large, big	**удо́бен**	convenient

Language points 1

Gender of nouns

Nouns in Bulgarian belong to one of three genders: masculine, feminine or neuter. The gender can in most cases be gleaned from the ending:

- Nouns ending in a consonant (including **й**) are usually masculine:

студе́нт	(male) student
мъ́ж	man
музе́й	museum

- Nouns ending in **-а** or **-я** are feminine:

студе́нтка	(female) student
жена́	woman
стая́	room

- Some feminine nouns also end in a consonant:

но́щ	night
ве́чер	evening

- Nouns ending in **-о** or **-е** are neuter:

мя́сто	place
и́ме	name
небé	sky

So why do you need to know the gender of a noun? Among other things, to use the correct pronoun: you use the masculine and feminine pronouns **тóй** and **тя́** not only to refer to males and females, but also to refer to any masculine or feminine noun:

Къдé е А́на? – Тя́ е ту́к.
Where's Ana? – She is here.

Гeóрги и́ма колá. Тя́ е ту́к.
Georgi has a car. It is here.

И́маме голя́м пáркинг. Тóй е отсрéща.
We have a large car park. It is just opposite.

Gender of adjectives

Adjectives are words that describe the qualities or properties of things, and they go in front of the nouns they qualify. They change according to the gender of the noun, nicely echoing the pattern you have already seen for the nouns. The masculine form usually ends in a consonant:

вéсел студéнт	merry (male) student
стáр мъж	old man
ху́бав музéй	nice museum

The masculine form is also the look-up form that appears in dictionaries. Add **-а** to form the feminine:

вéсела студéнтка	merry (female) student
млáда жена	young woman
ху́бава стáя	nice room

Add **-о** to form the neuter:

ху́баво мя́сто	nice place
ху́баво и́ме	nice name
си́во небé	grey sky

Pointing

The word 'this' in Bulgarian changes by gender:

<u>то́зи</u> хоте́л е голя́м	this hotel is big
<u>та́зи</u> кола́ е но́ва	this car is new
<u>това́</u> мя́сто е ху́баво	this place is nice

The neuter form **това́** may also be used on its own:

<u>това́</u> е Ме́ри	this is Mary
<u>това́</u> е чуде́сно	this is wonderful

Existence – и́ма/ня́ма

You already know the verbs **и́мам** 'to have' and **ня́мам** 'not to have'. When used in the third person singular **и́ма** and **ня́ма**, they can also have the meanings 'there is' and 'there is not':

И́ма ли па́ркинг?	Is there a car park?
Не́, ня́ма па́ркинг.	No, there isn't a car park.

Exercise 1

Match the adjectives on the right with the nouns on the left.

стая	голям
мъж	удобен
паркинг	стар
хотел	голяма

Dialogue 2 (Audio 1; 11)

Svetla goes to see the Petrov family. She rings the bell, and Milena opens the door.

Миле́на:	Здраве́й, Све́тла. Заповя́дай, вле́з!
Све́тла:	Здраве́й, Миле́на. Но́ся ти цветя́, заповя́дай!
Миле́на:	Какъ́в краси́в буке́т! Благодаря́ мно́го!
Све́тла:	Мо́ля. (*Looking around*) И́мате мно́го ху́бав апартаме́нт.
Миле́на:	Да́, ху́бав е. Ма́лък, но удо́бен. И́ма ку́хня, спа́лня и хо́л.

Све́тла: И́ма ли балко́н?
Миле́на: Да́, и́ма голя́м балко́н.
Све́тла: Къде́ е Ге́орги?
Миле́на: О́ще е на ра́бота.
Све́тла: То́й мно́го рабо́ти. А ти́ ка́к си? Какво́ но́во?
Миле́на: И́ а́з ня́мам мно́го свобо́дно вре́ме. Сега́ у́ча не́мски.
Све́тла: Ти́ не гово́риш ли не́мски?
Миле́на: Гово́ря английски и ру́ски, разби́рам ма́лко не́мски, но не гово́ря добре́ то́зи ези́к. Сега́ хо́дя на ку́рс по не́мски.

MILENA: *Hello, Svetla. Please come in!*
SVETLA: *Hello, Milena. I'm bringing you flowers, here you are!*
MILENA: *What a beautiful bouquet! Thanks very much!*
SVETLA: *You're welcome. You* (pl.) *have a very nice flat.*
MILENA: *Yes, it's nice. Small but comfortable. It has a kitchen, a bedroom and a sitting room.*
SVETLA: *Does it have a balcony?*
MILENA: *Yes, it has a large balcony.*
SVETLA: *Where's Georgi?*
MILENA: *He's still at work.*
SVETLA: *He works a lot. And how are you? What's new?*
MILENA: *I too don't have much free time. I am studying German now.*
SVETLA: *You don't speak German?*
MILENA: *I speak English and Russian, [and] I understand a bit of German, but I don't speak that language well. I am taking* [lit. 'going to'] *German lessons now.*

Vocabulary

но́ся, -иш	to bring, carry	**цветя́** (pl.)	flowers
краси́в	beautiful	**буке́т**	bunch, bouquet
мо́ля	you're welcome, don't mention it	**ху́бав**	beautiful, fine
апартаме́нт	apartment, flat	**ма́лък, -лка**	small
ку́хня	kitchen	**спа́лня**	bedroom
хо́л	sitting room	**балко́н**	balcony
о́ще	still, yet	**рабо́тя, -иш**	to work
но́в	new	**свобо́ден, -дна**	free, available
у́ча, -иш	to study	**не́мски**	German

говóря, -иш	to speak	**английски**	English
рýски	Russian	**разбúрам**	to understand
мáлко	a little	**езúк**	language
сегá	now, at the moment	**хóдя; хóдя на кýрс**	to go; to go to lessons

Language points 2

Verbs in -и-

This is how **и**-verbs change in person and number. You will note slight differences in the endings as compared with the **а**-verbs:

áз говóря	I speak
тú говóриш	you (sing.) speak
тóй/тя́/тó говóри	he/she/it speaks
нúе говóрим	we speak
вúе говóрите	you (pl. and formal) speak
тé говóрят	they speak

Bulgarian has no infinitive form (e.g. 'to speak'), so verbs are listed in dictionaries under their first person singular form: **úмам** 'to have', **говóря** 'to speak'. Unfortunately, you are not always able to tell which group the verb belongs to from this form. It is safe to assume that all verbs ending in **-ам** in their dictionary form are **а**-verbs. Also, that most (not all) verbs ending in **-я** are **и**-verbs, as are verbs ending in **-ча**, such as **у́ча** 'to study'. A good rule is to learn both the first and second person singular of any new verb, e.g.: **гово́ря**, **гово́риш**; **у́ча**, **у́чиш**.

Disappearing vowels

Some adjectives have a vowel in the last syllable of the masculine form that disappears in the other forms, for example:

ма́лък хоте́л	small hotel
ма́лка ста́я	small room
ма́лко кафе́	small café
удо́бен хоте́л	comfortable hotel
удо́бна ста́я	comfortable room
удо́бно мя́сто	comfortable place

These adjectives end in either **-ен** or **-ъ-** plus a consonant, but not all adjectives with these endings lose their last vowel. Therefore, we indicate disappearing vowels in the vocabulary, as you have seen for **ма́лък** and **свобо́ден** above (p. 16).

Exercise 2

Complete the following with the correct form of **то́зи** 'this'.

1 Е́то една́ кола́. И́скаш ли _____ кола́?
2 Е́то еди́н буке́т. И́скаш ли _____ буке́т?
3 Е́то едно́ кафе́. И́скаш ли _____ кафе́?
4 Е́то еди́н телеви́зор. И́скаш ли _____ телеви́зор?

Exercise 3

Complete the following with the correct form of **гово́ря** 'to speak'.

1 А́з _____ не́мски.
2 Те́ _____ са́мо бъ́лгарски и англи́йски.
3 А́на _____ с Ге́орги.
4 Ти́ _____ ли не́мски?
5 Ни́е _____ са́мо англи́йски, а Миле́на _____ и ру́ски.

Exercise 4 (Audio 1; 12)

Answer the following questions.

1 Ти́ рабо́тиш ли? – Да́, _____ .
2 Ти́ гово́риш ли не́мски? – Да́, _____ .
3 Гео́рги рабо́тят ли? – Не́, _____ .
4 Гео́рги но́си ли цветя́? – Да́, _____ .
5 Ви́е хо́дите ли на ку́рс по не́мски, госпожа́ Анто́нова? – Не́, _____ .
6 Ти́ у́чиш ли български? – Да́, _____ .

Exercise 5

Use **и́мам** 'to have', **рабо́тя** 'to work', **хо́дя** 'to go' or **гово́ря** 'to speak' to complete the blanks in the following.

1 Ти́ _____ ли на ку́рс по бъ́лгарски?
2 Ни́е _____ не́мски.
3 Гео́рги, _____ ли свобо́дно вре́ме?
4 А́з _____ в една́ не́мска фи́рма (*firm*).

Dialogue 3 (Audio 1; 13)

Mary is looking for a flat and visits a property agency. She is greeted by the clerk.

Служи́тел: До́бър де́н. Какво́ оби́чате?
Ме́ри: Тъ́рся ма́лък апартаме́нт под на́ем.
Служи́тел: Къде́ предпочи́тате? В ко́й кварта́л?
Ме́ри: Предпочи́там в Ло́зенец.
Служи́тел: И́маме една́ офе́рта там. Едноста́ен апартаме́нт с ба́ня.
Ме́ри: Обзаве́ден ли е?
Служи́тел: Да́, и́ма голя́мо легло́, дива́н, библиоте́ка, гардеро́б, бюро́, ма́лък шка́ф.
Ме́ри: И́ма ли па́рно и то́пла вода́?
Служи́тел: Не́, ня́ма, и́ма бо́йлер. И́маме и самостоя́телна ста́я на булева́рд „Ви́тоша", но за непуша́ч. Ви́е пу́шите ли?
Ме́ри: Не́, не пу́ша.

Служи́тел: Та́зи ста́я и́ма и па́рно, и телефо́н.
Ме́ри: О́, да́, непреме́нно и́скам телефо́н. Та́зи офе́рта е мно́го интере́сна.

CLERK: *Good morning. May I help you?*
MARY: *I'm looking for a small flat to rent.*
CLERK: *Where do you prefer? In which district?*
MARY: *I prefer [one] in Lozenets.*
CLERK: *We have one available there. A one-bedroom flat with facilities.*
MARY: *Is it furnished?*
CLERK: *Yes, it has a large bed, a sofa, bookshelf, wardrobe, desk and a small closet.*
MARY: *Is there central heating and hot water?*
CLERK: *No, there isn't, there is a water heater. We also have a bed-sitting room on boulevard Vitosha, but for a non-smoker. Do you smoke?*
MARY: *No, I don't.*
CLERK: *This room has both central heating and a telephone.*
MARY: *Oh yes, I definitely want a telephone. This offer is very interesting.*

Vocabulary

какво́ оби́чате?	may I help you? (lit. 'what do you like?')	**търся**, **-иш**	to look for, seek
апартаме́нт под на́ем	apartment to let	**предпочи́там**	to prefer
кварта́л	city region, quarter	**офе́рта**	offer
ба́ня	bathroom, facilities	**обзаве́ден**	furnished
легло́	bed	**дива́н**	couch, sofa
библиоте́ка	bookshelf	**гардеро́б**	dresser, wardrobe
бюро́	desk, writing table	**шка́ф**	cupboard
па́рно	central heating	**то́пъл**, **-пла**	warm, hot
вода́	water	**бо́йлер**	water heater
самостоя́телен, **-лна**	independent, self-contained	**непуша́ч**	non-smoker
пу́ша, **-иш**	to smoke	**непреме́нно**	definitely, absolutely
интере́сен, **-сна**	interesting		

Exercise 6

There's a lot of things you'd want in a flat. Make small dialogues for asking about them and answering, following the pattern.

Example: **И́ма ли балко́н? – Да́, е́то та́м.**
Is there a balcony? –Yes, right over there.

Use the words **ку́хня** 'kitchen', **телефо́н** 'telephone', **телеви́зор** 'television set', and **спа́лня** 'bedroom'.

Exercise 7

Rearrange the words to make sentences.

1 хоте́л, то́зи, минибáр, в, ня́ма
2 на, по, Ге́орги, ези́к, хо́ди, курс, ру́ски
3 балко́н, и, с, и́скам, ста́я, ду́ш
4 ли, ру́ски, Ге́орги, не, гово́ри
5 и, Миле́на, мно́го, Ге́орги, рабо́тят

3 В ресторáнта

In the restaurant

In this unit you will learn how to:

- Order in a restaurant
- Talk about meals
- Count to ten
- Use object pronouns
- Use the definite article
- Use verbs of the **e**-class

Dialogue 1 (Audio 1; 14)

Georgi tells Petar about his new friend Mary.

Геóрги:	Знáеш ли, и́мам едная нóва познáта, от Áнглия.
Пéтър:	Англичáнка . . . Áз не я́ познáвам, нали́?
Геóрги:	Нé, не я́ познáваш. Áз я познáвам от една́ сéдмица. Тя́ се кáзва Мéри. Довéчера оти́ваме на пицари́я.
Пéтър:	Вмéсто на пицари́я идéте в еди́н хýбав ресторáнт с добрá бъ́лгарска кýхня. Чéсто хóдя в ресторáнт „Áстра". Харéсвам го, защóто е спокóен и и́ма голя́ма гради́на.
Геóрги:	Къдé е тóзи ресторáнт?
Пéтър:	На ýлица „Търгóвска", до мóста. Вéчер обикновéно и́ма мнóго хора. Áз ви́наги прáвя резервáция.
Геóрги:	Знáеш ли телефóна на ресторáнта?
Пéтър:	Знáя го, разби́ра се – 8-7-3-4-5-6.
Геóрги:	Добрé, тогáва резерви́рам мáса в ресторáнт „Áстра". Благодаря́ за помощтá.

GEORGI: *Do you know, I have a new [female] acquaintance, from England.*
PETAR: *An Englishwoman . . . I don't know her, do I?*
GEORGI: *No, you don't know her. I have known her for a week. Her name is Mary. Tonight we are going to a pizza restaurant.*
PETAR: *Instead of a pizza restaurant, go to a nice restaurant with good Bulgarian cuisine. I often go to restaurant 'Astra'. I like it, because it is quiet and has a large garden.*
GEORGI: *Where is this restaurant?*
PETAR: *On Targovska street, next to the bridge. In the evenings there's usually a lot of people there. I always make a reservation.*
GEORGI: *Do you know the phone number of the restaurant?*
PETAR: *I know it, of course – 8-7-3-4-5-6.*
GEORGI: *Good, then I reserve a table in restaurant 'Astra'. Thank you for [your] assistance.*

Vocabulary

зна́я, **зна́еш**	to know (a fact)	**позна́та**	acquaintance (female)
позна́вам	to know, be acquainted with	**се́дмица**	week
дове́чера	tonight	**оти́вам**	to go
вме́сто	instead of	**пицари́я**	pizza restaurant
добъ̀р, **добра́**, **добро́**	good	**че́сто**	often
харе́свам	to like	**защо́то**	because
споко́ен, **-о́йна**	quiet	**гради́на**	garden
у́лица	street	**до**	next to, by, beside
мо́ст	bridge	**ве́чер** (adv.)	in the evening, evenings
обикнове́но	usually	**хо́ра** (pl.)	people
ви́наги	always	**тога́ва**	then, in that case
ма́са	table	**по́мощ** (f.)	help

Language points 1

Tag questions

In English, you can make a declarative sentence into a question by adding a tag that echoes the verb, for example 'You speak Bulgarian, don't you?'. In Bulgarian, you simply add the little word **нали́**, for example **Говóриш български**, **нали́?**, **И́маш колá**, **нали́?** 'You have a car, haven't you?'

Definite article

Like English, Bulgarian has a definite article, but while the English article is a separate word, placed before the noun, the Bulgarian article is tacked on to the end of the word. 'A fish' or 'fish' is **ри́ба**, and 'the fish' is **ри́бата**. Furthermore, it has different forms for the three genders:

(1) *Masculine*: **-ът** (**-а**)

ресторáнт	restaurant
ресторáнтът (ресторáнта)	the restaurant
мъ́ж	man
мъжъ́т (мъжá)	the man

The masculine article differs from the feminine and neuter in having two forms depending on the role the noun plays in the sentence.

(a) Use the long form ending in **-т** when the noun serves as the subject of the sentence:

Мъжъ́т четé кни́га.
The man is reading a book.

Ресторáнтът е на у́лица „Ракóвски".
The restaurant is on Rakovski street.

– or when it follows the verb **съм** 'to be':

Товá ли е ресторáнтът?
Is that the restaurant?

(b) In any other position, use the short form:

> **Тя́ говóри с мъжá.**
> She is talking to the man.
>
> **Не ви́ждам мъжá.**
> I don't see the man.

This distinction is ignored in the spoken language, where the shorter form **мъжá** is more common than **мъжъ́т**.

This is also one of the few cases where the spelling does not reflect the pronunciation – the ending **-а** is actually pronounced as if it were spelled with **-ъ**: **мъжъ́**, **ресторáнтъ**.

With masculine nouns ending in **-й**, the **й** of the noun and the **ъ** of the article will be spelled with the letter **я**, but is read as **йъ** (*see also* 'Introduction', p. vii):

чáй чáят (чáя)	the tea (pronounced as if spelled **чáйът**, **чáйъ**)

(2) *Feminine*: **-та**

колá	car	**колáта**	the car
женá	woman	**женáта**	the woman

In feminine nouns ending in a consonant, the stress always moves to the article:

пóмощ	help	**помощтá**	the help
нóщ	night	**нощтá**	the night

(3) *Neuter*: **-то**

врéме	time	**врéмето**	the time
леглó	bed	**леглóто**	the bed

A good rule of thumb for beginners is to use the Bulgarian article where you would use 'the' in English. There are some minor exceptions, and we'll look at them later.

Exercise 1

Use the model below to complete the following sentences.

Example: **Искам еди́н сóк. – Заповя́дай сóка!**
I want a juice. – Here's your juice!

1 Йскам _____ кафе́. – Заповя́дай _____ !
2 Йскам _____ ко́ла. – Заповядай _____ !
3 Йскам _____ ча́й. – Заповя́дай _____ !
4 Йскам _____ пи́ца. – Заповя́дай _____ !
5 Йскам _____ са́ндвич. – Заповя́дай _____ !
6 Йскам _____ легло́. – Заповя́дай _____ !

Object pronouns

You have already learned to say 'I', 'you', 'he', 'she' etc., and now you will learn to say 'me', 'you', 'him', 'her' etc. Here are both types of pronoun shown together:

а́з	**ме**	me
ти́	**те**	you
то́й	**го**	him
тя́	**я**	her
то́	**го**	it
ни́е	**ни**	us
ви́е	**ви**	you (pl. and formal)
те́	**ги**	them

These pronouns belong to the class of unstressed words that you learned about in Unit 1, p. 5. In principle, their place is just in front of the verb in the sentence:

Че́сто хо́дя в то́зи рестора́нт. Мно́го го харе́свам.
I often go to this restaurant. I like it very much.

Къде́ е кни́гата? – А́на я чете́.
Where's the book? – Ana is reading it.

But, like **съм**, they can never come immediately after a pause:

Че́сто хо́дя в то́зи рестора́нт. Харе́свам го.
I often go to this restaurant. I like it.

Позна́ваш ли А́на? – Позна́вам я.
Do you know Ana? – Yes, I do.

And, like **съм**, they may receive the stress transferred from **не** (*see* Unit 1):

Имам една́ но́ва позна́та. Ти́ не я́ позна́ваш.
I have a new (female) aquaintance. You don't know her.

Exercise 2

You know a lot of people, don't you? Give a positive answer to all the questions, following this example.

Example: **Позна́ваш ли А́на? – Да, позна́вам я.**
Do you know Ana? – Yes, I do.

1 Позна́ваш ли Пе́тър? – Да́, _____ .
2 Позна́ваш ли Пе́тър и Ана? – Да́, _____ .
3 Позна́ваш ли ме? – Да́, _____ .
4 Позна́ваш ли ни? – Да́, _____ .
5 А́на и Андре́й, позна́вате ли Миле́на? – Да́, _____ .
6 А́на и Андре́й, позна́вате ли Пе́тър? – Да́, _____ .
7 А́на и Андре́й, позна́вате ли Миле́на и Гео́рги? – Да́, _____ .

Exercise 3

This is almost the same as Exercise 2, but give negative answers this time. Remember to stress the word immediately following the negative particle **не** (*see* Unit 1).

Example: **Позна́ваш ли А́на? – Не́, не я́ позна́вам.**
Do you know Ana? – No, I don't.

1 Позна́ваш ли Миле́на и Гео́рги? – Не́, не _____ .
2 Позна́ваш ли Пе́тър? – Не́, не _____ .
3 Позна́ваш ли ме? – Не́, не _____ .
4 Позна́ваш ли ни? – Не́, не _____ .
5 Миле́на позна́ва ли Пе́тър? – Не́, не _____ .
6 Миле́на позна́ва ли Пе́тър и А́на? – Не́, не _____ .
7 Миле́на позна́ва ли А́на? – Не́, не _____ .

Dialogue 2 (Audio 1; 16)

Georgi and Mary are in the restaurant. They are studying the menu.

Ме́ри:	Гео́рги, какво́ и́ма в сала́та „Снежа́нка"?
Гео́рги:	Не зна́еш ли? Ки́село мля́ко, наря́зана на си́тно кра́ставица, ко́пър, че́сън, со́л.
Ме́ри:	А́з не позна́вам добре́ бъ́лгарската ку́хня.
Гео́рги:	Не хо́диш ли на рестора́нт?

Мéри: Дá, хóдя. Обя́двам пи́ца или сáндвич в еди́н ресторáнт до óфиса. За вечéря обикновéно поръ́чвам пържóла и шóпска салата.

Гeóрги: É то че знáеш нéщо за българската кухня. Оби́чаш ли шóпска салáта?

Мéри: Дá, оби́чам я, но сегá и́скам „Снежáнка".

Гeóрги: В България със салáтата пи́ем ракия.

Мéри: Товá е мнóго си́лна напи́тка. Áз искам чáша бя́ло ви́но.

Гeóрги: Добрé. Къдé е сервитьóрът? А, éто го, и́два. . . . Мóля, еднá салáта „Снежáнка", една шóпска салáта, еднá мáлка раки́я, чáша бя́ло ви́но.

MARY: *Georgi, what's in a 'Snezhanka' salad?*

GEORGI: *Don't you know? Yogurt, finely chopped cucumber, dill, garlic, salt.*

MARY: *I don't know Bulgarian cuisine very well.*

GEORGI: *Don't you dine out?*

MARY: *I do. I have a pizza or a sandwich for lunch in a restaurant near the office. For supper I usually order a pork chop and shopska salad.*

GEORGI: *There, you do know someting about Bulgarian cuisine. Do you like shopska salad ?*

MARY: *Yes, I do, but now I would like a 'Snezhanka'.*

GEORGI: *In Bulgaria we drink fruit brandy with salad.*

MARY: *That's a very potent drink. I would like a glass of white wine.*

GEORGI: *Good. Where's the waiter . . . Ah, there he is, he's coming. . . . Please, one Snezhanka salad, one shopska salad, one small fruit brandy, a glass of white wine.*

Vocabulary

салáта	salad	**ки́село мля́ко**	yogurt
наря́зан	cut-up, chopped;	**крáставица**	cucumber
наря́зан на си́тно	finely chopped		
кóпър	dill	**чéсън**	garlic
сóл	salt	**кýхня**	cuisine; kitchen
пи́ца	pizza	**сáндвич**	(toasted) sandwich
óфис	office	**вечéря**	supper, evening meal

поръ́чвам	to order	**пържо́ла**	cutlet
ве́чер (adv.)	in the evening, evenings	**шо́пска сала́та**	'farmer's' salad (with feta cheese)
оби́чам	to love, like	**пи́я, пи́еш**	to drink
раки́я	fruit brandy	**си́лен**, **-лна**	strong, potent
напи́тка	drink, beverage	**ча́ша**	glass, cup
бя́л	white	**ви́но**	wine
сервитьо́р	waiter	**и́двам**	to come

Language points 2

Show and tell: е́то

The meaning of **е́то** is 'here is . . .' or 'there is . . .'. Perhaps surprisingly, it takes an object pronoun:

Е́то Гео́рги.	Here's Georgi./There's Georgi.
Е́то го.	Here he is./There he is.
Е́то кола́та.	Here's the car./There's the car.
Е́то я.	Here it is./There it is.
Е́то Гео́рги и А́на.	Here are Georgi and Ana./ There are Georgi and Ana.
Е́то ги.	Here they are./There they are.

Exercise 4

Complete the following sentences (assume that you are able to point to whatever is asked for). Use the example as a guide.

Example: **Къде́ е сала́тата? – Е́то я!**
Where is the salad? – Here it is!

1 Къде́ е пи́цата? – Е́то _____ !
2 Къде́ е рестора́нтът? – Е́то _____ !
3 Къде́ са Гео́рги и А́на? – Е́то _____ !
4 Къде́ е моми́чето? – Е́то _____ !
5 Къде́ е Ме́ри? – Е́то _____ !
6 Къде́ е момче́то? – Е́то _____ !
7 Къде́ са моми́чето и момче́то? – Е́то _____ !

Counting to ten (Audio 1; 17)

ну́ла	0	**ше́ст**	6
едно́	1	**се́дем**	7
две́	2	**о́сем**	8
три́	3	**де́вет**	9
че́тири	4	**де́сет**	10
пе́т	5		

Verbs in -е-

This is the last of the three types of verbs. Here are two examples:

а́з чета́	I read
ти́ чете́ш	you (sing.) read
то́й/тя́/то́ чете́	he/she/it reads
ни́е чете́м	we read
ви́е чете́те	you (pl. and formal) read
те́ чета́т	they read
а́з пи́я	I drink
ти́ пи́еш	you (sing.) drink
то́й/тя́/то́ пи́е	he/she/it drinks
ни́е пи́ем	we drink
ви́е пи́ете	you (pl. and formal) drink
те́ пи́ят	they drink

In both **е**- and **и**-verbs, there is a lack of correspondence between pronunciation and spelling in the 'I' and 'they' forms: **четá**, **четáт** are pronounced as if written **четъ́**, **четъ́т**, and **пи́я**, **пи́ят** as if **пи́йъ**, **пи́йът**. This is the norm, but in some dialects the endings are pronounced as written.

Exercise 5

Complete the following sentences.

Example: **Áз четá кни́га. Ти́ какво́ четеш?**
I am reading a book. What are you reading?

1 Áз пи́я би́ра. Ти́ какво́ _____ ?
2 Áз четá кни́га. Гео́рги какво́ _____ ?
3 Ни́е пи́ем водá. Тé какво́ _____ ?
4 Ви́е пи́ете ви́но. Áна какво́ _____ ?
5 Тé четáт ромáн ('novel'). Ви́е какво́ _____ ?
6 Áна и Гео́рги пи́ят минерáлна водá. Ни́е какво́ _____ ?
7 Ти́ четéш ромáн. Áна какво́ _____ ?

Verbs of eating

'To eat' is an **е**-verb, but with a slight irregularity in its 'I'-form (first person singular). The remaining forms are regular:

áз я́м	I eat
ти́ ядéш	you (sing.) eat
то́й/тя́/то́ ядé	he/she/it eats
ни́е ядéм	we eat
ви́е ядéте	you (pl. and formal) eat
тé ядáт	they eat

The main meals of the day have their own separate verbs. A typical day might go like this:

Заку́свам вкъщи.
I have breakfast at home.

Обя́двам в еднá пицари́я до о́фиса.
I lunch at a pizza restaurant next to the office.

Вечéрям на ресторáнт.
I have supper in a restaurant.

You can also use these verbs to indicate what you are having for the meal:

Обя́двам с пи́ца.
I have pizza for lunch.

Exercise 6

These people have some strange meal habits. Change the verbs of eating so that the sentences show more traditional fare for the time of the day.

1 Вечéрям в óфиса с пи́ца и кóка-кóла.
2 Тé чéсто заку́сват с пържóла и чáша ви́но в ресторáнт „Áрда".
3 Ви́наги обя́двам мнóго рáно, сáмо с кафé и цигáра ('cigarette').
4 Гéорги заку́сва с ри́ба и чáша бя́ло ви́но.
5 Вечéрям с чáй и сáндвич и оти́вам на рáбота.

Dialogue 3

Meanwhile, the couple at the next table seem to have rather different appetites. Is the lady really hungry?

Женáта:	Мнóго дъ́лго четéш менюто. Си́гурно вéче знáеш всѝчко наизу́ст . . .
Мъжъ́т:	Су́трин не заку́свам, пи́я сáмо еднó кафé. Мнóго съм глáден сегá. И́скам нéщо вку́сно: су́па, салáта, след товá я́стие с месó.
Женáта:	А áз изóбщо не съм глáдна. Обикновéно не обя́двам. Но мнóго съм жáдна.
Мъжъ́т:	Мóже би еднá салáта?
Женáта:	Нó каквá салáта? Шóпската салáта е с лу́к и „Снежáнка" с чéсън – не оби́чам миризмáта.
Мъжъ́т:	Да, разби́рам. Не и́скаш ни́що. (*To the waiter*) Мóля, и́скам да поръ́чам.
Сервитьóрът:	Дá, слу́шам ви.
Мъжъ́т:	И́скам еднá пи́лешка су́па, еднá шóпска салáта, еднá сви́нска пържóла и еднá студéна би́ра.
Сервитьóрът:	А за госпожáта?
Мъжъ́т:	Тя́ е на диéта! И́ска сáмо еднá голя́ма бути́лка минерáлна водá.

Vocabulary

дъ́лго (adv.)	long	**си́гурно** (adv.)	surely
всѝчко	everything	**наизу́ст**	by heart
су́трин	in the morning	**гла́ден, -дна**	hungry
вку́сен, -сна	tasty	**су́па**	soup
я́стие	dish, course	**месо́**	meat
изо́бщо	at all	**жа́ден, -дна**	thirsty
лу́к	onion	**миризма́**	smell
сви́нска пържо́ла	pork chop, cutlet	**на дие́та съм**	to be on a diet
бути́лка	bottle		

Language points 3

Double negation

Always double your negations! **Ни́що** means 'nothing', but you still need to add a negation to the verb:

Тя́ ни́що не и́ска.	She doesn't want anything.
Ни́що не ви́ждам.	I can see nothing.

Doubled prepositions

In the written language, the preposition **с** 'with' is 'doubled' to **със** when it occurs in front of a word starting with either **с** or **з**:

Пи́ем раки́я със сала́тата.
We drink fruit brandy with the salad.

Йскам пържо́ла със зе́ле.
I want a pork chop with cabbage.

Similarly **в** 'in', 'into' is doubled to **във** in front of **в** or **ф**:

Оти́вам във Ва́рна.
I am going to Varna.

Рабо́тя във фи́рмата.
I work in the firm.

In informal spoken language these prepositions are often doubled in any position.

Салáтата е със лýк.
The salad contains (lit. 'is with') onions.

Отúвам във Рýсе.
I am going to Ruse.

Exercise 7

Either **глáден** 'hungry' or **жáден** 'thirsty' will fit in each of the empty spaces below. Fill them in.

1 Мнóго съм _________ Йскам еднá бúра.
2 Гeóрги е _________ Йска сýпа, пържóла и десéрт.
3 Áна, не сú ли _________ ? Не пúеш бúрата.
4 Нúе не смé _________ Йскаме сáмо еднá бúра и еднá минерáлна водá.
5 Áна и Геóрги, защó не пúете? Не сté ли _________ ?
6 Тé не cá _________ , нó са _________ Йскат еднá бúра и еднá минерáлна водá.

Exercise 8

More food, anyone? Give positive and negative answers to the following questions.

Example: **Йскаш ли кафé?**
– Да, úскам кафé. – Нé, нúщо не úскам.

Do you want coffee?
– Yes, I do. – No. I don't.

1 Йскаш ли салáта? – Дá, _____ . – Нé, _____ .
2 Геóрги и Мéри, úскате ли кафе? – Дá, _____ . – Нé, _____ .
3 Йскаш ли чáй? – Дá, _____ . – Нé, _____ .
4 Тé úскат ли салáта? – Дá, _____ . – Нé, _____ .
5 Геóрги úска ли пържóла? – Дá, _____ . – Нé, _____ .
6 Женáта úска ли десéрт? – Дá, _____ . – Нé, _____ .

Exercise 9

Read through the following passage, which has verbs of all three types.

> **Гео́рги рабо́ти в една́ голя́ма фи́рма. Обикнове́но заку́сва ра́но. На ра́ботата пи́е ча́й. Обя́два в о́фиса. Не хо́ди мно́го че́сто на рестора́нт. Ве́чер у́чи не́мски ези́к. Чете́ еди́н мно́го интере́сен не́мски рома́н.**

Now write the passage using **а́з** instead of **Гео́рги**.

> *Example*: **А́з рабо́тя в една́ голя́ма фи́рма . . .**
> I work in a big firm . . .

Then write it once more using **Гео́рги и А́на**.

> *Example*: **Гео́рги и А́на рабо́тят в една́ голя́ма фи́рма . . .**
> Georgi and Ana work in a big firm . . .

Cultural note: tipping

Tipping is quite usual, except in very plain restaurants. Ten per cent, or a reasonable rounding up of the bill, will usually be sufficient. If the bill comes to 8 levs, you could hand the waiter a 10-lev note and say **Да́йте ми ре́сто де́вет ле́ва**, **мо́ля** 'Give me one lev change, please'. Or if the bill amounts to 9 levs, a simple **благодаря́** 'thank you' or **мерси́** 'thanks' will signal that the waiter may keep the rest. Taxi drivers don't usually like to bother with coins, so round up the bill to the nearest lev or so.

4 Телефо́нен ра́зговор

Telephone conversation

In this unit you will learn how to:

- Make telephone calls
- Issue commands with imperatives
- Make plurals
- Count to 100
- Tell the time

Dialogue 1

Milena's phone rings. Who is calling?

Миле́на:	А́ло, а́ло. Каже́те, мо́ля, слу́шам ви.
Мъж:	А́ло, Десисла́ва, ти́ ли си?
Миле́на:	Мо́ля? Кого́ тъ́рсите?
Мъж:	Тъ́рся Десисла́ва. Тя́ вкъ́щи ли е?
Миле́на:	Ту́к не живе́е ни́каква Десисла́ва. Ко́й се оба́жда?
Мъж:	Не е́ възмо́жно. А́з тъ́рся но́мер 87-53-24.
Миле́на:	Това́ е но́мерът, но́ ту́к не живе́е Десисла́ва. Не разби́рате ли?
Мъж:	Ни́е се позна́ваме от дискоте́ка „Черви́ло" . . .
Миле́на:	Съжаля́вам, и́мате гре́шка.

Soon the phone rings again.

Миле́на:	Да́, мо́ля. Слу́шам.
Мъж:	Десисла́ва, оба́жда се Бори́с, нали́ по́мниш, от дискоте́ката.
Миле́на:	Съжаля́вам, но греши́те но́мера. Това́ моми́че не живе́е ту́к, разби́рате ли? Не звъне́те пове́че!

MILENA: *Hello, hello. Who's that, please?* (lit. 'Say (what you want), please, I'm listening')
MAN: *Hello, Desislava, is that you?*
MILENA: *Excuse me? Who are you looking for?*
MAN: *I'm looking for Desislava. Is she at home?*
MILENA: *There's no Desislava living here. Who's calling?*
MAN: *Impossible. I'm calling* (lit. 'seeking') *87-53-24.*
MILENA: *The number is the right one, but Desislava does not live here. Don't you understand?*
MAN: *We know each other from the disco 'Chervilo' . . .*
MILENA: *Sorry, you've got the wrong number.*

MILENA: *Yes, hello. Who's that?* (lit. 'I'm listening')
MAN: *Desislava, this is Boris calling, you remember, don't you, from the disco.*
MILENA: *Sorry, but you've got the number mixed up. That girl does not live here, do you understand? Don't call any more!*

Vocabulary

ка́жа, -еш	to say, speak, tell	**живе́я, живе́еш**	to live, dwell
ни́какъв, -ква	no, none	**оба́ждам се**	to call, make a call on
възмо́жно	possible	**но́мер**	number
дискоте́ка	disco, club	**гре́шка**	error
по́мня, -иш	to remember	**греша́, -и́ш**	to err
звъня́, и́ш	to ring		

Language points 1

Telephone etiquette

When you make a telephone call in Bulgaria, *you* are expected to identify yourself first, not the other party. From a private line, you might hear:

А́ло! Hello.

or

А́ло! Слу́шам ви. Hello.
(lit. 'Hello, I'm listening')

or

Да́, каже́те, мо́ля! Hello.
(lit. 'Yes, state your business, please')

Businesses are more likely to identify themselves first:

Фи́рма „Експе́рт", до́бър де́н!
Expert Company, good morning!

You are then expected to introduce yourself:

Оба́жда се Миле́на Ивано́ва. Тъ́рся г-н Стоя́нов.
This is Milena Ivanova. I'm looking for Mr Stoyanov.

If Mr Stoyanov actually happens to be the person who has lifted the receiver, he'll say:

На телефо́на! Speaking!

But if he has to be connected or called to the phone, the answer might be:

Еди́н моме́нт, мо́ля.
One moment, please.

Поча́кайте еди́н моме́нт, ще ви свъ́ржа.
Wait a moment, I'll put you through.

When the telephone conversation comes to an end, we usually say:

Дочу́ване! Goodbye!

which is related to **чу́вам** 'to listen', instead of **дови́ждане** (related to **ви́ждам** 'to see'); or, in informal style, we would say just:

Ча́о!	Bye!

Exercise 1

The lines of this telephone conversation are jumbled. Put them in the right order.

1 То́й не е́ ту́к, на ра́бота е. Търсе́те го та́м.
2 Пе́тър вкъщи ли е?
3 А́ло, слу́шам ви.
4 Не́, ко́й се оба́жда?
5 Дочу́ване!
6 А́з съм Сто́йко, коле́га на Пе́тър.
7 Благодаря́ ви! Дочу́ване.

Imperative

Imperatives are special verb forms used to give instructions or commands, for example **Ча́кай!** 'Wait!'. There is one form for the singular, for issuing a command to a single person, and a plural form that is also used when talking to single persons with whom you are on polite **ви́е** terms. This latter form always ends in **-те**. They are formed differently for the three groups of verbs, so be sure to have a quick look back at the preceding units to check that you know the present tense of **а**-, **и**- and **е**-verbs.

- **а**-verbs

-ай, **-айте**	**ча́кай**, **ча́кайте**	wait

- **и**- and **е**-verbs

(i) those that have a vowel right before their **и** or **е**:

-й, **-йте**	**пи́й**, **пи́йте**	drink

(ii) the remainder (that is, those with a consonant before the ending):

-и́, **-е́те**	**чети́**, **чете́те**	read
-и́, **-е́те**	**говори́**, **говоре́те**	speak

The imperative endings **-и́**, **-éте** are always stressed. With the other endings, stress falls on the same syllable as in the present tense.

The imperative of **съм** 'to be' is **бъди́**, **бъдéте**, for example **Бъди́ търпели́ва!** 'Be patient!'.

Exercise 2

Complete the exchanges following the example.

Example: **Каквó четéш?**
– Четá кни́га. – Продължáвай, <u>чети́</u> !

What are you reading?
– I am reading a book. – Continue, read (on)!

1 Каквó пи́еш? _____ би́ра. –Продължáвай, _____ !
2 Каквó слу́шаш? _____ му́зика. – Продължáвай, _____ !
3 Каквó пи́ете? _____ ви́но. – Продължáвайте, _____ !
4 Каквó у́чиш? _____ англи́йски. – Продължáвай, _____ !
5 Каквó у́чите? _____ нéмски. – Продължáвайте, _____ !
6 Каквó четéте? _____ кни́га. – Продължáвайте, _____ !

Dialogue 2

The phone rings, and Milena thinks it is the wrong number again, but who is it and why does she call?

Милéна:	Не звънéте пóвече! Товá моми́че не живéе ту́к!
А́на:	Милéна, каквó стáва? Защó кáзваш товá? А́на се обáжда.
Милéна:	А́на, съжаля́вам, но ту́к с телефóна стáват мнóго грéшки . . .
А́на:	Грéшки ли? Обясни́ каквó стáва!
Милéна:	Ами́ . . . обáждат се, пи́тат за моми́чета, дискотéки.
А́на:	Забрави́ товá, Милéна. Кáня те на купóн. В съ́бота се съби́раме вкъ́щи.
Милéна:	О́, благодаря́, А́на. А мнóго хóра ли кáниш?
А́на:	Колéги от фи́рмата, прия́тели от Сóфия и Плóвдив.
Милéна:	Когá запóчва купóнът?
А́на:	В 8 часá.

Миле́на:	Добре́, до съ́бота тога́ва. Дочу́ване!
А́на:	Дочу́ване!

MILENA:	*Don't call any more! That girl does not live here!*
ANA:	*Milena, what's going on? Why do you say that? This is Ana calling.*
MILENA:	*Ana, I'm sorry, but there are so many wrong numbers on the phone . . .*
ANA:	*Wrong numbers? Explain what's going on!*
MILENA:	*Well . . . people call, ask about girls, discos . . .*
ANA:	*Forget that, Milena. I'm inviting you to a party. We meet at my place on Saturday.*
MILENA:	*Oh, thank you, Ana. Are you inviting many people?*
ANA:	*Colleagues from the firm, friends from Sofia and Plovdiv.*
MILENA:	*When does the party start?*
ANA:	*At eight.*
MILENA:	*Fine, until Saturday, then. Goodbye!*
ANA:	*Goodbye!*

Vocabulary

по́вече	more	**ста́ва** (3rd pers. only)	to happen
обясня́, -и́ш	to explain	**пи́там**	to ask
забра́вя, -иш	to forget	**ка́ня, -иш**	to invite
купо́н (colloq.)	party, gathering	**съби́рам**	to collect;
		съби́раме се (1st pers. pl.)	to get together
прия́тел	friend	**запо́чвам**	to begin

Language points 2

Masculine plurals

Count the syllables

You will remember from Unit 2 (p. 13) that masculine nouns end in a consonant (including **й**). They have two different endings to form plurals – one for words of one syllable, and another for words of two or more syllables.

- The single-syllable words add **-ове**:

ку́рс	**ку́рсове**	course, courses
со́к	**со́кове**	juice, juices
мо́ст	**мосто́ве**	bridge, bridges

Unfortunately, there is no hard and fast rule to tell where the stress will fall in these plurals – it may fall either on the noun or on any of the two vowels of the ending.

- Words of more than one syllable add **-и** (with no change in stress):

ресторá нт	**ресторá нти**	restaurant, restaurants
балко́н	**балко́ни**	balcony, balconies

- If the word ends in **-й**, the **й** changes to **и**:

музе́й	**музе́и**	museum, museums
трамва́й	**трамва́и**	tram/streetcar, trams/streetcars

Feminine plurals

Most feminine nouns end in **-а** or **-я**, and to form the plural they exchange that ending for an **-и**:

сала́та	**сала́ти**	salad, salads
су́па	**су́пи**	soup, soups
раки́я	**раки́и**	fruit brandy, fruit brandies

In Unit 2 (p. 13) you saw that there are some feminines that do not have the **-а** ending and end in a consonant – these just add the **-и**:

но́щ	**но́щи**	night, nights
су́трин	**су́трини**	morning, mornings

Neuter plurals

You have learned that neuter nouns mainly end in **-е** or **-о**. Those ending in **-е** add **-та**:

моми́че	**моми́чета**	girl, girls
кафе́	**кафе́та**	(cup of) coffee, coffees

This also applies to the few neuter nouns ending in **-и**:

таксѝ	**таксѝта**	cab/taxi, cabs/taxis

Neuter nouns ending in **-о** exchange that ending for **-а**, very often with a move of stress to the ending:

сéло	**селá**	village, villages
вѝно	**винá**	wine, wines

Masculine nouns in -а

A few masculine nouns, most of them denoting persons, end in **-а**. They get the same definite article and plural ending as the feminine nouns in **-а**, but they take masculine adjectives:

Кáня едѝн нóв колéга.
I'm inviting a new colleague.

Бащáта е от Плóвдив.
The father is from Plovdiv.

Exercise 3

Say 'I have more than you', following this example.

Example: **Ѝмам едѝн телефóн.**
– А áз ѝмам мнóго телефóни.

I have a telephone.
– And I have many telephones.

1 Ѝмам _____ салáта. – А аз ѝмам мнóго _____ .
2 Ѝмам _____ сáндвич. – А аз ѝмам мнóго _____ .
3 Ѝмам _____ колá. – А аз ѝмам мнóго _____ .
4 Хóдя на _____ кýрс. – А áз хóдя на мнóго _____ .
5 Кáня _____ приятел. – А áз кáня мнóго _____ .
6 Кáня _____ програмѝст. – А áз кáня мнóго _____ .
7 Кáня _____ колéга. – А áз кáня мнóго _____ .
8 Кáня _____ момѝче. – А áз кáня мнóго _____ .

Dialogue 3 (Audio 1; 24)

Ana calls for a taxi. Where is she going?

Жена́:	„Експре́с" такси́, до́бър ве́чер.
А́на:	И́скам да поръ̀чам такси́.
Жена́:	От ко́й адре́с?
А́на:	Кварта́л „И́зток" бло́к 17, вхо́д 3.
Жена́:	Къде́ е това́, бли́зо до хоте́л „Пли́ска" или до бо́лницата?
А́на:	До хоте́л „Пли́ска".
Жена́:	Закъде́ е такси́то?
А́на:	За аерога́рата. Прате́те такси́ с голя́м бага́жник, мо́ля. И́маме мно́го бага́ж.
Жена́:	Изча́кайте, мо́ля. . . (*short pause*) Такси́ С-9856 пъту́ва за кварта́л „И́зток". Ча́кайте го пред вхо́да.
А́на:	Благодаря́ мно́го. Дочу́ване!

Vocabulary

такси́	cab, taxi	**и́скам да поръ̀чам**	I want to order
адре́с	address	**кварта́л**	city area
бло́к	block of flats	**вхо́д**	entrance
бли́зо до	close to, near to	**бо́лница**	hospital
закъде́	where to	**аерога́ра**	airport
пра́тя, -иш	send, dispatch	**бага́жник**	luggage compartment, boot
бага́ж	luggage	**изча́кам**	wait, hold on
ча́кам	wait		

Language points 3

Numbers 11 to 100

едина́йсет (едина́десет)	11
двана́йсет (двана́десет)	12
трина́йсет (трина́десет)	13
четирина́йсет (четирина́десет)	14

петна́йсет (петна́десет)	15
шестна́йсет (шестна́десет)	16
седемна́йсет (седемна́десет)	17
осемна́йсет (осемна́десет)	18
деветна́йсет (деветна́десет)	19
два́йсет (два́десет)	20
два́йсет и едно́	21
два́йсет и две́	22
три́йсет (три́десет)	30
чети́рийсет (чети́ридесет)	40
петдесе́т	50
шейсе́т (шестдесе́т)	60
седемдесе́т	70
осемдесе́т	80
деветдесе́т	90
сто́	100
сто́ и два́йсет	120
сто́ два́йсет и едно́	121

Note the examples on the last two lines: composite number words have only one **и** 'and', which is placed before the last element. The forms shown in parentheses are used in official documents and very careful speech. You can easily tell from them how the number words are constructed: **еди́н на де́сет** – 'one on ten, 11'; **два́ де́сет** – 'two ten, 20'.

Telling the time

The 24-hour system is used for all kinds of formal timekeeping – public signs, railway and bus schedules, broadcast listings, etc. In everyday speech, the 12-hour system dominates. In both systems, you literally tell 'what the hour is':

> **Часъ́т е о́сем.**
> It is eight o'clock. (lit. 'the hour is eight')

In order to say 'I have breakfast at eight o'clock' you would use:

> **Заку́свам в о́сем часа́.**
> I have breakfast at eight.
> (lit. 'I breakfast in the eight-hour')

There are no exact equivalents to 'a.m.' and 'p.m.', so when the time of day is not obvious from the context, as in the example we just gave, you could add **сутринта́** 'in the morning', **следо́бед** 'in the afternoon', or **вечерта́** 'in the evening', as appropriate:

Присти́гам в о́сем часа́ вечерта́.
I arrive at eight p.m.

For indicating the minutes, you need to use **и** 'and' down to the 'bottom of the hour':

Часъ́т е о́сем и де́сет.
It is ten past eight.

Часъ́т е о́сем и три́йсет.
It is thirty minutes past eight.

Then use **без** 'without' up to the 'top of the next hour':

Часъ́т е де́вет без два́йсет и пе́т.
It is twenty-five minutes to nine.

Часъ́т е де́вет без де́сет.
It is ten to nine.

For the quarters **че́твърт** is sometimes used:

Присти́гам в се́дем без че́твърт.
I arrive at a quarter to seven.

and **полови́на** for 'half':

Вече́ряме в се́дем и полови́на.
We have supper at half past seven.

Pronunciation of 24-hour times should follow this pattern:

два́йсет (часъ́т) и чети́рисет и пе́т (мину́ти)
20.45

Exercise 4

Answer the following questions using the times provided in parentheses.

Example: **Кога́ присти́гаш?**
– Присти́гам в (19.50) о́сем без де́сет.

When do you arrive?
– I arrive at ten to eight.

1 Кога́ присти́гаш? – _____ в (15.20) _____ .
2 Кога́ вечéряш? – _____ в (19.30) _____ .
3 Кога́ заку́сва Мéри? – _____ в (7.45) _____ .
4 Кога́ обя́дваш? – _____ в (13.30) _____ .
5 Кога́ присти́га автобу́сът? – _____ в (12.50) _____ .
6 Кога́ запóчва фи́лмът? – _____ в (19.25) _____ .

Exercise 5

Tell the time on the clock faces below.

Кóлко е часъ́т?
What time is it?

Exercise 6

Spell out these telephone numbers, following the example.

Example:

22 - 85 - 67 - 10
два́йсет и двé – осемдесéт и пéт – шейсéт и сéдем – дéсет

1 93-21-88
2 73-10-06
3 71-40-38
4 76-13-18
5 52-10-11
6 91-42-76

Exercise 7

Read Georgi's business diary and answer the questions using the informal 12-hour system. Use the 'Glossary' (pp. 252–81) if there are words you do not know.

8.00 Кýрс по английйски езúк
10.00 Срéща с г-н Стоя́нов в óфиса
11.00 Конферéнция по мáркетинг, хотéл „Шéратон"
12.30 Обя́д с Мéри, ресторáнт „Áрт Клýб"
16.30 Срéща с Валентúн в пъ́б „Бáскервил"
19.30 Вечéря в „Шéратон" с гóсти от конферéнцията

1 Къдé обя́два Геóрги?
2 В кóлко часá е на конферéнция?
3 В кóлко часá говóри с г-н Стоя́нов?
4 Геóрги когá вечéря?
5 Къдé е Геóрги в 10 ч.?
6 В кóлко часá úма срéща с Валентúн?

Exercise 8

Write down a day from your own diary in Bulgarian, or use Georgi's diary in Exercise 7 with 'I'-forms of the verbs, following this example.

Example: **В óсем часá отúвам на курс по английйски езúк . . . В чéтири и половúна úмам срéща . . .**

Cultural note: beckoning

As early as Unit 1, we introduced you to the 'opposite' ways of indicating 'yes' and 'no' in body language. As if that wasn't enough, Bulgarians also have 'opposite' ways of beckoning. Western Europeans usually signal 'come here' by stretching out a hand with an upturned palm and making a 'beckoning' gesture with the index finger. In Bulgaria, stretch out your hand with your palm turned downwards and make a beckoning gesture with all fingers (except with the thumb, which would be difficult anyway). In many countries outside Bulgaria, this would look like a 'go away' gesture, but in Bulgaria, it will hail you a cab on the street.

5 Кни́ги и ве́стници

Books and newspapers

In this unit you will learn how to:

- Recognise verbal aspect pairs
- Talk about the future
- Make plurals of adjectives
- Name the days of the week

Dialogue 1 (Audio 1; 26)

Georgi and Petar are walking along the street when Georgi decides to buy a newspaper. Why does Petar want a page from it?

Гео́рги:	Поча́кай за моме́нт. Ще ку́пя еди́н ве́стник.
Пе́тър:	Ти́ все́ки де́н купу́ваш ве́стници, нали́?
Гео́рги:	Да́, това́ е на́вик. Чета́ подро́бно новини́те, прегле́ждам спо́ртните стра́ници, мно́го ря́дко погле́ждам хороско́па и ни́кога не реша́вам кръстосло́виците.
Пе́тър:	Стра́нно. Коле́гите в о́фиса ги реша́ват.
Гео́рги:	Така́ ли? Ня́мат ли дру́га ра́бота? А́з пък съм зае́т чове́к. (*To the newsagent*) Еди́н „Тру́д", мо́ля.
Продава́чката:	90 стоти́нки.
Гео́рги:	И́мате ли ве́стник „Sofia Today"?
Продавачката:	Не́, то́й изли́за в понеде́лник, а дне́с е неде́ля. Ще го полу́чим у́тре.
Гео́рги:	(*To Petar*) А ти́ не и́скаш ли ве́стник или списа́ние?
Пе́тър:	Не́, но ако ня́маш ни́що проти́в, ще взе́ма стра́ницата с кръстосло́виците. Ти́ нали́ не ги́ реша́ваш? А́з ще ги реша́.

Vocabulary

ча́кам/поча́кам	to wait	**ве́стник**	newspaper
купу́вам/ку́пя, -иш	to buy	**на́вик**	habit
подро́бно	in detail	**новина́**	piece of news
прегле́ждам/ прегле́дам	look through, review	**стра́ница**	page
погле́ждам/ погле́дна, -еш	to glance at	**хороско́п**	horoscope
ни́кога	never	**реша́вам/ реша́, -и́ш**	to solve
кръстосло́вица	crossword	**стра́нно** (adv.)	strange, peculiar
зае́т	busy	**стоти́нка**	stotinka (1/100th of a lev)*
получа́вам/ полу́ча, -иш	to receive, get	**списа́ние**	journal, magazine
ня́мам ни́що проти́в	to have no objections	**взе́мам/ взе́ма, -еш**	to take

* the currency of Bulgaria

Language points 1

Two verbs for one: verbal aspect

For every action that is described by one verb in English, you will usually find two verbs in Bulgarian. 'To buy', for instance, may be either **купу́вам** or **ку́пя**. There is no difference in lexical meaning between these two verbs in the pair, but there are specific contexts where either one or the other is called for.

The name of this language feature is *aspect*, and it comes with two labels: *imperfective* (**купу́вам**) and *perfective* (**ку́пя**). In very general terms, the difference between them is that the perfective verbs imply completion of the action, while the imperfective verbs do not necessarily imply that. That may sound rather abstract, but we'll give you more substantial guidance later on.

For the one tense that you already know, the present tense, the imperfective forms are used, except in a number of special cases.

Make a point of learning both aspect forms of any new verb from now on. There is no easy way of constructing one of the members of a pair from the other, in the way you can construct plural nouns from singular forms. There are, however, some patterns that you will learn to recognise. Here are a few of the most common ones:

- The perfective form has a prefix:

чета́	**прочета́**	to read

- The perfective form has a **-н** suffix (before the personal endings):

присти́гам	**присти́гна**	to arrive

- The imperfective form has a **-ва** suffix (before the personal endings):

заку́свам	**заку́ся**	to have breakfast

In the 'Glossary' (pp. 252–81) and in the vocabularies given in the units, we will write the aspect pairs in the following way:

чета́/прочета́ to read

The perfective aspect form will always be after the diagonal.

Future tense

Welcome to the future. It is very simple and easy: just put **ще** (unstressed) in front of the present tense of the verb. For example, let us take a look at **четá** 'to read':

áз ще четá	I will read
тú ще четéш	you will read
тóй/тя́ ще четé	he will read/she will read
нúе ще четéм	we will read
вúе ще четéте	you will read
тé ще четáт	they will read

If you want to express a negation in the future tense, you will have to use the two words **ня́ма да** instead of **ще**:

áз ня́ма да четá	I will not read
тú ня́ма да четéш	you will not read
тóй/тя́ ня́ма да четé	he will not read/ she will not read
нúе ня́ма да четéм	we will not read
вúе ня́ма да четéте	you will not read
тé ня́ма да четáт	they will not read

If the future action you are describing will take place on a single occasion and be completed, you should use the perfective, as in the first line in Dialogue 1 above (p. 50):

Ще кýпя вéстник.
I'm going to buy a newspaper.

But if you say:

Гърция ще купýва елéктроенéргия от България.
Greece will buy electricity from Bulgaria.

then you are describing a transaction without any concept of completedness – it may go on for an indefinite period of time.

Adverbs from adjectives

Making adverbs from adjectives is very simple: just use the neuter form (ending in **-о**):

ря́дка кни́га	a rare book
Ря́дко чета́ кни́ги.	I rarely read books.
стра́нен чове́к	a strange man
Тя́ ме гле́да стра́нно.	She looks at me strangely.
подро́бен пла́н	a detailed plan
Подро́бно чета́ новини́те.	I read the news in detail.

Exercise 1 (Audio 1; 27)

Make sentences following the example.

Example: **Че́сто купу́вам ве́стник. И́ у́тре ще ку́пя ве́стник.**
I often buy a newspaper.
Tomorrow I will also buy a newspaper.

1 Че́сто купу́ваш ве́стник. И́ у́тре __________ .
2 Че́сто купу́вам са́ндвич. И́ у́тре __________ .
3 Че́сто заку́свам вкъщи. И́ у́тре __________ .
4 Гео́рги че́сто заку́сва вкъщи. И́ у́тре __________ .
5 Все́ки де́н автобу́сът присти́га в 8 ч. И́ у́тре __________ .
6 Ни́е обикнове́но присти́гаме в 7 ч. И́ у́тре __________ .
7 Те́ обикнове́но заку́сват вкъщи. И́ у́тре __________ .

Exercise 2 (Audio 1; 28)

Now try to say the opposite of the sentences in Exercise 1, using the negated future.

Example: **Че́сто купу́вам ве́стник. Но́ у́тре ня́ма да ку́пя ве́стник.**
I often buy a newspaper. But tomorrow I won't buy a newspaper.

1 Че́сто купу́ваш ве́стник. Но́ у́тре __________ .
2 Че́сто купу́вам са́ндвич. Но́ у́тре __________ .
3 Че́сто заку́свам вкъщи. Но́ у́тре __________ .
4 Гео́рги че́сто заку́сва вкъщи. Но́ у́тре __________ .

5 Обикнове́но автобу́сът присти́га в 8 ч. Нó у́тре _________ .
6 Ни́е обикнове́но присти́гаме в 7 ч. Нó у́тре _________ .
7 Тé обикнове́но заку́сват вкъщи. Нó у́тре _________ .

More masculine plurals

Exceptions

Polysyllabic masculine nouns ending in **-к** change the **к** to **ц** when the plural ending **-и** is added:

ве́стник	**ве́стници**	newspaper, newspapers
уче́бник	**уче́бници**	textbook, textbooks

As you saw in Unit 4 (pp. 41–2), the general rule for masculine nouns is that the monosyllabic ones get **-ове** and the polysyllabic ones **-и**. There are some exceptions to both these rules.

- Some monosyllabic nouns pluralise by use of **-и**:

гóст	**гóсти**	guest, guests
шве́д	**шве́ди**	Swede, Swedes
фи́лм	**фи́лми**	film, films
де́н	**дни́**	day, days

- And the other way round – a couple of polysyllabic nouns take **-ове**:

це́нтър	**це́нтрове**	centre, centres

- There are also some odd plural endings that occur with just a few nouns (*see* the 'Grammar overview', pp. 210–28, for a fuller list):

мъ́ж	**мъже́**	man, men
пъ́т	**пъ́тища**	road, roads
бра́т	**бра́тя**	brother, brothers
кра́к	**крака́**	foot, feet; leg, legs

- Completely by itself stands the plural of **чове́к** 'man', 'human being' – **хóра**, with the additional nuance of 'people':

  Ви́наги и́ма мнóго хóра в тóзи рестора́нт.
  There are always many people in this restaurant.

Dialogue 2 (Audio 1; 29)

Petar runs into Georgi in the centre of Sofia. They go to an open-air book market. What does Petar decide to buy?

Пе́тър:	Здраве́й, Гео́рги. Къде́ оти́ваш?
Георги:	Обика́лям книжа́рниците. Тъ́рся еди́н уче́бник по англи́йски ези́к, но го ня́ма.
Пе́тър:	На площа́д „Славе́йков" непреме́нно ще го наме́риш, та́м и́ма мно́го кни́ги и уче́бници. А́з оти́вам там. Ела́ и ти́.
Гео́рги:	Защо́ оти́ваш та́м? Какво́ ще ку́пиш?
Пе́тър:	Ще ку́пя пода́рък за една́ прия́телка от Герма́ния – кни́га или компа́ктдиск с българска му́зика. А́, е́то, ни́е сме ве́че на площа́д „Славе́йков".
Гео́рги:	Ви́ж та́зи кни́га за исто́рията на Со́фия. И́ма мно́го интере́сни ста́ри сни́мки.
Пе́тър:	Тя́ позна́ва дне́шна Со́фия, не зна́я дали́ се интересу́ва от исто́рия. И осве́н това́ кни́гата е на български, а тя́ не разби́ра добре́ ези́ка.
Гео́рги:	А́, е́то какво́ тъ́рся а́з. Пъ́лен компле́кт – уче́бник, две́ тетра́дки с упражне́ния, кра́тка грама́тика. (*To the bookseller*) Ще взе́ма то́зи компле́кт. А и́мате ли англи́йско-български ре́чник?
Продава́чката:	За съжале́ние, не прода́ваме ре́чници, са́мо уче́бници. Но ви́жте при коле́гата отсре́ща.
Пе́тър:	Не ви́ждам интере́сни кни́ги на не́мски. Ще ку́пя компа́ктдиск с наро́дна му́зика.
Гео́рги:	Отли́чна иде́я. Тя мно́го ще се ра́два на зву́ците на га́йдата!

Vocabulary

обика́лям/ обиколя́, -и́ш	to walk around, circle	**уче́бник; уче́бник по англи́йски**	textbook; textbook in English
площа́д	(city) square	**нами́рам/ наме́ря, -иш**	to find
пода́рък	gift	**прия́телка**	girlfriend

компа́ктдиск (pl. **компа́ктдискове**)	CD	**му́зика**	music
дали́ (conj.)	whether	**исто́рия**	history
ста́р	old	**сни́мка**	photograph
дне́шен, -шна	today's, contemporary	**пъ́лен, -лна**	full
		компле́кт	set
прода́вам/прода́м, -даде́ш	to sell	**ре́чник**	dictionary
при	at	**отсре́ща**	opposite
наро́ден, -дна	folk, people's	**отли́чен, -чна**	excellent
иде́я	idea	**га́йда**	bagpipe
ра́двам се/зара́двам се на не́що		to enjoy something	
зву́к (pl. **зву́ци**)	musical sound (pl. **зву́кове** any sound)		

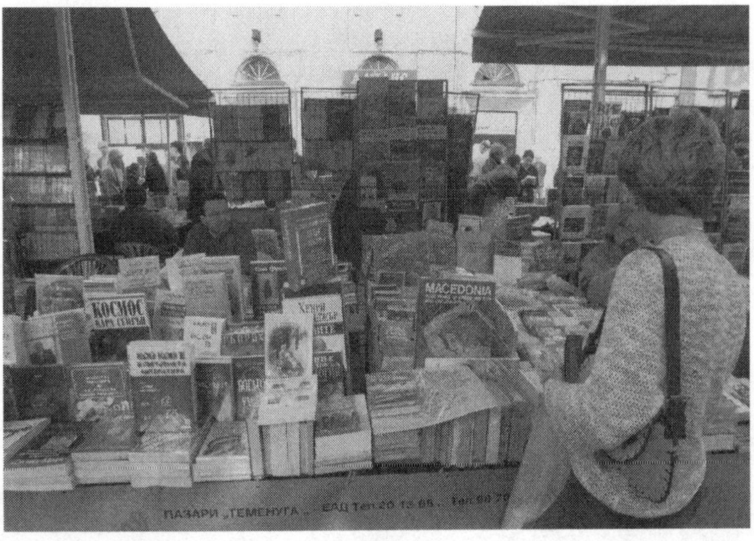

Language points 2

Prepositions: small surprises

Sometimes the choice of prepositions (the little words that express relations between objects) may be a bit surprising. You know the meaning of **от** from the sentence **Тя́ присти́га от Ло́ндон** 'She is arriving from London', but note also that 'I am interested in music' is **Интересу́вам се от му́зика**. The preposition **на** means 'at' or 'on' in **То́й е на ра́бота** 'He is at work' and **стая на булева́рд „Ви́тоша"** 'a room on Vitosha boulevard', but another important function is to express possession or origin, for example: **звýците на гáйдата** 'the sounds of the bagpipe'.

More about няма

You already know **няма** in the meaning 'there is not . . .', as in **ня́ма па́ркинг** 'there is no car park'. It can also be used about persons and things in the sense 'he/she/it isn't here':

Гео́рги ту́к ли е? – Не́, ня́ма го.
Is Georgi here? – No, he isn't.

Къде́ е га́йдата? – Не́ зна́я, ня́ма я.
Where's the bagpipe? I don't know, it isn't here.

Indefinite article

The numeral **еди́н** 'one' functions as a kind of indefinite article in Bulgarian, but it is used in fewer contexts than the English indefinite article – as you may have noticed already (Unit 1, Dialogue 2) 'I am a programmer' is just **програми́ст съм**. A rule of thumb is that if you can say 'a certain', you may use the indefinite article in Bulgarian. In Dialogue 2 in this unit, Georgi says: **Търся еди́н учéбник по англи́йски ези́к** 'I am looking for a (certain) textbook in English'. If he had just said **Търся учéбник по англи́йски ези́к** it would have meant that he was looking for a textbook, any textbook, in English.

The two meanings of и

When the little word **и** stands between two words of the same type or between sentences, it means 'and':

кафé и чай	coffee and tea
Чета и пи́ша	I read and write

When it does not mean 'and', it means 'also', 'as well':

Ела́ и ти́!
You come, too!

И а́з реша́вам кръстосло́вици.
I too do crosswords.

Exercise 3

Match the answers with the questions.

1 Къде́ е би́рата?	– Не зна́я, ня́ма ги. Търсе́те ги в о́фиса.
2 Ту́к ли е Гео́рги?	– Не зна́я, ня́ма я. Търсе́те я вкъ́щи.
3 Къде́ са А́на и Гео́рги?	– Не, ня́ма го. То́й си́гурно е в о́фиса.
4 Къде́ е ви́ното?	– Не зна́я, ня́ма ги ту́к.
5 Къде́ е сервитьо́рът?	– Не зна́я, ня́ма я.
6 Къде́ са су́пата и сала́тата?	– Не зна́я, ня́ма го.
7 Къде́ е А́на?	– Не зна́я, ня́ма го.

Dialogue 3 (Audio 1; 30)

Ana is reading in the park when a stranger approaches her. Who is he?

Мъжъ́т:	До́бър де́н. Ка́к сте?
А́на:	Мо́ля? Какво́ и́скате? А́з не ви́ позна́вам. Ня́мам ну́жда от компа́ния.
Мъжъ́т:	Ами́, не зна́я . . . Ви́ждам, че сте сама́, чете́те . . . Какво́ чете́те?
А́на:	Кни́га, не ви́ждате ли?
Мъжъ́т:	Каква́ е кни́гата – бъ́лгарска или пре́водна?
А́на:	Бъ́лгарска. Съвре́менни бъ́лгарски ра́зкази.
Мъжъ́т:	Интере́сни ли са?
А́на:	Ама́ ви́е защо́ ме разпи́твате?
Мъжъ́т:	Погледне́те кори́цата на кни́гата . . .
А́на:	Но . . . това́ сте ви́е на сни́мката! Зна́чи ви́е сте а́вторът на те́зи ху́бави ра́зкази! Каква́ изнена́да! И́мате ли пла́нове за но́ви кни́ги – ра́зкази, рома́ни. . .?
Мъжъ́т:	Ама́ ви́е защо́ ме разпи́твате . . .?

Vocabulary

ну́жда	need	**компа́ния**	company, companionship
са́м, **сама́**, **само́**, **сами́**	alone	**пре́воден**, **-дна**; **пре́вод**	translated; translation
съвре́менен, **-енна**	contemporary, modern	**ра́зказ**	short story
разпи́твам/ разпи́там	to question, interrogate	**кори́ца**	(book) cover
зна́чи	thus, so that means . . ., therefore	**а́втор**	author
изнена́да	surprise	**пла́н**	plan

Language points 3

Plural of adjectives

The plural ending is always **-и**, for all three genders:

ху́бав фи́лм	**ху́бави фи́лми**	nice movies
ху́баво моми́че	**ху́бави моми́чета**	nice girls
ху́баво ви́но	**ху́бави вина́**	nice wines

Exercise 4

Complete these sentences using the following example.

Example: **И́мам една книга.**
– Аз и́мам мно́го кни́ги и те́ са ху́бави.

I have a book.
– I have many books and they are good.

1 И́мам еди́н филм. – А́з и́мам мно́го _____ и те́ са _____ .

2 И́мам една́ иде́я. – А́з и́мам мно́го _____ и те́ са _____ .

3 И́мам еди́н ре́чник. – А́з и́мам мно́го _____ и те́ са _____ .

4 Позна́вам едно́ моми́че. Аз позна́вам мно́го _____ и те́ са _____ .

5 И́мам еди́н учéбник. – А́з и́мам мнóго _____ и тé са _____ .
6 И́мам еди́н подáрък. – А́з и́мам мнóго _____ и тé са _____ .
7 И́мам еднó списáние. – А́з и́мам мнóго _____ и тé са _____ .

Exercise 5

Match the answers with the questions.

1 Каквá е тáзи кни́га?	– Тé са студéнти.
2 Каквó търсиш?	– В ресторáнта до мóста.
3 Къдé оти́ваш?	– От А́нглия.
4 Когá ще прости́гнеш?	– В 8 ч.
5 Когá изли́за вéстник „Sofia Today"?	– Тя́ е прéводна.
6 Откъдé е Мéри?	– В цéнтъра.
7 Какви́ са тéзи хóра?	– В понедéлник.
8 Къдé обя́дваш?	– Подáрък за еднó моми́че.

Days of the week

недéля	Sunday
понедéлник	Monday
втóрник	Tuesday
сря́да	Wednesday
четвъртък	Thursday
пéтък	Friday
съ́бота	Saturday

Use the preposition **в** with the names of the days:

Милéна и́ма срéща в сря́да.
Milena has a meeting on Wednesday.

зáвчера	the day before yesterday
вчéра	yesterday
днéс	today
у́тре	tomorrow
вдру́гиден	the day after tomorrow
слéдващата сря́да	next Wednesday
ми́налата сря́да	last Wednesday

Exercise 6

This is the weekly schedule for Radio Varna:

	9.00–12.00	**12.00–18.00**	**18.00–18.30**	**18.30–19.00**	**19.00–23.00**
Понеде́лник	Наро́дна му́зика	По́п му́зика	Новини́те	Спо́рт плю́с	Ро́к ри́нг
Вто́рник	Но́ви хи́тове	Бъ́лгарски ро́к	Новини́те	Би́знес дне́с	То́п 40
Сря́да	Му́зика су́трин – джа́з	Но́н-стоп му́зика	Новини́те	Би́знес дне́с	Бъ́лгарски о́перни певци́
Четвъ́ртък	Му́зика су́трин – кла́сика	Фо́рум – обаде́те се по телефо́на на Ра́дио Ва́рна	Новини́те	Би́знес дне́с	То́п 40
Пе́тък	Му́зика су́трин – ро́к	Но́н-стоп му́зика	Новини́те дне́с	Би́знес дне́с	Ве́чер на га́йдата
Съ́бота	Кла́сика и джа́з	Бъ́лгарски ро́к	Новини́те	Спо́рт плю́с	Ве́чер на о́перата
Неде́ля	Спо́рт и му́зика	Но́ви хи́тове	Новини́те	Спо́рт	Спо́рт в моме́нта

Petar is in business and loves folk music. Ana is an opera fan and likes to keep abreast with politics, Georgi is a sports maniac who is also interested in jazz, and Milena's heart lies with pop music. Describe for each of them at least three programmes they will listen to.

Example: **В понеде́лник Пе́тър ще слу́ша „Наро́дна му́зика" от де́вет часа́ до двана́йсет часа́, във вто́рник ще слу́ша . . .**

On Monday Petar will listen to 'Folk music' from 9 to 12, on Tuesday he will listen to . . .

6 На поку́пки

Shopping

In this unit you will learn how to:

- Use **да**-clauses
- Compare adjectives
- Express giving with dative pronouns
- Use the quantified plural

Dialogue 1 (Audio 1; 31)

Milena and Georgi are in a big food market in Sofia. Why do they move on to another counter?

Миле́на: Йскам първо да разгле́даме сто́ките. Така́ ще изб ере́м по́-внима́телно какво́ да ку́пим.

Гео́рги: На то́зи ща́нд има мно́го хо́ра. Не́ка да ви́дим на ща́нда вдя́сно.

Миле́на: В то́зи магази́н ви́наги и́ма ху́баво си́рене, но кашкава́лът е скъп.

Гео́рги: По́-добре́ да ку́пим си́рене от то́зи ща́нд, а след това́ да потъ́рсим сала́м или шу́нка.

Миле́на: Предпочи́там шу́нка, нали́ зна́еш? Ви́ж, ту́к и́ма ня́колко ви́да хля́б.

Гео́рги: Да опи́таме не́що но́во, ако и́скаш. Не́ка да ку́пим еди́н хля́б отту́к. Изгле́жда мно́го вку́сен.

Миле́на: Да опи́таме!

Vocabulary

разгле́ждам/ разгле́дам	to have a look at, inspect	**сто́ка**	goods, merchandise
изби́рам/ избера́, -е́ш	to choose, select	**внима́телно**	carefully
ща́нд	shop counter, stall	**ви́ждам/ ви́дя, -иш**	to see
вдя́сно	to the right	**магази́н**	shop, department store
си́рене	feta cheese	**кашкава́л**	yellow cheese
скъ́п	expensive, dear	**сала́м**	sausage
шу́нка	ham	**ви́д**	type, sort
хля́б	bread, loaf of bread	**опи́твам/ опи́там**	to try, test
изгле́ждам (impf. only)	to appear, look		

Language points 1

Using да*-clauses*

Bulgarian has no infinitive. In contexts where you would use 'to go', 'to buy', etc. in English, Bulgarian uses **да** plus the present tense of the verb, inflected for the appropriate person:

а́з и́скам да ку́пя хля́б	I want to buy bread
ти́ и́скаш да ку́пиш хля́б	you (sing.) want to buy bread
то́й и́ска да ку́пи хля́б	he wants to buy bread
ни́е и́скаме да ку́пим хля́б	we want to buy bread
ви́е и́скате да ку́пите хля́б	you (pl.) want to buy bread
те́ и́скат да ку́пят хля́б	they want to buy bread

In the pattern above we have two verbs, **и́скам** and **ку́пя**, and they are inflected for the *same* person. The verb **и́скам** and many others also allow for *different* persons in the two verbs in the constructions:

И́скам (1st sing.) **първо да разгле́даме** (1st pl.) **сто́ките.**
I'd like us to have a look at the merchandise first.

On its own, without another verb in front of it, a **да**-construction usually implies a wish or a command:

Да опи́таме не́що но́во!
Let's try something new!

In these sentences, **да** may be reinforced or replaced by **не́ка**:

Не́ка да ку́пим еди́н хля́б.
Let's buy a loaf of bread.

Не́ка ку́пим еди́н хля́б.
Let's buy a loaf of bread.

Exercise 1

Complete the following sentences as shown in the example.

Example: **Ня́мам хля́б. И́скам да ку́пя хля́б.**
I don't have any bread. I want to buy bread.

1 Ня́мам кашкава́л _________ .
2 Ме́ри ня́ма си́рене _________ .
3 Ня́маме сала́м _________ .
4 Ви́е ня́мате хля́б _________ .
5 Миле́на и Гео́рги ня́мат шу́нка _________ .

Exercise 2

Give affirmative answers to these questions, following the example.

Example: **И́скаш ли да ку́пим хля́б?**
– Да́, не́ка да ку́пим хля́б.

Should we (lit. 'do you want us to') buy bread?
– Yes, let us buy bread.

1 И́скаш ли да отидем в Пло́вдив? – Да́, _________ .
2 И́скаш ли да потъ́рсим дру́г ща́нд? – Да́, _________ .
3 И́скаш ли Миле́на и Гео́рги да оти́дат на поку́пки?
– Да́, _________ .
4 И́скаш ли Ива́н да ку́пи хля́б? – Да́, _________ .
5 И́скате ли да пазару́ваме? – Да́, _________ .

Dialogue 2 (Audio 1; 33)

Milena moves on to the next counter and is greeted by the shop assistant. What kind of banknote does she pay with?

Продава́чката:	До́бър де́н. Какво́ да ви предло́жа?
Миле́на:	До́бър де́н. Претегле́те ми това́ парче́ си́рене, на́й-голя́мото вля́во.
Продава́чката:	Е́то си́ренето, то́чно полови́н килогра́м. Не́що дру́го?
Миле́на:	Да́, да́йте ми два́ хля́ба, два́ паке́та спаге́ти и три́ шокола́да. Покаже́те ми, ако оби́чате, и това́ парче́ сала́м. Не ви́ждам етике́та. Пре́сен ли е?
Продава́чката:	Да́. Мно́го е вку́сен, но е ма́лко по́-скъ́п. На́й-е́втини са кре́нвиршите.
Миле́на:	Добре́, да́йте ми ше́ст кре́нвирша. И о́ще, ако оби́чате, една́ голя́ма бути́лка ко́ка-ко́ла.
Продава́чката:	От ли́тър и полови́на или два́ ли́тра?
Миле́на:	По́-добре́ една́ бути́лка от два́ ли́тра. Ко́лко стру́ва вси́чко?
Продава́чката:	9 ле́ва и 30 стоти́нки.
Миле́на:	Е́то де́сет ле́ва, запов́ядайте.
Продава́чката:	И́мате ли дре́бни?
Миле́на:	Не́ка да ви́дя. Да́, и́мам. Запов́ядайте, е́то ви 30 стоти́нки.
Продава́чката:	Е́то ви ре́сто еди́н ле́в. Дови́ждане.
Миле́на:	Дови́ждане.

Vocabulary

продава́чка		saleslady, shop assistant	
предла́гам/предло́жа, -иш		to offer, suggest	
прете́глям/прете́гля, -иш		to weigh (something)	
парче́	piece, chunk	**вля́во**	to the left
полови́н	half, one half	**килогра́м**	kilo
паке́т	carton, package	**спаге́ти** (pl. only)	spaghetti
шокола́д	chocolate	**пока́звам/ пока́жа, -еш**	to show
ако оби́чате	please, if you please	**етике́т**	label

пре́сен, **пря́сна**	fresh	**е́втин**	cheap, inexpensive
ле́в	lev	**ли́тър**	litre
кре́нвирш	Frankfurter, hot dog		
стру́вам (usually 3rd pers. impf. only)	to cost		
дре́бни	change (small coins), pl. of **дре́бен** small, tiny		
ре́сто	change (amount returned)		

Language points 2

Using полови́н/полови́на

These are two separate words. **Полови́н** behaves like an indeclinable adjective, or like 'half a . . .', for example **полови́н килогра́м** 'half a kilo'; and **полови́на** is a noun, for example **килогра́м и полови́на** 'a kilo and a half'. *See also* Unit 4, 'Telling the time' (pp. 45–6).

Quantified plural

Masculine nouns (except those that denote persons, *see* Unit 9, p. 109) take a special plural after numerals:

> **Йскам да ку́пя два́ ве́стника.**
> I want to buy two newspapers.

but:

Ти́ и́маш мно́го ве́стници.
You have many newspapers.

This also applies to **ня́колко** 'some, several' and **ко́лко** 'how many':

Ко́лко кре́нвирша и́скате? – Не зна́я, да́йте ми ня́колко кре́нвирша.
How many Frankfurters do you want? – I don't know, give me some (a number of) Frankfurters.

Миле́на купу́ва кре́нвирши и хля́б.
Milena is buying Frankfurters and bread.

The stress is never shifted to this quantified plural ending. Any adjectives before the noun take their regular plural form:

Да́й ми ня́колко ма́лки паке́та.
Give me some small cartons.

A couple of very common nouns form exceptions. **Де́н** 'day' is often used with the standard plural:

два́ де́на/два́ дни́	two days

and **пъ́т** 'time', 'turn' is *always* used with the standard plural:

два́ пъ́ти, **три́ пъ́ти**	twice, three times

Feminine and neuter nouns have only one kind of plural: **две́ жени́** 'two women', **две́ парче́та** 'two lumps/pieces'.

Comparison

Comparison of adjectives and adverbs couldn't be simpler. Just put a particle in front – **по-** for the comparative and **най-** for the superlative:

но́в	new	**добре́**	well
по́-но́в	newer	**по́-добре́**	better
на́й-но́в	newest	**на́й-добре́**	best
е́втин	cheap	**ма́лко**	little
по́-е́втин	cheaper	**по́-ма́лко**	less
на́й-е́втин	cheapest	**на́й-ма́лко**	least

There is only one exception: **мно́го – по́вече – на́й-мно́го** 'much – more – most'. The comparison particle always carries stress, which is even slightly stronger than the stress of the following adjective or adverb.

The target of comparison, which is expressed by 'than' in English, has two forms in Bulgarian. If the target is a noun or a noun phrase, use **от**:

Си́ренето е по́-е́втино от кашкава́ла.
The feta cheese is cheaper than the yellow cheese.

Кашкава́лът е по́-скъ́п от си́ренето.
The yellow cheese is more expensive than the feta cheese.

If the target is a sentence, even a short or abbreviated one, use **отко́лкото**:

По́-добре́ къ́сно отко́лкото ни́кога.
Better late than never.

Вси́чко ста́ва за по́-дъ́лго вре́ме, отко́лкото ми́слите.
Everything takes longer than you think.

Dative pronouns

These are most typically used as indirect objects – as in 'to give *somebody* something' or 'to send *somebody* something', when you specify not only what you give or send (direct object) but also to whom you give or send it (indirect object):

а́з	**ми**
ти́	**ти**
то́й	**му**
тя́	**ѝ**
то́	**му**
ни́е	**ни**
ви́е	**ви**
те́	**им**

Like the object (accusative) pronouns (*see* Unit 3, p. 26), they belong to the group of words that are not usually stressed and that cluster next to the verb. Don't get confused by the accent mark on the third person singular (f.) **ѝ** – it is always written like that, in order to distinguish the dative pronoun from **и** 'and', 'also'.

In addition, we use a grave accent (`) for it in this book in order to distinguish it from the stress accents, which are aigue accents (´) (On the internet and in output from less advanced typesetting, you will often find the spelling '**й**' for the third person singular (f.) pronoun.)

Покажéте ми товá парчé салáм.
Show me that piece of sausage.

Йскам да ви предлóжа нéщо дрýго.
I'd like to suggest something else for you.

Дáйте ми шéст крéнвирша.
Give me six Frankfurters.

Геóрги е глáден. Дáйте му еди́н крéнвирш.
Georgi is hungry. Give him a Frankfurter.

Exercise 3

Pick the correct plural form (quantified or plain) from the text in parentheses.

1 Бути́лката е от двá (ли́три, ли́тра).
2 За вечéря и́скам три́ (крéнвирша, крéнвирши).
3 Купи́ чéтири (пакéта, пакéти) спагéти, мóля ти се!
4 В магази́на и́ма двá (щáнда, щáндове) за месó.
5 Салáмът стрýва пéт (лéвове, лéва).

Exercise 4

Complete the following sentences using the example as a guide.

Example: **Áз и́скам си́ренето. Дай ми си́ренето.**
I want the cheese. Give me the cheese

1 Ивáн и́ска си́ренето. Дáй _________ си́ренето.
2 Ни́е и́скаме си́ренето. Дáй _________ си́ренето.
3 Тé и́скат си́ренето. Дáй _________ си́ренето.
4 Милéна и́ска си́ренето. Дáй _________ си́ренето.
5 Милéна и Пéтър и́скат си́ренето. Дáй _________ си́ренето.

Exercise 5

Make sentences comparing the following objects, first making the comparison one way, and then the other.

Example: **Би́рата вля́во е по́-голя́ма от би́рата вдя́сно.**
The beer to the left is bigger than the beer to the right.

Би́рата вдя́сно е по́-ма́лка от би́рата вля́во.
The beer to the right is smaller than the beer to the left.

1			би́ра
2	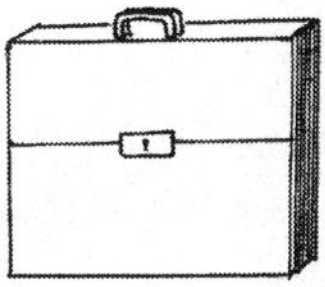	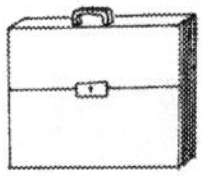	ча́нта
3			ри́ба
4			кни́га
5			то́рта

Dialogue 3 (Audio 1; 37)

A day later, more shopping has to be done. Milena tells Georgi what's on her shopping list. But what is on Georgi's mind?

Миле́на: Оти́вам да пазару́вам. Е́то какво́ ще ку́пя: за заку́ска – едно́ масло́, еди́н бя́л хля́б и два́ паке́та ча́й – еди́н би́лков и еди́н че́рен. За обя́д – полови́н килогра́м каймá, за вечéря – два́ ма́лки бурка́на гра́х. О́ще – па́ста за зъби, два́ сапу́на, че́тири рула́ тоале́тна хартия, салфе́тки, пра́х за пране́ . . .

Гео́рги: Забра́вяш ня́кои мно́го ва́жни нещá . . .

Миле́на: Такá ли? Какво́?

Гео́рги: Ами́ – два́ голе́ми паке́та чи́пс, ше́ст би́ри и три́ паке́та цига́ри! Дове́чера и́ма ма́ч между́ Бълга́рия и Брази́лия по телеви́зията.

Миле́на: Не и́скам да пи́еш би́ра вся́ка съ́бота пред телеви́зора. По́-добре́ да ти ку́пя плодове́ – килогра́м бана́ни и ня́колко портока́ла.

Vocabulary

пазару́вам (impf. only)	to shop	**заку́ска**	breakfast
масло́	butter	**би́лков ча́й**	herbal tea
че́рен ча́й	plain (lit. 'black') tea	**каймá**	minced meat
бурка́н	jar	**гра́х** (sing. only)	peas
па́ста за зъби	toothpaste	**сапу́н**	soap
руло́ тоале́тна хартия	roll of toilet paper	**салфе́тка**	napkin
пра́х за пране́	washing powder	**забра́вям/ забра́вя, -иш**	to forget
ва́жен, -жна	important	**ами́**	er, well . . .
чи́пс	crisps	**цига́ра**	cigarette
ма́ч	football (soccer) match	**между́**	between
телеви́зия	TV, television	**кути́я**	can, box
пло́д	fruit	**бана́н**	banana
портока́л	orange		

Exercise 6

Put the nouns in parentheses into the correct plural form, and spell out the numbers with letters.

1 Вся́ка съ́бота гле́дам ('to watch') ня́колко (ма́ч) по телеви́зията.
2 Апартаме́нтът и́ма 2 (балко́н).
3 Миле́на зна́е 3 (ези́к).
4 В съ́бота и неде́ля ще гле́дам мно́го (ма́ч) по телеви́зията.
5 В компле́кта и́ма 4 (кни́га) – 2 (учебник) и 2 (речник).
6 На ща́нда и́ма 2 (продава́чка).
7 Ко́лко (би́ра) и́скаш да ку́пя?
8 Ко́лко (цига́ра) и́ма в паке́та?
9 Все́ки де́н купу́вам 3 (ве́стник).

Exercise 7

You are offering a titbit to someone with the suggestion to give it a try (you might first want to review object pronouns, *see* Unit 3, p. 26).

Example: **Е́то ти парче́ сала́м. И́скаш ли да го опи́таш?**
Here's a piece of sausage for you. Do you want to try it?

1 Е́то ти една́ би́ра. И́скаш ли да ______ ?
2 Е́то ти но́в ви́д хля́б. И́скаш ли да ______ ?
3 Е́то ти кре́нвиршите. И́скаш ли да ______ ?
4 Е́то ти ня́колко хля́ба. И́скаш ли да ______ ?
5 Е́то ти мля́кото. И́скаш ли да ______ ?

Exercise 8

You are now on the receiving end of the situation described in Exercise 7, and you politely decline to give it a try.

Example: **И́скаш ли да опи́таш си́ренето?**
– Не́, благодаря́, не и́скам да го опи́там.

Do you want to try the cheese?
– No, thank you, I don't want to try it.

1 И́скаш ли да опи́таш би́рата?
Не́, благодаря́, не и́скам да ________ .

2 Миле́на, И́во, и́скате ли да опи́тате би́рата?
Не́, благодаря́, не и́скам да _________ .

3 Прия́тели, и́скате ли да опи́тате мля́кото?
Не́, благодаря́, не и́скаме да _________ .

4 И́скаш ли да опи́таш сала́ма?
Не́, благодаря́, не и́скам да _________ .

5 Г-н Андре́ев, и́скате ли да опи́тате шу́нката?
Не́, благодаря́, не и́скам да _________ .

6 И́скаш ли да опи́таш това́ парче́ кашкава́л?
Не́, благодаря́, не и́скам да _________ .

7 Оти́ваме на паза́р

Going to the market

In this unit you will learn how to:

- Say the names of the months
- Transform direct speech to indirect speech
- Use articles with adjectives

Dialogue 1

Mary goes to an open-air market. She'll be leaving with a bag of apples – what colours are they?

Продавачът:	На́й-е́втините зеленчу́ци са ту́к! Ха́йде на вку́сната сала́та! Наса́м, заповя́дайте!
Ме́ри:	Къде́ е сала́тата? Не я́ ви́ждам ни́къде.
Продавачът:	Е́то я – дома́ти, чу́шки, лу́к – вси́чки зеленчу́ци за една́ ху́бава шо́пска сала́та!
Ме́ри:	Зна́чи се шегу́вате. Но́ а́з и́скам зеле́на салата, мару́ли и зеле́н лу́к. Ще проверя́ на дру́г ща́нд.
Продавачът:	Погледне́те, и́мам мно́го ху́бав патладжа́н и пре́сни ти́квички.
Ме́ри:	Не́, благодаря́, не и́скам патладжа́н. Но́ ще взе́ма плодове́. И́мате ли чере́ши?
Продавачът:	Чере́шите, госпожа́, са през юни и юли. А сега́ е ме́сец а́вгуст, сезо́нът на пра́сковите, ди́ните, пъпешите. И́мам и гро́зде.
Ме́ри:	Ще взе́ма 2 килогра́ма я́бълки.
Продавачът:	От кой я́бълки и́скате – черве́ни, жълти или зеле́ни?
Ме́ри:	На една́ цена́ ли са вси́чки?
Продавачът:	Да́, цена́та е една́ и съща – 1,20 лв. за килогра́м.

Ме́ри: Тога́ва сложе́те по́вече черве́ни и ня́колко жъ̀лти и зеле́ни я́бълки.

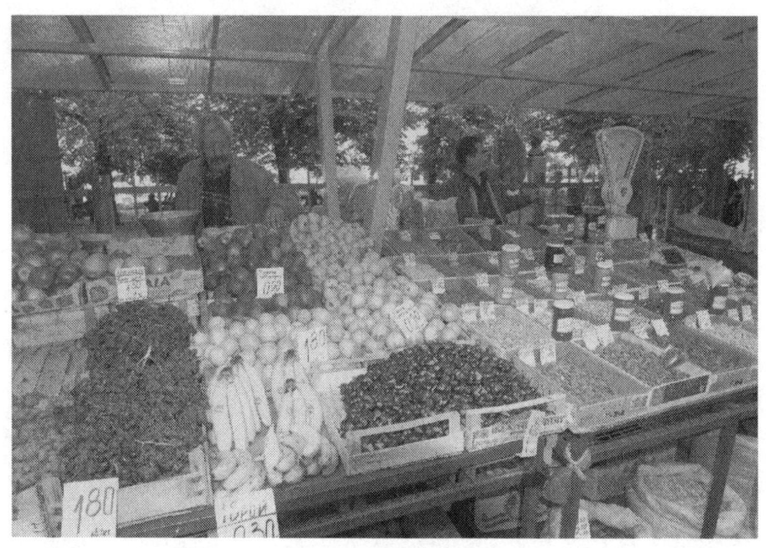

Vocabulary

зеленчу́ци (pl. only)	vegetables	**наса́м**	this way, hither
ни́къде	nowhere	**дома́т**	tomato
чу́шка	pepper fruit, bell pepper	**шегу́вам се** (impf. only)	to joke, jest
зеле́на салата	lettuce, green salad	**мару́ля**	cos lettuce
зеле́н лу́к	spring onions	**проверя́вам/ проверя́, -и́ш**	check, try out
патладжа́н	aubergine, eggplant	**ти́score**	squash
чере́ша	cherry	**ме́сец**	month
сезо́н	season	**пра́скова**	peach
ди́ня	watermelon	**пъ̀пеш**	honeydew melon
гро́зде (sing., coll. noun)	grapes	**я́бълка**	apple
цена́	price	**съ̀щ(и), -а, -о, -и**	same
сла́гам/сло́жа, -иш	to put, place		

Language points 1

Names of the months
именáта на мéсеците

Note that the names of the months are written with a small initial letter:

януáри	January	**юли**	July
февруáри	February	**áвгуст**	August
мáрт	March	**септéмври**	September
април	April	**октóмври**	October
мáй	May	**ноéмври**	November
юни	June	**декéмври**	December

Two irregular e*-verbs*

The verb **дáм**, perfective of **дáвам** 'to give' has an irregular **áз**-form:

áз ще дáм	I shall give
ти ще дадéш	you (sing.) shall give
тóй/тя́/тó ще дадé	he/she/it shall give
ние ще дадéм	we shall give
вие ще дадéте	you (pl.) shall give
тé ще дадáт	they shall give

For the verb **знáя**, **знáеш** 'to know' you have a choice of the regular **áз**-form **знáя** or an irregular **знáм**.

Indirect speech

An example of direct speech is '"I want coffee," says Georgi' whereas 'Georgi says *that he wants coffee*' is an example of indirect speech. Indirect speech is usually introduced by a small word such as 'that', and references to 'I', 'you' or 'we' through pronouns or verbal forms are shifted. (The latter part might sound difficult, but you already know how to do it – this particular point works in exactly the same way as in English as well as lots other languages.)

Plain declarative sentences are introduced by **че** 'that' (which must *never* be dropped, unlike in English 'He says he wants coffee'):

Гео́рги ка́зва: „Йскам кафе́."
Georgi says: 'I want coffee.'

Гео́рги ка́зва, че и́ска кафе́.
Georgi says that he wants coffee.

А́на ка́зва: „Оти́вам вкъщи."
Ana says: 'I'm going home.'

А́на ка́зва, че оти́ва вкъщи.
Ana says (that) she's going home.

If the direct speech consists of an imperative, use a **да**-clause to relate it indirectly:

А́на ми ка́зва: „Да́йте ми ти́score."
Ana says to me: 'Give me squash!'

А́на ка́зва да ѝ да́м ти́score.
Ana tells me to give her squash.

Ме́ри ка́зва: „Ча́кай ме пред вхо́да!"
Mary says: 'Wait for me at the entrance.'

Ме́ри ми ка́зва да я ча́кам пред вхо́да.
Mary tells me to wait for her at the entrance.

If the direct speech sentence is a question, just add the question without any small word for introduction, but shift the pronoun references if necessary:

А́на пи́та: „Скъпи ли са я́бълките?"
Ana asks: 'Are the apples expensive?'

А́на пи́та скъпи ли са я́бълките.
Ana asks whether the apples are expensive.

А́на пи́та: „Къде́ е сала́тата?"
Ana asks: 'Where is the salad?'

А́на пи́та къде́ е сала́тата.
Ana asks where the salad is.

Продава́чът пи́та Ме́ри: „И́мате ли дре́бни?"
The salesman asks Mary: 'Do you have small change?'

Продава́чът пи́та Ме́ри и́ма ли дре́бни.
The salesman asks Mary whether she has small change.

Reading passage

This is how the greengrocer might retell the meeting with Mary in Dialogue 1.

Стоя́ на ща́нда и ка́ня клие́нтите. Една́ жена́ и́два и пи́та къде́ е сала́тата. Ка́звам ѝ, че и́мам дома́ти, чу́шки, лу́к – вси́чки зеленчу́ци за една́ ху́бава шо́пска сала́та. А тя́ ка́зва, че и́ска зеле́на сала́та, мару́ли и зеле́н лу́к. Ка́звам ѝ да погле́дне патладжа́на и ти́score тиквичките. Тя́ отгова́ря, че не и́ска патладжа́н. Пи́та и́мам ли чере́ши. А́з ѝ ка́звам, че чере́шите са са́мо през ю́ни и ю́ли. Накра́я ка́зва да ѝ да́м 2 килогра́ма я́бълки. Пи́там я от кои́ я́бълки и́ска – дали́ от черве́ните, жъ́лтите или зеле́ните. Тя́ ме пи́та на една́ цена́ ли са вси́чки. Ка́звам, че са на една́ цена́. Тога́ва тя́ ми ка́зва да сло́жа по́вече черве́ни я́бълки.

Exercise 1 (Audio 1; 40)

Change the following direct speech into indirect speech.

Example: **А́на ка́зва: „Гла́дна съм."**
– А́на ка́зва, че е гла́дна.

Ana says: 'I'm hungry.'
– Ana says that she is hungry.

1 Ме́ри ка́зва: „Жи́вея в кварта́л „И́зток"."
2 Мъжъ́т ка́зва: „Тъ́рся Десисла́ва."
3 Све́тла ка́зва: „Ня́мам вре́ме."
4 Миле́на отгова́ря: „Апартаме́нтът и́ма голя́м балко́н."
5 Гео́рги и Миле́на ка́зват: „Ни́е тръ́гваме."
6 А́на ка́зва на Гео́рги: „И́маш мно́го ху́бав апартаме́нт."

Exercise 2

Change direct speech into indirect speech, with imperatives this time.

Example: **Миле́на ка́зва на Гео́рги: „Купи́ си́рене!"**
– Миле́на ка́зва на Гео́рги да ку́пи си́рене.

Milena says to Georgi: 'Buy cheese!'
– Milena tells Georgi to buy cheese.

1 Све́тла ка́зва на А́на: „Говори́ с Гео́рги!"
2 А́на ка́зва на Миле́на: „Обясни́ какво ста́ва!"
3 А́на ка́зва на Гео́рги: „Ча́кай ме в 8 ч."
4 А́з ка́звам на Гео́рги: „Ча́кай ме в 8 ч."
5 Ни́е ка́зваме на Гео́рги: „Ча́кай ни в 8 ч."
6 Све́тла ка́зва: „Ще до́йда в 8 ч."

Exercise 3

Once again change direct speech to indirect speech, but with this time with questions.

Example: **Миле́на пи́та А́на: „Ко́й се оба́жда?"**
– Миле́на пи́та А́на ко́й се оба́жда.

Milena asks Ana: 'Who's calling?'
– Milena asks Ana who's calling.

1 Миле́на пи́та А́на: „Къде́ е Гео́рги?"
2 Ни́е пи́таме Ме́ри: „Откъде́ сте?"
3 А́на пи́та Пе́тър: „Харе́сваш ли шо́пска сала́та?"
4 Гео́рги пи́та А́на: „У́чиш ли не́мски?"
5 Те́ пи́тат А́на: „Ко́лко е часъ́т?"

Dialogue 2 (Audio 1; 41)

Mary asks Ana about places to shop for clothes. What is the location of the shop Ana recommends?

Ме́ри: А́на, ти́ ви́наги си мно́го елега́нтна. И́маш мно́го ху́бави дре́хи. Къде́ ги нами́раш?
А́на: Купу́вам ги от разли́чни магази́ни. Разби́ра се, не хо́дя в мо́дните бути́ци в це́нтъра.
Ме́ри: Защо́? Та́м и́ма мно́го краси́ви дре́хи и обу́вки.
А́на: Да, дре́хите са страхо́тни, но́ са ужа́сно скъ́пи, затова́ предпочи́там по́-ма́лките магази́ни с бъ́лгарски сто́ки.
Ме́ри: И́мам ну́жда от но́в пантало́н и две́ блу́зи, но́ не зна́я къде́ да оти́да.
А́на: И́скаш ли да пазару́ваме за́едно? Ще те заведа́ в база́р „Се́рдика".
Ме́ри: Къде́ се нами́ра то́й?

Áна: В пóдлеза на НДК („éндекá", Национáлния дворéц на култýрата).

Мéри: Тáм ѝма голя́мо кѝно и ня́колко прия́тни кафéта, нó не сѝ спóмням къдé е тóзи базáр.

Áна: Вхóдът е тóчно срещу кѝното, а магазѝните са едѝн етáж пó-надóлу, под кѝното. Пред централния вхóд на НДК ѝма и голя́ма реклáма за базáра.

Vocabulary

елегáнтен, **-тна**	elegant	**дрéха**	piece of clothing, (pl.) clothes
разлѝчен, **-чна**	different, various	**мóден**, **-дна**	fashionable, fashion
бутѝк	boutique	**обýвка**	shoe
страхóтен, **-тна**	terrible (here in its frequent (colloq.) sense: formidable)	**ужáсен**, **-сна**	terrible
панталóн	pair of trousers	**блýза**	blouse
завéждам/ заведá, **-еш**	to take somewhere, take along (about persons)	**базáр**	bazaar

нами́рам се (impf. only)	to be located	**по́длез**	(pedestrian) underpass
дворе́ц	palace, hall	**ки́но**	cinema
кафе́	café	**спо́мням си** (impf. only)	to remember
срещу́	opposite, facing, against	**ета́ж**	floor, storey
надо́лу	down, downwards	**центра́лен, -лна**	central
рекла́ма	advertisement		

Language points 2

Adjectives with articles

You already know that the definite article is tacked on after the noun: for example, 'blouse' is **блу́за** and 'the blouse' is **блу́зата**. If there is an adjective attached to the noun, the article will go after the adjective

зеле́на блу́за	green blouse
зеле́ната блу́за	the green blouse

If there is more than one adjective, the article will go after the first one:

ху́бавата зеле́на блу́за	the nice green blouse
но́вата ху́бава зеле́на блу́за	the new nice green blouse

The form of the article is **-та** with feminine nouns, as you have just seen, **-то** with neuter nouns, and **-те** with plural nouns:

бя́лото ви́но	the white wine
но́вото легло́	the new bed
ху́бавите магази́ни	the nice shops
зеле́ните блу́зи	the green blouses
ху́бавите моми́чета	the beautiful girls

In the masculine, an extra syllable is added to the adjective:

зеле́ният пуло́вер	the green sweater

This is pronounced **зеле́нийът**, so you will see that this is the masculine **-ът** article that you are used to, only spelled with the letter **я**. And there is a short variant that is used whenever the adjective is not part of the subject of the sentence (*see* Unit 3, pp. 24–5):

> **И́скам зеле́ния пуло́вер.**
> I want the green sweater.

Strict word order

Accusative (object) pronouns (**ме**, **те**, . . .), and dative pronouns (**ми**, **ти**, . . .) both belong to the class of unstressed words (*see* Unit 1, p. 5) and are therefore subject to very strict word order rules. As we mentioned in Unit 1, they cannot stand at the beginning of the sentence. If you have both an accusative and a dative pronoun, the word order is always dative first, then accusative:

> **И́скам кни́гата. Да́й ми я!**
> I want the book. Give it to me!

> **Ге́орги и́ска ве́стник „Тру́д". Купи́ му го!**
> Georgi wants the paper 'Trud'. Buy it for him!

Keep in mind that the transferred stress from the negation particle **не** (*see* Unit 1, p. 7) may fall on a pronoun that in principle is unstressed:

> **И́скаш ли я́бълката? – Не́, не я́ и́скам.**
> Do you want the apple? – No, I don't.

> **И́скам да прочета́ ве́стника, но́ Ге́орги не ми́ го да́ва.**
> I want to read the paper, but Georgi is not giving it to me.

Exercise 4

Ask for the things mentioned below, on your own behalf or someone else's, and remember to put the pronouns in the right order.

Example: **И́скам кни́гата. Да́й ми я!**
I want the book. Give it to me!

1 И́скам ве́стника. __________ !
2 И́скам ве́стника и кни́гата. __________ !
3 Ни́е и́скаме кни́гата. __________ !
4 Ни́е и́скаме ви́ното. __________ !
5 Ге́орги и́ска би́рата. __________ !

6 Миле́на и́ска ве́стниците. _________ !
7 Миле́на и Гео́рги и́скат учѐбника. _________ !
8 Те́ и́скат я́бълките. _________ !
9 А́на и Ме́ри, и́скам дома́тите. _________ !
10 Момчѐта, и́скам ве́стника. _________ !

Exercise 5

Replace the underlined nouns with unstressed pronouns in the following sentences.

Example: **Пе́тър да́ва <u>ви́ното на Гео́рги</u>.**
– Пе́тър му го да́ва.

1 Миле́на да́ва <u>кни́гата на Пе́тър</u>.
2 Гео́рги да́ва <u>би́рата на Ми́лена</u>.
3 Ми́лена и Албе́на да́ват <u>ве́стниците на Пе́тър</u>.
4 Ни́е да́ваме <u>кни́гите на ва́с</u>.
5 Гео́рги да́ва <u>чере́шите на Миле́на и Албе́на</u>.
6 Ви́е да́вате <u>я́бълките на на́с</u>.
7 Да́вам <u>са́латата на те́бе</u>.
8 Да́вате <u>блу́зите на ме́не</u>.
9 Да́вам <u>лу́ка на Гео́рги</u>.
10 Пе́тър да́ва <u>сала́тата на ме́не</u>.

Dialogue 3

Mary and Ana are busy browsing at the clothing bazaar. What are the colours of the outfit Mary chooses?

Ме́ри: Ви́ж то́зи си́н пантало́н! Мно́го ми харе́сва.
А́на: Ху́бав е, но не е́ ли тъ́нък за то́зи сезо́н? По́-добре́ премери́ чѐрния.
Ме́ри: Не оби́чам чѐрния цвя́т. Не ми́ харе́сва. Предпочи́там кафя́во или си́во.
А́на: А зеле́ния? Погледни́ го – мно́го е моде́рен.
Ме́ри: Добре́, да́й ми го. Ще го про́бвам. (*Goes to try it on*)
А́на: Изглѐждаш мно́го добре́. Ще го ку́пиш ли?
Ме́ри: Да́, ще го ку́пя. Не́ка да избере́м и подходя́ща блу́за.
А́на: Ти́ не харе́сваш чѐрно, черве́но или кафя́во не е́ добра́ комбина́ция със зеле́но. Какъ́в цвя́т да бъ́де тога́ва?

Мéри: Мóже би бя́ла или свéтлозелéна. Като тáзи напри́мер. Харéсва ми тóзи модéл. Йма ли го в бя́ло?

Áна: Дá, éто, премери́ го.

(*Mary tries it on*)

Áна: Ми́сля, че е голя́ма. Ще ти дáм пó-мáлък нóмер от същия модéл.

Vocabulary

си́н, **си́ня**, **си́ньо**, **си́ни**		blue (note the forms for fem. and neut. – only in this adjective)	
тъ́нък, **-нка**	thin	**премéрвам**/ **премéря**, **-иш**	to measure, try on for size
кафя́в	brown	**модéрен**, **-рна**	modern
прóбвам	to try, try on	**подходя́щ**	matching
комбинáция	combination	**цвя́т**, **цветъ́т**	colour
свéтло-	light (as in **свéтлоси́н** light blue, etc.)	**модéл**	model
нóмер	size, number		

Language point 3

Two ways to say 'I like' – харéсвам

Remember **харéсвам го** 'I like it' from Unit 3, Dialogue 1? You can express the same thing with **товá ми харéсва**, which is in fact the preferred way of putting it.

> **Харéсвам тóзи ресторáнт.**/
> **Тóзи ресторáнт ми харéсва.**
> I like this restaurant.

> **Харéсваш ли тóзи ресторáнт?**/
> **Тóзи ресторáнт харéсва ли ти?**
> Do you like this restaurant?

When you use this model, what you like becomes the subject of the sentence, and if it is expressed by a plural, the verb will of course have to go into the plural as well:

> **Тéзи блу́зи харéсват ли ти?**
> Do you like these blouses?

Exercise 6

Juggle the two ways of using **харе́свам**. We give you one way and you should give the other.

Example: **То́зи рестора́нт харе́сва ли ти?**
– Харе́сва ли ти то́зи рестора́нт?
Do you like this restaurant?

1 Та́зи блу́за не ми́ харе́сва. – _________ .
2 Пантало́нът не ми́ харе́сва. – _________ .
3 Харе́сваш ли шо́пската сала́та? – _________ .
4 Не ти́ ли харе́сва то́зи магази́н? – _________ .
5 Харе́сваш ли бъ́лгарските вина́? – _________ .
6 Ме́ри и А́на не пазару́ват в це́нтъра. Не и́м харе́сват магази́ните там. – _________ .
7 Ни́е не харе́сваме магази́ните в це́нтъра. – _________ .
8 Ви́е харе́свате ли бути́ците в це́нтъра? – _________ .

8 Пъту́ване

Travelling

In this unit you will learn how to:

- Use verbs of movement and travel
- Use relative clauses
- Recognise the **я/е**-alternation

Dialogue 1 (Audio 1; 44)

Mary wants to go to the Historical Museum. How will she get there?

А́на: Ме́ри, какво́ пра́виш? Каква́ е та́зи ка́рта, коя́то разгле́ждаш така́ внима́телно?

Ме́ри: Разгле́ждам ка́ртата на Со́фия. И́скам да оти́да в Истори́ческия музе́й. Ка́к да сти́гна дота́м на́й-бързо?

А́на: Първо ще взе́меш троле́й № 1 или 7, а след това́ трамва́й до площа́д „Славе́йков".

Ме́ри: Откъде́ да взе́ма троле́й?

А́на: Ще ча́каш на спи́рката срещу Наро́дната библиоте́ка.

Ме́ри: Ко́лко спи́рки ще пъту́вам с троле́й? На коя́ спи́рка да сля́за?

А́на: Ще сле́зеш на тре́тата спи́рка, на площа́д „Бълга́рия".

Ме́ри: Но та́м ня́ма спи́рка на трамва́я.

А́на: То́й спи́ра на дру́гата страна́, на булева́рд „Ви́тоша". Ще пресечѐш на светофа́ра.

Ме́ри: Ня́ма ли по-ле́сен на́чин да сти́гна дота́м? С такси́ не е́ ли по́-бързо?

А́на: Ма́лко по́-бързо, но в це́нтъра на Со́фия ви́наги и́ма голя́мо движе́ние. Всъщност пе́ш ще мо́жеш да оти́деш по на́й-пре́кия път.
Ме́ри: Да́, аз оби́чам да вървя́ пе́ш.
А́на: Внима́вай да не се́ объркаш!
Ме́ри: Не се́ безпоко́й, нали́ и́мам ка́рта? В кра́ен слу́чай ще попи́там.

Vocabulary

ка́рта	map
сти́гам/сти́гна, -еш	to reach, arrive at
бърз	quick
спи́рка	(bus, tram) stop
сли́зам/сля́за, сле́зеш	to get off (bus, train), descend
страна́	side
светофа́р	traffic light
на́чин	manner, way
всъщност	actually
Истори́ческия музе́й	the Historical Museum
дота́м	there, to that place
троле́й	trolleybus
Наро́дната библиоте́ка	the National Library
спи́рам/спра́, спре́ш	to stop
преси́чам/пресека́, -сече́ш	to cross
ле́сен	easy
движе́ние	movement, traffic
пе́ш	on foot
пря́к, пря́ка, пря́ко, пре́ки	direct, straight
вървя́, -и́ш (impf. only)	to go, walk
внима́вам (impf. only)	to pay attention, take care
объркавам се/объркам се	to get mixed up, get lost
безпокоя́ се, -и́ш се	to worry
в кра́ен слу́чай	as a last resort
пи́там/попи́там	to ask

Language points 1

A two-faced vowel: я/е*-alternation*

In the vocabulary above, you will see that one verb changes in a curious way: **сля́за**, **сле́зеш**. Some words have a **я** that changes into an **е** in some its grammatical forms. The rules for the change are quite simple: there are two conditions, which *both* have to be fulfilled, for the **я** to show up as **я**. If one of them is not fulfilled, it will appear under the guise of **е**:

(1) the syllable must be stressed;
(2) the following syllable of the word must not contain **е** or **и**.

Stress shifts are common in articled and plural forms, so in those you will often see condition number one broken: the definite form of **цвя́т** 'colour' is **цветъ́т** with stress on the article, and the plural of **мя́сто** 'place' is **места́**. And many endings, for nouns, adjectives and verbs, contain **е** or **и**, giving you plenty of opportunities to see condition two broken: the plural of **пря́к** 'direct', 'straight' is **пре́ки**, and the present tense forms of **сля́за** 'to get off (bus, train)', 'descend' are **сля́за**, **сле́зеш**, **сле́зе**, **сле́зем**, **сле́зете**, **сля́зат**.

This does not apply to every **я** – the root vowel in **я́м** 'to eat' loses its stress and is followed by a syllable containing **е** in **яде́ш**, **яде́**, etc., but still appears as **я**. It means that you should view every **е** with suspicion – if you find the phrase **бели панталони** and want to look it up, you will have to look for the adjective under **бял**; you won't find it under '**бел**'.

More alternations: к/ч *and* г/ж

In some verbs of the **е**-type, a **к** will change to **ч** before the **е** of the ending, and a **г** to **ж**:

пресека́ (pf.)	to cross	**мо́га**	can, to be able to
пресече́ш		**мо́жеш**	
пресече́		**мо́же**	
пресече́м		**мо́жем**	
пресече́те		**мо́жете**	
пресека́т		**мо́гат**	

Going places

English has the short and versatile verb 'to go'. In Bulgarian, you will sometimes have to be more specific about your movement in space. In the dictionary, **оти́вам/оти́да** is the equivalent of 'to go', but in Bulgarian **Ха́йде да тръ́гваме!** is said for 'Let's go!'. This is because **тръ́гвам/тръ́гна, -еш** is used when indicating the *beginning* of the movement is important: 'to set off', 'to leave'.

On the other hand, **оти́вам/оти́да**, **-еш** carries with it the implication of a *complete* trip. It is all right to say **У́тре оти́вам в Пло́вдив** 'Tomorrow I'm going to Plovdiv' if you are close enough and/or plan to get there by air, but if your trip will take several days you would say **Утре тръгвам за Пло́вдив**. Note also the different preposition here – **за** just indicates the general direction. Here are the most useful prepositions used with **оти́вам/оти́да**:

Оти́вам при Миле́на.
I'm going to Milena's (to see a person).

Оти́вам в магази́на.
I'm going to the shop (entering a locality).

Оти́вам до магази́на.
I'm going to the shop (reaching a certain point).

Оти́вам на поку́пки.
I'm going shopping (for the purpose of an activity).

The actual process of movement is described by **мина́вам/ми́на**, **-еш** 'to pass' or, for those longer movements that we call journeys, **пъту́вам** (impf. only) 'to travel'. The most useful prepositions used with these verbs are:

Мина́вам по у́лица „Ва́рненска".
I walk/pass along Varnenska street.

Мина́вам край/покра́й па́метника.
I pass by the monument.

Мина́вам през па́рка.
I pass through the park.

Пъту́вам до Ва́рна.
I am travelling to Varna.

Пъту́вам от Со́фия до Ва́рна.
I am on my way from Sofia to Varna.

All of these verbs can be used whether you are travelling on foot or by some means of transport. You may add **пе́ш** or **пеша́** 'on foot':

Мина́вам пе́ш през па́рка.
I'm walking through the park.

The use of **вървя́**, **-и́ш** 'to walk' usually implies walking on foot. Any of the prepositions used with **мина́вам** and **пъту́вам** here may be used with it.

Exercise 1

Select the correct verb of motion from the alternatives given.

1 В ко́лко часа́ (тръ́гва, оти́ва) вла́кът?
2 Автобу́сите за Пло́вдив (оти́ват, мина́ват) по булева́рд „Ца́р Освободи́тел".
3 А́з съм гото́в, да (тръ́гваме, ми́наваме) ве́че.
4 Ви́наги предпочи́там да (тръ́гвам, пъту́вам) с вла́к.
5 И́скам да (пъту́вам, оти́да) до Истори́ческия музе́й.
6 Ха́йде да (тръ́гваме, оти́ваме) за ки́ното.
7 Гео́рги (оти́ва, тръ́гва) в Созо́пол за една́ се́дмица.
8 Дове́чера (мина́ваме, оти́ваме) на ки́но.
9 До ки́ното е по́-бързо да (ми́неш, върви́ш) пе́ш.
10 (оти́вам, мина́вам) да ку́пя цветя́.
11 Вла́кът от Со́фия за Ва́рна (и́два, мина́ва) през Шу́мен.

Exercise 2

Put the correct prepositions in these sentences with motion verbs.

1 А́на у́тре оти́ва _____ Пло́вдив.
2 Сле́дващият автобу́с _____ Бурга́с тръ́гва в 9 ч.
3 Миле́на и А́на оти́ват _____ рестора́нт „Астра".
4 Дове́чера оти́ваме _____ конце́рт.
5 И́маме ли вре́ме да оти́дем _____ площа́д „Славе́йков"?
6 Обикнове́но пъту́вам с вла́к _____ Со́фия _____ Бурга́с.

Language points 2

Using как да

Constructions with **ка́к да ...?** may imply either that you are asking how something *can* be done, or how it *must* or *should* be done – the context decides the meaning:

Ка́к да сти́гна дота́м?
How can I get there?

На коя́ спи́рка да сля́за?
At which stop should I get off?

Using 'which' and 'who'

In Bulgarian, the pronoun **ко́й** fills in for both these English pronouns. In the sense of 'which', it appears together with a noun (or at least a noun is understood from context) and it changes for gender and number:

Masculine	*Feminine*	*Neuter*	*Plural*
ко́й	**коя́**	**кое́**	**кои́**

На коя́ спи́рка да сля́за?
At which stop should I get off?

Ко́й де́н е дне́с?
What day is it today?

Кои́ я́бълки са на́й-е́втини?
Which apples are the cheapest?

От те́зи сирена́ кое́ предпочи́таш?
Which of these cheeses do you prefer?

In the sense of 'who', only the masculine form **ко́й** is normally used, and it has an object form **кого́**:

Ко́й и́ска да оти́де с ме́не на ки́но?
Who wants to go to the cinema with me?

Ко́й се оба́жда?
Who is calling?*

* This form is used even when hearing a female voice on the phone.

Кого́ тъ́рсиш?
Who are you looking for?

На кого́ се оба́ждаш?
Who are you calling?

Dialogue 2 (Audio 1; 45)

Georgi is going to attend a conference at the seaside. Petar asks him what kind of transport he will use.

Пéтър: Кáк ще пътýваш до Созóпол?

Гéорги: Мúсля да взéма бъ́рзия влáк Сóфия–Бургáс в 22.30. По разписáние пристúга рáно сутринтá, в 6.45. След товá от Бургáс до Созóпол ще пътýвам с автобýс. Автогáрата е срещу гáрата.

Пéтър: Дá, да пътýваш през нощтá със спáлен вагóн е удóбно. Ще спúш във влáка, нńма да си уморéн на слéдващия дéн. Нó налú знáеш, че úма и автобýси от Сóфия, койтo пътýват за Созóпол?

Гéорги: Знáм, но с автобýс ще пристúгна тáм на óбед, а конферéнцията запóчва в 11 ч. сутринтá.

Пéтър: Ще пропýснеш сáмо официáлното открúване. И помислú всé пáк, с влáк ще пътýваш цńла нóщ, а с автобýс е мнóго пó-бъ́рзо.

Гéорги: Тú знáеш ли каквú автобýси úма след обńд за Созóпол?

Пéтър: Има автобýси на нńколко фúрми, койтo пътýват по тóзи маршрýт. Нó ще те посъвéтвам нéщо. Не взéмай автобýс на „Волáн тýрс".

Гéорги: Защó?

Пéтър: Тé минáват по дрýг маршрýт и пътýват с едúн чáс пóвече. Вземú автобýс úли на „Експрéс транс" úли на „Стáрт". Тé са пó-бъ́рзи.

Гéорги: Не знáм, ще помúсля. За всéки слýчай ще проверń разписáнията на автобýсите. Ще отúда до Централната автогáра. Налú автобýсите за Бургáс и Созóпол тръ́гват оттáм?

Пéтър: Дá, в тáзи посóка тръ́гват от Централната автогáра.

Vocabulary

влáк	train	**разписáние**	schedule
автогáра	bus station	**гáра**	station, train station
спáлен вагóн	sleeper	**спń, спúш**	to sleep
уморéн	tired	**слéдващ**	following
конферéнция	conference	**пропýскам/ пропýсна, -еш**	to miss, skip
официáлен, -лна	official	**открúване**	opening
помúслям/ помúсля, -úш	to think over	**цńл, цéли**	whole, entire
		маршрýт	route, itinerary

съве́твам/ посъве́твам	to advise	**мина́вам/ ми́на, -еш**	to pass
посо́ка	direction		

Language points 3

Using 'either/or'

You learned the word **или** 'or' in Unit 1. It is used for 'either . . . or' as well:

И́ма мя́сто са́мо за еди́н чове́к. И́ли ти́ ще до́йдеш, и́ли А́на.
There is room only for one. Either you will come, or Ana.

Ня́ма самоле́т за Бурга́с. Ще пъту́ваш и́ли с вла́к, и́ли с автобу́с.
There is no plane for Burgas. You will have to travel either by train or by bus.

Measuring difference, с

When comparing things, you may want to express the extent of the difference, as in 'He is *two years* older than me'. To do this, use the preposition **с**, for example: **То́й е с две́ годи́ни по́-ста́р от ме́не**.

Relative clauses

When you add further explanation to a noun in a separate clause, it is called a relative clause, for example 'This is the man *who can help you*'. In Bulgarian, you introduce such clauses with a pronoun, made by adding **-то** to the question-word **кой** (*see* 'Using "which" and "who"', p. 92). The pronoun agrees in gender and number with the noun it refers to:

Masculine	*Feminine*	*Neuter*	*Plural*
ко́йто	**коя́то**	**кое́то**	**ко́ито**

Товá е човéкът, кóйто мóже да ви помóгне.
This is the man who can help you.

Товá е женáта, коя́то ще ви помóгне.
This is the woman who will help you.

Товá е ви́ното, коéто ще пи́ем.
This is the wine that we'll be drinking.

Товá са блу́зите, кои́то ще ку́пя.
These are the blouses that I am going to buy.

Note that you must never drop the relative pronouns, unlike in English 'the wine (that) we'll be drinking'; and also that prepositions are never left stranded at the end of the sentence, as they sometimes are in English:

Товá е женáта, с коя́то ще пъту́ваме.
This is the woman we'll be travelling with.

If the pronoun refers to a male person, **когóто** is used as the object form:

Товá е човéкът, когóто търсите.
This is the man you are looking for.

Товá е човéкът, на когóто тря́бва да помóгнете.
This is the man you should help.

Exercise 3

Complete the following sentences with the correct relative pronoun.

1 Ще се ви́дим на автогáрата, от _____ тръгват автобу́сите за Вáрна.

2 Ѝмам прия́телка, _____ у́чи нéмски.

3 Товá е óфисът, в _____ рабóти Геóрги.

4 У́тре и́мам срéща, _____ запóчва в 8 ч.

5 Магази́ните, от _____ купу́вам дрéхи, са в цéнтъра.

6 Си́ренето, _____ купу́ваме от тóзи магази́н, е пó-скъпо.

7 Геóрги купу́ва шéст би́ри, _____ ще изпи́е довéчера пред телеви́зора.

Exercise 4

Match the pairs of sentences (shown on the right) with the corresponding single sentence that uses a relative pronoun (shown on the left). This may seem easy, but take good notice of the way the pairs in the solution match each other.

1 Ще се ви́дим на втога́рата, от коя́то тръ́гват автобу́сите за Бурга́с.	a Това́ е рестора́нтът. В то́зи рестора́нт ще об я́дваме.
2 Гео́рги, който е бра́т на Еле́на, рабо́ти в це́нтъра.	b Ще се ви́дим на а́втога́рата. От та́зи а́втога́ра тръ́гват автоб у́сите за Бурга́с.
3 Позна́вам едно́ моми́че, което зна́е фре́нски.	c Оти́вам на сре́ща. Сре́щата запо́чва в 7 ч.
4 Оти́вам на сре́ща, коя́то запо́чва в 7 ч.	d Позна́вам едно́ моми́че. Моми́чето зна́е фре́нски.
5 Това́ е рестора́нтът, в ко́йто ще обя́дваме.	e Гео́рги е бра́т на Еле́на. Гео́рги рабо́ти в це́нтъра.

Dialogue 3

Georgi has lost his way and has to ask a stranger for an address.

Гео́рги: Извине́те, в то́зи квартáл ли живе́ете?
Жена́: Дá, защо́?
Гео́рги: Тъ́рся у́лица „Ва́рненска".
Жена́: У́лица „Ва́рненска"? (*thinking*) Не съм си́гурна, но ми́сля, че е бли́зо. Ще върви́те по та́зи у́лица до светофа́ра. Та́м ще зави́ете наля́во. У́лицата, коя́то тъ́рсите, е тре́тата след заво́я.
Гео́рги: Благодаря́ ви!

(*Georgi sets off as told, but he does not find the street and has to ask again*)

Гео́рги:	Извине́те, тъ́рся у́лица „Ва́рненска". Зна́ете ли къде́ е?
Мъж:	У́лица „Ва́рненска"? Тя́ е в обра́тната посо́ка.
Гео́рги:	Така́ ли? Ка́к да я наме́ря?
Мъж:	Върне́те се на кръсто́вището със светофа́ра и мине́те напра́во. „Ва́рненска" е тре́тата пря́ка.
Гео́рги:	Зна́чи, то́чно в обра́тната посо́ка. Ни́кога не пи́тай жени́ за пътя – пра́щат те за зеле́н хайве́р.

Vocabulary

зави́вам/зави́я, **-еш**	to turn	**заво́й**	turn, curve
обра́тен, **-тна**	opposite	**кръсто́вище**	crossroads
напра́во	straight ahead	**пря́ка**	cross street
пра́щат ме за зеле́н хайве́р		I'm being led up the garden path (lit. 'I'm being sent out for green caviar!')	

Exercise 5

Give directions to a stranger (man), using the diagram below. Use **напра́во** 'straight ahead', **наля́во** 'to the left 'and/or **надя́сно** 'to the right'.

Example: **Вървéте наля́во, след товá надя́сно.**
Go to the left, after that to the right.

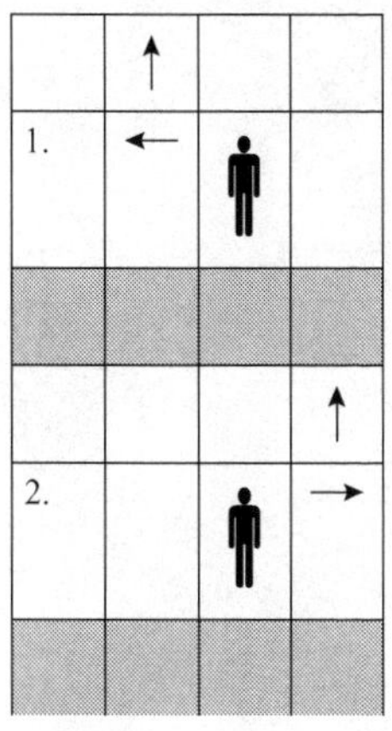

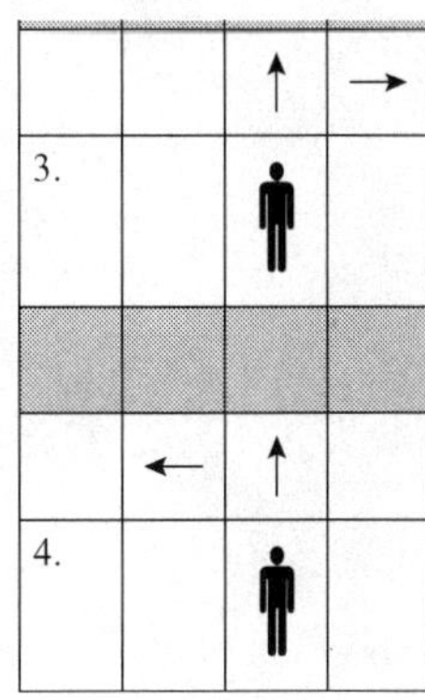

Exercise 6

You are standing on Varnenska street outside the hotel (see the map below) when a stranger approaches you and asks for directions to the tourist information office. Explain the shortest route. (Remember that you can use the future tense as well as the imperative.)

Example: **Ка́к мо́га да сти́гна до туристи́ческото информацио́нно бюро́?**

Тръгне́те по та́зи у́лица към ки́ното. Като сти́гнете до не́го, ще зави́ете вдя́сно. След ма́лко ще ви́дите еди́н па́метник отля́во. Бюро́то е то́чно срещу не́го.

Here are some words that may be useful for this exercise:

бо́лница	hospital	**цъ́рква**	church
па́метник	monument, memorial	**по́ща**	post office

1 You are standing outside the hospital. Explain how to get to the cinema.
2 You are still outside the hospital. Explain how to find the church.
3 You are on the steps of the church. Explain how to find the hotel.
4 You are sitting at the base of the monument. Tell the stranger how to reach the post office.
5 You are on Turnovska street, outside no. 5. How can one get to the post office from there?

9 Семе́йство

Family

In this unit you will learn how to:

- Use possessive pronouns
- Talk about family relations
- Use words corresponding to 'must' and 'may'
- Address people

Dialogue 1 (Audio 1; 48)

Ana and Mary are sitting in a café looking at people around them.

Ме́ри: А́на, онова́ момче́ та́м не е́ ли Пе́тър?
А́на: Кое́ момче́?
Ме́ри: Ру́сото момче́, кое́то седи́ на ма́сата до прозо́реца.
А́на: Да́, пра́ва си. Това́ е мо́ят коле́га Пе́тър. За пръ̀в пъ̀т го ви́ждам ту́к. Ми́сля, че то́й не оби́ча да хо́ди по кафе́та.
Ме́ри: Мо́же би и́ма сре́ща и затова́ е ту́к.
А́на: Си́гурно, защо́то че́сто погле́жда към вхо́да.

A girl enters and sits down at Petar's table.

А́на: Е́то, Пе́тър и́ма сре́ща с това́ краси́во моми́че.
Ме́ри: Мо́же би това́ е жена́ му.
А́на: Не́, то́й не но́си халка́, зна́чи не е́ же́нен. Вероя́тно е прия́телката му.

When Petar and the girl get up to leave, they notice Ana and Mary.

Пе́тър: Здраве́йте. Ка́к сте?
Ме́ри: Здраве́й, Пе́тре, каква́ изнена́да да те ви́дим ту́к.

Пéтър: Обикновéно не идвам тýк, но днéс имам срéща. Запознáйте се, товá е сестрá ми Ирúна.
Áна: О, товá е сестрá ти? Приятно ми е да се запознáем.

Vocabulary

рýс	fair-haired	**прáв, -а, -о, -и съм**	to be right, correct
пъ́т, пъ́ти; за пръ́в пъ́т	time; for the first time	**жéнен**	married
веро́ятно	probably	**сестрá**	sister

Language points 1

Possession

Bulgarian has two sets of possessive pronouns. If you consider that bad news, the good news is that you already know one of them – it is identical to the set of dative pronouns that you learned in Unit 6 (pp. 69–70). If you put one of the dative pronouns after a noun with a definite article, you have a possessive pronoun. We usually call these the 'short' possessive pronouns:

кни́гата ми	my book
кни́гата ти	your (sing.) book
кни́гата му	his (its) book
кни́гата ѝ	her book
кни́гата ни	our book
кни́гата ви	your (pl.) book
кни́гата им	their book

So what happens if there are one or more adjectives attached to the noun? You learned in Unit 7 (pp. 82–3) that the article goes after the first adjective, and the short possessive pronoun goes with it:

нóвата ми кни́га
my new book

нóвата ми англи́йска кни́га
my new English book

The 'long' possessive pronouns are, well, longer. They are declined in gender according to the noun that follows, and they may or may not have a definite article attached:

Masculine	*Feminine*	*Neuter*	*Plural*	
мóй	**мóя**	**мóе**	**мóи**	my
твóй	**твóя**	**твóе**	**твóи**	your (sing.)
нéгов	**нéгова**	**нéгово**	**нéгови**	his (its)
нéин	**нéйна**	**нéйно**	**нéйни**	her
нáш	**нáша**	**нáше**	**нáши**	our
вáш	**вáша**	**вáше**	**вáши**	your (pl.)
тéхен	**тя́хна**	**тя́хно**	**тéхни**	their

When a definite article is added, the rules for nouns (*see* Unit 3, p. 25) apply to **мой** and **твой**, while the rules for adjectives apply to the rest (you actually only notice the difference in the masculine forms):

Masculine	*Feminine*	*Neuter*	*Plural*	
мóят	**мóята**	**мóето**	**мóите**	my
твóят	**твóята**	**твóето**	**твóите**	your (sing.)
нéговият	**нéговата**	**нéговото**	**нéговите**	his (its)
нéйният	**нéйната**	**нéйното**	**нéйните**	her
нáшият	**нáшата**	**нáшето**	**нáшите**	our
вáшият	**вáшата**	**вáшето**	**вáшите**	your (pl.)
тéхният	**тя́хната**	**тя́хното**	**тéхните**	their

In spoken language, you will get a long way with just the short forms – they are less formal and more frequent. But in some cases you will still have to use the long forms.

First of all, the short forms are unstressed, so there is no way that you can stress them for emphasis. If you want to say 'No, that is *my* pencil, not yours', you will have to use the long forms and say **Нé, товá е *мóят* молив, нé твóят**. The last word of this sentence also shows another case: when there is no noun to go with the possessive pronoun (e.g. when you use 'mine', 'yours', etc. in English) we use the long forms:

То́зи мо́лив е мо́й.	This pencil is mine.
Тво́й ли е то́зи мо́лив?	Is this pencil yours?

Close relatives

Most words for close relatives do not take an article together with the short possessive pronouns. While 'my colleague' is **коле́гата ми** in Bulgarian, with article plus dative pronoun as you learned in the section above, 'my mother' is just **ма́йка ми**, with no article. More words that behave that way are:

сестра́ ми	my sister
бра́т ми	my brother
жена́ ми	my wife
баща́ ми	my father

Notable exceptions are:

мъжъ́т ми	my husband
синъ́т ми	my son

You omit the article only in the singular and when there is no adjective:

сестри́те ми	my sisters
ху́бавата ми сестра́	my beautiful sister

Exercise 1 (Audio 1; 49)

Complete the answers for the following questions.

Example: **Тво́ята кни́га но́ва ли е?**
– Да́, кни́гата ми е но́ва.

Is your book new?
– Yes, my book is new.

1 Тво́ето кафе́ ху́баво ли е? – Да, __________ .
2 На́шият балко́н голя́м ли е? – Да, __________ .
3 Не́йната би́ра ма́лка ли е? – Да, __________ .
4 Г-н Петро́в, ва́шата сестра́ мла́да ли е? – Да, __________ .
5 Мо́ята би́ра голя́ма ли е? – Да, __________ .
6 Момче́та, ва́шите кни́ги ху́бави ли са? – Да, __________ .
7 Тя́хната ма́йка мла́да ли е? – Да, __________ .
8 Тво́ите ре́чници скъ́пи ли са? – Да, __________ .
9 Те́хните ста́и голе́ми ли са? – Да, __________ .

Dialogue 2 (Audio 1; 50)

Georgi and Milena are discussing how their respective mothers cook. Their conversation is interrupted by a phone call.

Гео́рги: Ма́йка ми ще до́йде у́тре и ще ни донесе́ мусака́. Тя́ постоя́нно се безпокои́ за това́ какво́ обя́дваме и вечéряме.

Миле́на: Ма́йка ти го́тви мно́го вку́сно, но сла́га мно́го подпра́вки.

Гео́рги: А́з харе́свам не́йната ку́хня. Защо́ ти не ѝ ка́жеш то́чно какво́ не харе́сваш?

Миле́на: Все́ па́к тя́ е тво́я ма́йка. А́з мо́га да ка́жа на мо́ята, но се притесня́вам да гово́ря така́ с ма́йка ти.

Гео́рги: Ня́ма за какво́ да се притесня́ваш. Тя́ ще те разбере́. Все́ки чове́к и́ма со́бствен вку́с. Мо́ят бра́т напри́мер оби́ча ки́село мля́ко, а баща́ ми – не́.

Миле́на: Мо́ята ма́йка не оби́ча да го́тви, но не́йната сестра́, ле́ля ми Ве́ра е страхо́тна готва́чка. Ти не си́ опи́твал не́йните кеба́пчета. Ще си обли́жеш пръ́стите.

Гео́рги: Внима́вай, гово́риш ми за храна́ и запо́чвам да огладня́вам. Какво́ и́ма за вече́ря, ми́ла мо́я?

Миле́на: Ами́, Жо́ро, за вече́ря . . . сега́ ще ви́дя . . . (*the telephone rings*) А́ло? Да́ . . . Разби́ра се, с удово́лствие. Жо́ро, ма́ма ни ка́ни на вече́ря. Ха́йде, тръ́гваме ли?

Vocabulary

дона́сям/ донеса́, -е́ш	to bring	**го́твя, иш** (impf. only)	to cook
ку́хня	kitchen, cuisine	**притесня́вам се/ притесне́я, -е́еш се**	to worry, feel nervous about
ня́ма за какво́ да	there is no reason to . . .	**со́бствен**	one's own, private
вку́с	taste	**ле́ля**	(maternal) aunt
готва́чка (f.)	cook; **готва́ч** (m.)	**кеба́пче**	grilled meatball
обли́звам/ обли́жа, -еш си пръ́стите	to lick one's fingers	**храна́**	food

огладня́вам/ огладне́я, -е́еш	to become hungry	**ми́л**	dear, beloved
удово́лствие	pleasure		

Language points 2

Using трябва *and* може

In Unit 6 (pp. 64–5), you learned to combine two verbs with **да**: **и́скам да ку́пя хля́б** 'I want to buy bread'; **и́скаш да ку́пиш хля́б** 'you want to buy bread'. Notice again how both verbs in this construction change according to person. However, when you say 'I must buy bread', 'you must . . .', etc., the first verb, **тря́бва**, remains unchanged:

а́з тря́бва да ку́пя хля́б	I must buy bread
ти́ тря́бва да ку́пиш хля́б	you (sing.) must buy bread
то́й тря́бва да ку́пи хля́б	he must buy bread
ни́е тря́бва да ку́пим хля́б	we must buy bread
ви́е тря́бва да ку́пите хля́б	you (pl.) must buy bread
те́ тря́бва да ку́пят хля́б	they must buy bread

With the verb **мо́га** as the first member of such a construction, both patterns are possible. Let us first have a look at the 'regular' pattern:

а́з мо́га да до́йда	I can come
ти́ мо́жеш да до́йдеш	you (sing.) can come
то́й мо́же да до́йде	he can come
ни́е мо́жем да до́йдем	we can come
ви́е мо́жете да до́йдете	you (pl.) can come
те́ мо́гат да до́йдат	they can come

In this pattern, the meaning is 'I am able to come', that is, 'I have the ability and nothing hinders me'. If you leave the first in its third person form throughout, the meaning will be 'I may come', that is, 'it may happen that I come':

а́з мо́же да до́йда	I may come
ти́ мо́же да до́йдеш	you (sing.) may come
то́й мо́же да до́йде	he may come

нúе мóже да дóйдем	we may come
вúе мóже да дóйдете	you (pl.) may come
тé мóже да дóйдат	they may come

More about 'this' and 'that'

These pronouns are used in connection with pointing, and you learned **тóзи** 'this' in Unit 2 (and the plural in Unit 5): 'that' is **óнзи** and we repeat **тóзи** here for comparison:

Masculine	*Feminine*	*Neuter*	*Plural*	
тóзи	**тáзи**	**товá**	**тéзи**	this
óнзи	**онáзи**	**оновá**	**онéзи**	that

As in English, you use one set to refer to distant objects and another to refer to close objects. However, where you distinguish between 'distant' and 'close' is a little different in Bulgarian, when compared with English. For example, if you want Mary to give you the book she is holding, you would say 'Give me that book!' with the 'distant' pronoun. In Bulgarian, you would say **Дáй ми тáзи кнúга!** with the 'close' pronoun. The 'distant' pronouns are only used for things which are *way over there*, held by some third person.

Тáзи салáта е мнóго вкýсна.
This salad is very tasty.

Кóй е óнзи човéк, кóйто минáва по ýлицата?
Who is that man passing by on the street?

Exercise 2 (Audio 1; 51)

Complete the following sentences.

Example: **Áз нямам хляб. Трябва да кýпя хляб.**
I don't have any bread. I have to buy bread.

1 Нямаме бúра. ______________ .
2 Нямате гардерóб. ______________ .
3 Нямаш рéчник. ______________ .
4 Милéна и Геóрги нямат колá. ______________ .
5 Пéтър няма хляб. __________ .
6 Нямам колá. ______________ .

Exercise 3

Consider carefully whether 'may' or 'able to' is the intended sense in the following sentences, and fill in either the unchanged **мо́же** or **мо́га**, **мо́жеш**, changed according to person.

Example: **Къде́ . . . да резерви́рам ма́са? (мо́га)**
Where can I book a table?

1 Не _____ да до́йдем в съ́бота. И́маме го́сти.
2 Тря́бва да се оба́дя на Миле́на. _____ ли да се оба́дя от ва́шия телефо́н?
3 Не _____ да разбера́ защо́ не и́скаш да си ку́пиш компю́тър.
4 Миле́на и Гео́рги все о́ще са на ра́бота, но _____ ско́ро да се въ́рнат.
5 Ту́к е магази́н за плодове́ и зеленчу́ци. Не _____ да ку́пиш ве́стник ту́к.
6 _____ ли да ме посъве́тваш ко́й ре́чник да избера́?

Exercise 4

Complete the responses to the sentences below, following the pattern in the example.

Example: **Кни́гите му са ту́к.**
– Са́мо та́зи кни́га е не́гова, она́зи е твоя́.
Only this book is his, that one is yours.

1 Ре́чниците ѝ са ту́к. Са́мо ______________ .
2 Би́рите им са ту́к. Са́мо ______________ .
3 Десе́ртите им са ту́к. Са́мо ______________ .
4 Ка́ртата му е ту́к. Са́мо ______________ .
5 Пода́ръците ѝ са ту́к. Са́мо ______________ .
6 Шокола́дите му са ту́к. Са́мо ______________ .

Dialogue 3 (Audio 1; 52)

Irina has invited Asen to her father's birthday – a good occasion for him to meet her family. Asen has just rung the bell.

Ири́на: Заповя́дай. То́чно навре́ме и́дваш. О́ще ня́ма мно́го го́сти. (*Looking at the flowers Asen is carrying*) А за кого́ е то́зи краси́в буке́т? За баща́ ми ли е?

Асе́н:	Не́, за ма́йка ти е. Нали́ тя́ е домаки́нята. За бащá ти и́ма пода́рък. Мно́го го́сти ли ча́кате?
Ирина:	Ще до́йдат ле́ля ми, три́ма братовче́ди и еди́н приятел на бащá ми.
Асен:	Зна́чи с тво́ите два́ма бра́тя към десети́на ду́ши.
Ири́на:	И́скам да те предста́вя на на́шите. Те́ ни ча́кат. Ма́мо, та́тко, това́ е Асе́н.
Асе́н:	Ра́двам се да се запозна́ем, госпо́жо Или́ева. Заповя́дайте, те́зи цветя́ са за вас. Мно́го ми е прия́тно, господи́н Или́ев. Чести́т рожде́н де́н!
Ири́на:	Асе́не, след ма́лко ще ти предста́вя мо́я бра́т Пе́тър. Ми́сля, че е в ку́хнята, ще го повикам.

Vocabulary

навре́ме in time
братовче́д, **братовче́дка** (f.) cousin
та́тко daddy
предста́вям/предста́вя, **-иш** to introduce
чести́т рожде́н де́н happy birthday
пови́квам/пови́кам call, send for
домаки́ня hostess, housewife
ду́ши (pl. only) persons

Language points 3

Numerals for counting men

It's true! Bulgarian has a special set of numerals that are used together with masculine nouns denoting persons. They take the regular plural, not the special quantified plural we introduced you to in Unit 6 (pp. 67–8):

два́ма бра́тя	two brothers
три́ма мъже́	three men
четири́ма прия́тели	four (male) friends
пети́ма ду́ши	five persons
шести́ма америка́нци	six Americans

That is as far as you need to learn them – from seven onwards plain numerals with the quantified plural are usually used. Formally **десети́на** belongs in this group, but it is more often used in the sense of 'approximately ten': **към десети́на ду́ши** 'about ten persons'.

Addressing people

First names have a special form (vocative) used when addressing a person (in fact, almost any noun has such a special form, but most of us very rarely address objects around us):

А́, е́то Ива́н и́два. Ива́не, здраве́й, ка́к си?
Oh, here's Ivan. Ivan, hello, how are you?

The use of these forms is a bit of a social minefield, but we can safely recommend you tiptoe into it by using the form ending in **-е** for male names ending in a consonant (except **-й**):

Борисла́в/Борисла́ве	**Кру́м/Кру́ме**
Пе́тър/Пе́тре	**Дими́тър/Дими́тре**

For feminine names, further care is needed: most female names and other nouns ending in **-а** get the ending **-о**:

Неве́на/Неве́но	**Мари́я/Мари́йо**

However, more and more these forms are considered crude and uneducated. Those ending in **-ца** and **-ка** get the ending **-е**; but don't use **Ива́нке** for **Ива́нка** if you want to appear as the polite and educated person you really are.

Foreign names don't get the special vocative endings, nor do names ending in **-и** or **-е**. The vocative form for **бащá** 'father' is **тáтко**, and for **мáйка** 'mother' **мáмо**.

When addressing a stranger, **господи́не** 'Sir!' is perfectly polite, as are **госпóжо** (from **госпожá**, note the stress change) 'Ma'am!' and **госпóжице** 'Miss!'. When these terms are used in conjunction with a family name, the feminine forms keep their vocative forms, but not the masculine:

Дóбър дéн, **господи́н Петрóв.**
Good morning, Mr Petrov.

Дóбър дéн, **госпóжо Петрóва.**
Good morning, Mrs Petrova.

Дóбър дéн, **госпóжице Петрóва.**
Good morning, Miss Petrova.

Exercise 5

Say hello (**Здравéй**, **Ѝване**!) to all the people identified below, taking into account grammar as well as politeness and propriety.

1 Áна
2 Милéна и Гéорги
3 Мéри и Пéтър
4 Госпóжица Уайт
5 Андрéй
6 Госпожá Или́ева
7 Мари́я
8 Господи́н Иванóв

Exercise 6

Spell out the numerals with letters and use the correct plural form for the nouns in brackets – for men or for women, animals and things.

1 В óфиса рабóтят 4 (програми́ст) и 2 (секретáрка).
2 Довéчера ще глéдам мач по телеви́зията с 3 (прия́тел).
3 Ѝмаме сáмо 3 (би́ра), а сме 4 голéми (мъж).
4 Тéзи 2 (англичáнин) и 3 (америкáнец) и́скат мáса за 5 дýши.
5 На онáзи мáса обя́дват 4 (англичáнка).

10 Здра́ве

Health

In this unit you will learn how to:

- Use constructions for expressing feelings
- Use vocabulary relating to health
- Use long (stressed) personal pronouns
- Use doubled object expressions

Dialogue 1

It suddenly occurs to Mary that Ana doesn't look too well. Why does Ana agree to go and see a doctor?

Ме́ри: А́на, добре́ ли си? Не изгле́ждаш добре́, мно́го си бле́да.

А́на: Зле́ ми е. Чу́вствам се то́лкова отпа́днала. Ви́е ми се свя́т.

Ме́ри: Ти́ пи́еш мно́го кафе́, и то́ ви́наги с цига́ра. Си́гурно това́ е причи́ната. И́скаш ли еди́н приятелски съве́т от ме́не? Хапни́ не́що. Мо́же би ти е ло́шо, защо́то си гла́дна.

А́на: Не́ ми́сля, че това́ е причи́ната. А́з заку́свам и обя́двам редо́вно, дне́с също. Не е́ от кафе́то – това́ е пъ́рвото за дне́с. Но́ не ми́ се пи́е кафе́, горчи́ ми в уста́та. Найстина ми е ло́шо. И ме боли́ гла́вата.

Ме́ри: А́ това́ ве́че е сери́озно. Тря́бва да оти́деш на ле́кар, да ти преме́ри кръ̀вното наля́гане.

А́на: Зна́м какво́ ще ми ка́же ле́карят – висо́ко кръ̀вно, преумо́ра, си́лен стре́с. Тря́бва да почи́вате по́вече, да спи́те поне́ 8 ча́са, да спорту́вате, да спре́те цига́рите.

Ме́ри: Откъде́ си то́лкова си́гурна? Ти не си́ ле́кар.
А́на: Ле́карите ви́наги ка́зват това́. Но всé пáк заради́ тéбе ще оти́да на прéглед, за да се успокойш.

Vocabulary

бле́д	pale
изведнъж	suddenly
зле́ ми е	to be ill, unwell
чу́вствам се/ почу́вствам се	to feel
отпа́днал	feeble, weak
ви́е ми се свя́т	to feel dizzy
причи́на	reason
прия́телски	friendly
съве́т	(piece of) advice
ха́пвам/ха́пна, -еш	to snack, have a bite
ло́шо ми е	to feel ill, unwell
редо́вно	regularly
горчи́ ми	to taste bitter
уста́	mouth
найстина	really, in fact
боли́ ме гла́вата	to have a headache
серио́зен	serious
ле́кар	doctor
кръвно наля́гане (for short: **кръвно**)	blood pressure
висо́к	high, tall
преумо́ра	over-exhaustion
стре́с	stress
почи́вам/почи́на, -еш	to rest
поне́	at least
спорту́вам (impf. only)	to do sports
то́лкова	that much, to that degree
заради́	for . . . sake, on account of
пре́глед	examination
успокоя́вам се/ успокоя́, -и́ш се	to set one's mind at ease

Language points 1

Feelings and their sources

In English, the 'experiencer' of a feeling or sentiment is usually also made the subject of the sentence, for example 'I have a headache'. In Bulgarian the tendency is to put the blame where it belongs: **Болѝ ме гла́вата**, lit. 'The head is hurting me'. There are several ways of doing this in terms of the organisation of the sentence. An ache, as we just have seen, is usually attributed to the body part(s) causing it and is expressed by the verb **болѝ** 'to hurt' (an **и**-verb). This verb is never used in the first or second person, and even in the dictionary is only shown in the third person. So, according to your predicament, you would say:

Болѝ ме стома́хът.	I have a stomach-ache.
Боля́т ме крака́та.	My legs hurt me.

Feelings with no obvious source are often expressed with the experiencer in the dative. The feeling itself will be expressed by an adverb (ending in **-о**, or more rarely, in **-е**):

До́шо ми е.	I am ill.
Зле́ ми е.	I am ill.
Студе́но ми е.	I am cold.
То́пло ми е.	I am warm.

The feeling may also sometimes be expressed by a verb:

Горчѝ ми.	I have a bitter taste.

Have a look also at these constructions where the cause of the predicament, if you can call it that, is the subject:

Пѝе ми се бѝра.
I feel like a beer.

Яда́т ми се я́бълки.
I want apples.

Вѝе ми се свя́т.
I feel dizzy.
(lit. 'the world is turning around for me')

Parts of the body

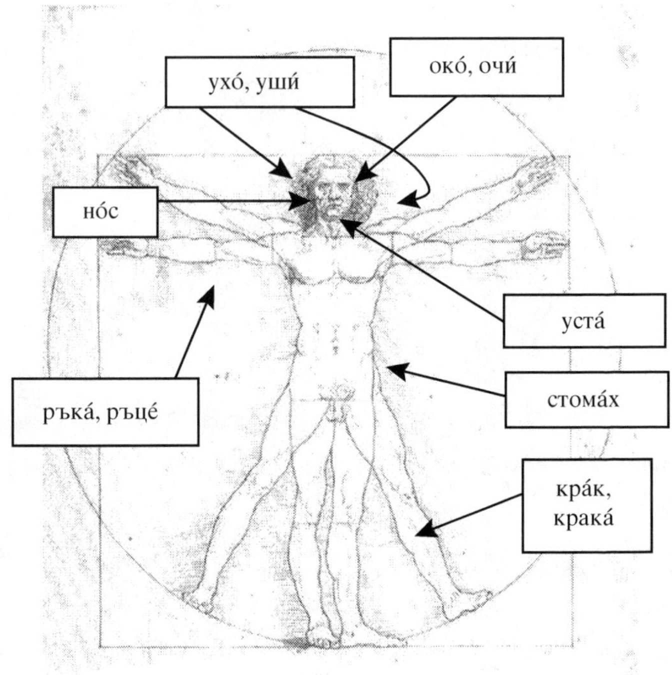

Notice that many words for parts of the body that occur in pairs have irregular plural forms. Also, no distinction is made between 'hand' and 'arm' (**ръка́** is used for both), or between 'foot' and 'leg' (**кра́к** also for both).

Exercise 1 (Audio 1; 54)

Bulgarian does not have a word for a 'bad hair day', but there are lots of other parts of the body that could trouble you. Look at the illustration above and use all the words there to make sentences about where your pain is.

1 Using 'I' forms: **боли́ ме глава́та**, **боли́ ме стома́хът**, ...

2 Using 'he' forms: **боли́ го глава́та**.

3 Using 'you (sing.)' forms and asking: **боли́ ли те глава́та?**

Exercise 2

Express a craving for the objects you see pictured below, and take care to use plural when appropriate, as in **ядáт ми се я́годи** 'I want (to eat) strawberries'.

Ordinal numerals: 'first', 'second', . . .

The ordinal numerals change according to gender and number the way adjectives do:

Masculine	*Feminine*	*Neuter*	*Plural*	
пъ́рви (пръ̀в)	**пъ́рва**	**пъ́рво**	**пъ́рви**	first
вто́ри	**вто́ра**	**вто́ро**	**вто́ри**	second
тре́ти	**тре́та**	**тре́то**	**тре́ти**	third
четвъ́рти	**четвъ́рта**	**четвъ́рто**	**четвъ́рти**	fourth
пе́ти	**пе́та**	**пе́то**	**пе́ти**	fifth
ше́сти	**ше́ста**	**ше́сто**	**ше́сти**	sixth
се́дми	**се́дма**	**се́дмо**	**се́дми**	seventh
о́сми	**о́сма**	**о́смо**	**о́сми**	eighth
деве́ти	**деве́та**	**деве́то**	**деве́ти**	ninth
десе́ти	**десе́та**	**десе́то**	**десе́ти**	tenth
едина́йсети	**едина́йсета**	**едина́йсето**	**едина́йсети**	eleventh
два́йсети	**два́йсета**	**два́йсети**	**два́йсето**	twentieth
This pattern continues until . . .				
сто́тен	**сто́тна**	**сто́тно**	**сто́тни**	hundredth
хи́ляден	**хи́лядна**	**хи́лядно**	**хи́лядни**	thousandth

Exercise 3

Here's the list of the top hits of the week in three different categories (pop, folk and rock) and their performers.

	Поп	**Фолк**	**Рок**
1	Белосла́ва	Ни́на Нико́лина	Ми́шо Шама́ра и Ва́нко
2	Мари́я Или́ева	Пе́тра	Си́лвия Каца́рова
3	Гео́рги Хри́стов	Виоле́та и Кал	Си́гнал
4	Ка́мен Воденича́ров	Ра́йна	Ки́рил Мари́чков
5	Бра́тя Арги́рови	Са́шка Ва́сева	Аналги́н
6	До́ни и Мо́мчил	Весели́н Мари́нов	Миле́на
7	Те́ди Каца́рова	Ма́рко и Снежи́на	Спри́нт
8	Ма́риус Кукрински	Сла́ви Три́фонов	Фа́ктор+
9	Каме́лия	Панте́рите	Ма́ксим
10	Гло́рия	Ива́на	Виоле́та и Ка́л

For the following stars, state the chart positions in the following way. (Look out for groups, they have funny names and need the plural.)

Example: **Белосла́ва е пъ̀рва в класа́цията за по́п.**
Beloslava is number one (lit. 'first') in the pop chart.

Ма́ксим е деве́ти в класа́цията за ро́к.
Maxim is number nine (lit. 'ninth') in the rock chart.

1 Ка́мен Воденича́ров
2 Ива́на
3 Ки́рил Мари́чков
4 Ни́на Нико́лина
5 Фа́ктор+
6 Ма́рко и Снежи́на
7 Панте́рите
8 Бра́тя Арги́рови
9 Ми́шо Шама́ра и Ва́нко
10 Виоле́та и Ка́л

Dialogue 2

Milena has a tooth that is troubling her and phones her dentist to get an appointment. Is she in much pain?

Сестра́та: Стоматологи́чна кли́ника „Ортодо́нт", до́бър де́н.
Миле́на: До́бър де́н. И́скам да си запи́ша ча́с за пре́глед при д-р Вла́йкова. А́з съм не́йна пацие́нтка.

Сестра́та:	Д-р Вла́йкова прегле́жда в моме́нта, но ня́ма свобо́дни часове́. За ко́й де́н и́скате да ви запи́ша?
Миле́на:	По́-ско́ро, ако мо́же. И́ма ли свобо́дни часове́ за у́тре?
Сестра́та:	Да́, от 13 ч. и от 14.30.
Миле́на:	За ме́не това́ е неудо́бно вре́ме. На ра́бота съм. Ня́ма ли дру́га възмо́жност?
Сестра́та:	Вдру́гиден д-р Вла́йкова отно́во е вто́ра смя́на и и́ма свобо́дни часове́. Това́ вре́ме удо́бно ли е за ва́с? Но ако и́мате бо́лки, мо́жете да до́йдете у́тре след ра́бота и да изча́кате. В гра́фика и́ма пети́ма пацие́нти, тя́ ще ви прие́ме след тя́х.
Миле́на:	Добре́, мо́га да бъ́да при не́я след 17.30 ч.
Сестра́та:	Заповя́дайте, а́з ще предупредя́ зъболе́карката, че ще и́ма извънре́ден пре́глед по спе́шност. Тря́бва да ви запи́ша в гра́фика. Как се ка́звате?
Миле́на:	Миле́на Петро́ва.
Сестра́та:	Да́, вие редо́вно и́двате при не́я. Зна́чи, заповя́дайте у́тре след 17 ч. Ако бо́лката е мно́го си́лна, вземе́те аналги́н.
Миле́на:	Да́, благодаря́ ви, надя́вам се да не се́ нала́га. Приятен де́н. Дочу́ване.

Vocabulary

стоматологи́чна кли́ника		dental clinic	
запи́свам/запи́ша, -еш ча́с		to set up an appointment	
пацие́нтка (f.); **пацие́нт** (m.)		patient	
прегле́ждам/прегле́дам		to examine	
неудо́бен, -бна	inconvenient	**удо́бен, -бна**	convenient
възмо́жност	possibility	**вдру́гиден**	the day after tomorrow
отно́во	again	**смя́на**	(work) shift
бо́лка	pain	**гра́фик**	schedule
предупрежда́вам/предупредя́, -иш		to warn	
зъболе́карка (f.), **зъболе́кар** (m.)		dentist	
извънре́ден	extraordinary, unscheduled	**спе́шност**	urgency, emergency
си́лен	strong	**аналги́н**	painkiller*
надя́вам се (impf. only)		to hope	
нала́га се (3rd pers. only)		to become necessary	

* a degraded brand name, like aspirin

Language point 2

Long and short personal pronouns

In Unit 9 (pp. 101–3), you were introduced to 'long' and 'short' possessive pronouns. It will then come as no surprise to you that the personal pronouns also come in long and short versions. The ones you have learned so far are the short ones. Here are the long ones (with the short ones given for comparison):

Accusative		*Dative*	
ме́не	**ме**	**на ме́не**	**ми**
те́бе	**те**	**на те́бе**	**ти**
не́го/не́я/не́го	**го/я/го**	**на не́го/на не́я/на не́го**	**му/й/му**
на́с	**ни**	**на на́с**	**ни**
ва́с	**ви**	**на ва́с**	**ви**
тя́х	**ги**	**на тя́х**	**им**

The long forms are used after prepositions:

Ще до́йда с те́бе. I'll come along with you.
Ня́ма да тръ́гнем без не́я. We won't leave without her.

As explained with the possessive pronouns, the short ones must be unstressed, so if you want to put emphasis on the pronoun, you will have to use the long form.

Ме́не ли гле́даш?
Are you looking at *me*?

Гле́даш ли ме?
Are you looking at me/are you watching me?

А́на не и́ска са́ндвича. Да́й го на ме́не!
Ana doesn't want the sandwich. Give it to *me*!

Ви́ждаш ли ве́стника? Да́й ми го!
Do you see the paper? Give it to me!

The long forms are also used when emphasis is placed on the pronouns by adding words such as **са́мо** 'only', **то́чно** 'just', 'exactly' and **и** 'also':

Са́мо те́бе ча́каме.
We are only waiting for *you.*

То́чно те́бе ча́каме.
It's exactly *you* we are waiting for.

И́ на те́бе ще да́м шокола́д.
I'll give you chocolate too.

Exercise 4

Complete the sentences below with the correct long pronouns.

Example: **Къде́ е Миле́на? Тря́бва да гово́ря с не́я.**
Where is Milena? I have to talk to her.

1 Къде́ е Гео́рги? Тря́бва да гово́ря с ______ .
2 Къде́ са А́на и Миле́на? Тря́бва да гово́ря с ______ .
3 Миле́на, Гео́рги те тъ́рси. То́й тря́бва да гово́ри с ______ .
4 А́на и Миле́на, Гео́рги ви тъ́рси. То́й тря́бва да гово́ри с ______ .
5 А́на, защо́ ме тъ́рсиш? И́скаш ли да гово́риш с ______ ?
6 Гео́рги, защо́ тъ́рсиш моми́четата? И́скаш ли да гово́риш с ______ ?
7 Моми́чета, защо́ ни тъ́рсите? И́скате ли да гово́рите с ______ ?
8 Къде́ е моми́чето? Тря́бва да гово́ря с ______ .

Dialogue 3 (Audio 1; 56)

Ana has gone to see the doctor. What is his diagnosis?

А́на:	(*Knocking on the doctor's door*) До́бър де́н, до́кторе. Мо́же ли да вля́за?
Ле́карят:	Да́, заповя́дайте. Седне́те, слу́шам ви.
А́на:	Не се́ чу́вствам добре́. Боли́ ме глава́та.
Ле́карят:	Е́, и ме́не ма́лко ме боли́ гла́вата, но си́гурно на ва́с ви е по́-зле́. От какво́ дру́го се опла́квате?
А́на:	Ня́мам апети́т. Постоя́нно ми е студе́но.
Ле́карят:	Зна́чи, главобо́лие и ли́пса на апети́т. А бо́лки в му́скулите и́мате ли?
А́на:	Да́, ця́лото тя́ло ме боли́. Дори́ ко́стите ме боля́т.
Ле́карят:	Ка́звате, че ня́мате апети́т. А пробле́ми със стома́ха – га́дене, повръ́щане?

А́на: Да́, поня́кога ми се га́ди.
Ле́карят: Вероя́тно обикнове́н гри́п. Съблече́те се, ще ви прегле́дам.

Vocabulary

вли́зам/вля́за, **вле́зеш**	to come in	**ся́дам/се́дна**, **-еш**	to sit down
опла́квам се/ опла́ча, **-еш се**	to complain	**апети́т**	appetite
ли́пса	lack	**му́скул**	muscle
тя́ло, **тела́**	body	**дори́**	even
ко́ст, **костта́**	bone	**пробле́м**	problem
га́дене	nausea	**повръ́щане**	vomiting
поня́кога	sometimes	**га́ди ми се**	to be nauseous
обикнове́н	common, plain, ordinary	**гри́п**	flu
събли́чам се/съблека́, **съблече́ш се**		to undress	

Language point 3

Doubled objects

You have learned to use short, unstressed pronouns for objects (e.g. **гле́дам те** 'I'm looking at you') and also to use long, stressed pronouns (e.g. **гле́дам те́бе** 'I'm looking at *you*'). There is also a third possibility, using both types of pronoun: **гле́дам те те́бе**.

These doubled object constructions are much more typical of the spoken language than of written language. While a single stressed pronoun as object often indicates contrastive emphasis, as described earlier in this unit, a doubled pronoun usually indicates that the person or thing in question is being focused as the main theme for the statement. They may in some cases be compared to English sentences where the main theme is made the subject of a passive sentence:

> **Ве́ра е мно́го ху́бава. Не́я я харе́сват вси́чки момче́та от кварта́ла.**
> Vera is very beautiful. She is liked by all the boys in the quarter.

Та́зи иде́я и на ме́не ми харе́сва.
I too like this idea.

In addition to that, the impersonal constructions mentioned under 'Feelings and their sources' in this unit (p. 112) always require a short, unstressed pronoun, so if you want to use them to express contrastive emphasis, you end up with a doubled object here too:

Ме́не ме боли́ гла́вата. А не́го не го́ боли́.
(As for me,) I have a headache. But *he* does not.

Exercise 5

Give answers to the following questions.

Example: **А́на я боли́ гла́вата. А те́бе?**
– Ме́не не ме́ боли́.

Ana has a headache. What about you?
– I don't have one.

1 А́на я боля́т крака́та. А те́бе?
2 Ме́не ме боля́т зъ́бите. А не́го?
3 Тя́х ги боли́ стома́хът. А ва́с?
4 Те́бе те боля́т уши́те. А не́я?
5 На́с ни боли́ глава́та. А не́го?
6 Ге́орги го боля́т крака́та. А А́на и Ми́лена?

Exercise 6

Give answers to the following questions, but this time in the affirmative.

Example: **А́на я боли́ гла́вата. А те́бе?**
– И́ ме́не ме боли́.

Ana has a headache. What about you?
– I have one too.

1 А́на я боля́т крака́та. А те́бе?
2 Ме́не ме боля́т зъ́бите. А не́го?
3 Тя́х ги боли́ стома́хът. А ва́с?
4 Те́бе те боля́т уши́те. А не́я?
5 На́с ни боли́ глава́та. А не́го?
6 Ге́орги го боля́т крака́та. А А́на и Ми́лена?

11 На ки́но

Going to the cinema

In this unit you will learn how to:

- Use the aorist past
- Use reflexive pronouns

Dialogue 1 (Audio 2; 1)

Ana has been to the cinema. Who did she go with? Did they like the picture?

Миле́на: А́на, къде́ бе́ше сно́щи? Тъ́рсих те, звъни́х и на дома́шния телефо́н, и на моби́лния, но ни́кой не отгово́ри.

А́на: Бя́х на ки́но. Ня́ма да повя́рваш – Па́вел ме пока́ни да оти́дем на ки́но!

Миле́на: На ки́но с Па́вел! Защо́ не се́ оба́дихте и на ме́не, да изле́зем за́едно?

А́на: Ами́ мно́го неочаќвано бе́ше и за ме́не, ня́махме вре́ме да се оба́ждаме, бъ́рзахме за проже́кцията …

Миле́на: Добре́, ня́ма значе́ние. Какво́ гле́дахте?

А́на: Еди́н испа́нски фи́лм. Реклами́рат го от три́ се́дмици и реши́х, че си стру́ва да се ви́ди.

Миле́на: И ху́бав ли бе́ше наи́стина?

А́на: Бе́ше страхо́тен. Режисьо́рът се връ́ща към спо́мените от сво́ето де́тство и ни пока́зва света́ през очи́те на едно́ ма́лко момче́. Все́ки ще откри́е части́ца от се́бе си в не́го.

Миле́на: Това́, кое́то ка́зваш за фи́лма, е мно́го интере́сно. Мо́же би и а́з ще оти́да да го гле́дам. А на Па́вел харе́са ли му?

А́на: Ма́й че не му́ харе́са. След фи́лма мълча́ през ця́лото вре́ме, са́мо а́з гово́рих и комента́рах игра́та на актьо́рите.

Vocabulary

сно́щи	last night	**дома́шен телефо́н**	home phone
моби́лен телефо́н	mobile phone, cellphone	**вя́рвам/повя́рвам**	to believe
неоча́квано	unexpected	**проже́кция**	showing
значе́ние; **няма значение**	meaning, importance; it doesn't matter		
реклами́рам	advertise, promote		
стру́ва си да . . .	it's worth it to . . .		
режисьо́р	film director	**връщам се/върна**, **-еш се**	to return
спо́мен	memory, recollection	**де́тство**	childhood
свя́т, **светъ́т**	(the) world	**откри́вам/ откри́я**, **-иеш**	to discover
части́ца	part, particle	**ма́й**	it seems
мълча́, **-и́ш**, **мълча́х**	to be silent	**коменти́рам**	to comment
игра́	game, play, acting	**актьо́р**	actor

Language points 1

The aorist past

There are a number of past tenses in Bulgarian. We'll start here with the tense called aorist. You recall that there are three different groups of verbs: **а**-, **и**- and **е**-verbs, characterised by these three vowels.

- All **а**-verbs still show their vowel in the aorist. We show the aorist here together with the present for comparison:

	Aorist	*Present*	*Aorist*	*Present*
áз	**коментѝрах**	**коментѝрам**	**глéдах**	**глéдам**
тѝ	**коментѝра**	**коментѝраш**	**глéда**	**глéдаш**
тóй/тя̀/тó	**коментѝра**	**коментѝра**	**глéда**	**глéда**
нѝе	**коментѝрахме**	**коментѝраме**	**глéдахме**	**глéдаме**
вѝе	**коментѝрахте**	**коментѝрате**	**глéдахте**	**глéдате**
тé	**коментѝраха**	**коментѝрат**	**глéдаха**	**глéдат**

Note especially that the forms for the second and third person singular coincide – not only in the **а**-verbs, but in all aorist forms. You will also see that in the third person, the present tense and the aorist coincide. Some speakers shift the stress to the ending to avoid this ambiguity, so that **тя̀ глéда** is 'she looks' and **тя̀ гледá** is 'she looked'.

- Most of the **и**-verbs keep their vowel in the aorist:

	Aorist	*Present*	*Aorist*	*Present*
áз	**търсих**	**търся**	**говóрих**	**говóря**
тѝ	**търси**	**търсиш**	**говóри**	**говóриш**
тóй/тя̀/тó	**търси**	**търси**	**говóри**	**говóри**
нѝе	**търсихме**	**търсим**	**говóрихме**	**говóрим**
вѝе	**търсихте**	**търсите**	**говóрихте**	**говóрите**
тé	**търсиха**	**търсят**	**говóриха**	**говóрят**

Here as well, stress may be shifted to the ending to avoid ambiguity: **тóй говóри** 'he speaks', **тóй говорѝ** 'he spoke'.

- A few **и**-verbs show an **-а-** or **-я-** in the aorist:

	Aorist	*Present*	*Aorist*	*Present*
áз	**мълчáх**	**мълчá**	**вървя́х**	**вървя́**
тú	**мълчá**	**мълчúш**	**вървя́**	**вървúш**
тóй/тя́/тó	**мълчá**	**мълчú**	**вървя́**	**вървú**
нúе	**мълчáхме**	**мълчúм**	**вървя́хме**	**вървúм**
вúе	**мълчáхте**	**мълчúте**	**вървя́хте**	**вървúте**
тé	**мълчáха**	**мълчáт**	**вървя́ха**	**вървя́т**

The verb **съм** 'to be' can always be expected to be a little irregular:

	Aorist	*Present*
áз	**бя́х**	**съм**
тú	**бéше** or **бé**	**си**
тóй/тя́/тó	**бéше** or **бé**	**е**
нúе	**бя́хме**	**сме**
вúе	**бя́хте**	**сте**
тé	**бя́ха**	**са**

As opposed to the present tense of **съм**, the past tense does have its own stress. It may also stand at the beginning of the sentence, or it may follow the same word order rule as **съм**:

áз съм глáдна	I am hungry
глáдна съм	I am hungry
áз бя́х глáдна	I was hungry
бя́х гладна	I was hungry
глáдна бя́х	I was hungry

Past, but still going on

Notice what Ana says about the Spanish film. She uses the present tense, while we translate it with an English perfect tense:

Рекламúрат го от трú сéдмици.
They have been promoting it for three weeks.

We use the present tense if what has been going on in the past also continues in the present:

Живе́я в Бурга́с от две́ годи́ни.
I have been living in Burgas for two years (and still live there).

And in case you wonder – there is a perfect tense in Bulgarian as well. You will learn about it in Unit 14.

Exercise 1

Complete the following sentences.

Example: **А́з харе́сах фи́лма и А́на го харе́са.**
I liked the film and Ana liked it.

1 А́з харе́сах фи́лма и А́на и Миле́на ________ .
2 Ни́е коменти́рахме фи́лма и ви́е ________ .
3 А́на и Пе́тър бя́ха на ки́но и а́з ________ .
4 А́на опи́та сала́тата и ни́е ________ .
5 Те́ гово́риха бързо и ни́е ________ .
6 То́й се оба́ди по телефо́на и ти́ ________ .
7 Ни́е бя́хме гла́дни и те ________ .
8 А́з мълча́х и ти́ ________ .

Exercise 2

Give responses to the following statements.

Example: **И́скам да гово́ря с Пе́тър.**
– А́з ве́че гово́рих с не́го.

I want to speak to Petar.
– I have already spoken to him.

1 И́скам да гле́дам испа́нския фи́лм. – А́з ве́че ________ .
2 И́скам да пока́ня Миле́на на ки́но. – А́з ве́че ________ .
3 И́скам да заку́ся. Ни́е ве́че ________ .
4 И́скам да се оба́дя на Миле́на. А́з ве́че ________ .
5 И́скам да пока́ня Миле́на на ки́но. – Ни́е ве́че ________ .
6 И́скам да ку́пя та́зи ро́кля. – Миле́на ве́че ________ .
7 И́скам да гово́ря с Пе́тър. – Миле́на ве́че ________ .

Dialogue 2 (Audio 2; 3)

It is Monday morning, and Georgi and Petar are back in the office. Why is Georgi so glad to be back?

Гео́рги:	Добре́, че то́зи уи́кенд свърши! Отно́во на ра́бота! Ха́йде да ся́даме пред компю́трите.
Пе́тър:	Ти́ добре́ ли си? За пръв път ви́ждам чове́к, ко́йто не се́ ра́два на свобо́дното вре́ме и почи́вните дни́.
Гео́рги:	Свобо́дното вре́ме след ра́бота – това́ е не́що дру́го. Но ми́налата съ́бота и неде́ля бя́ха ужа́сни.
Пе́тър:	Какво́ ти се слу́чи? Катастро́фа? Пожа́р? Или ня́кой е бо́лен?
Гео́рги:	По́-ло́шо. Тъ́щата бе́ше на го́сти. Стоя́ три́ дни́.
Пе́тър:	И какво́? Не ви́ ли помо́га? Не наго́тви ли не́що?
Гео́рги:	Не́, разби́ра се. Же́на ми реши́ да домаки́нства. На ме́не предло́жи да се разхо́ждам с ма́йка ѝ из града́.
Пе́тър:	Защо́ не ѝ предло́жи да оти́дете на ки́но или на теа́тър?
Гео́рги:	Предло́жих ѝ, разби́ра се, но́ . . . Не харе́са нито еди́н фи́лм от програ́мата, не наме́рих биле́ти за пие́сата, коя́то поиска да гле́да.
Пе́тър:	Сле́дващия път ще ѝ предло́жиш да оти́дете на ма́ч. Или за ри́ба на язови́р И́скър. Ведна́га ще се отка́же, а ти́ мо́жеш да оти́деш са́м, къде́то и́скаш.

Vocabulary

уи́кенд	weekend	**свъ́ршвам/ свъ́рша, -иш**	to come to an end
почи́вен де́н	holiday, day off	**ми́нал**	past
слу́чва ми се не́що/слу́чи ми се не́що	something happens to me	**катастро́фа**	road accident
пожа́р	fire	**тъ́ща**	mother-in-law (wife's mother)
стоя́, -и́ш, -я́х	to stand, remain	**домаки́нствам**	to do household chores
из	in, around	**разхо́ждам се/ разхо́дя, -иш се**	to stroll, go for a walk

теа́тър, **теа́три** (pl.)	theatre	**програ́ма**	programme
биле́т	ticket	**пие́са**	play, stage play
язови́р	dam	**ведна́га**	immediately
отка́звам се/ отка́жа, -еш се	to decline		

Language point 2

Reflexives

'Petar knows that Georgi will find his book.' Now, whose book is that – Petar's or Georgi's? In Bulgarian, there is no doubt:

Пе́тър зна́е, че Гео́рги ще наме́ри не́говата кни́га.
Petar knows that Georgi will find his (Petar's) book.

Пе́тър зна́е, че Гео́рги ще наме́ри сво́ята кни́га.
Petar knows that Georgi will find his (Georgi's) book.

Reflexive pronouns, such as **сво́й**, are used to identify possession with the acting subject of the sentence – in the example above, with **Гео́рги**, the subject and actor of the subordinate clause **Гео́рги ще наме́ри сво́ята кни́га**. Note that **сво́й** follows the same pattern as **мо́й** and **тво́й**:

Masculine	*Feminine*	*Neuter*	*Plural*
сво́ят	**сво́ята**	**сво́ето**	**сво́ите**

The possessive reflexive pronoun comes in an unstressed variant as well:

Пе́тър зна́е, че Гео́рги ще наме́ри кни́гата му.
Petar knows that Georgi will find his (Petar's) book.

Пе́тър зна́е, че Гео́рги ще наме́ри кни́гата си.
Petar knows that Georgi will find his (Georgi's) book.

Exercise 3

Change the first word of the following text to **вчéра** and retell it as a past event:

Example: **Вчéра позвъних на Áна . . .**
Yesterday I called Ana . . .

У́тре ще позвъня́ на Áна и ще я покáня на кúно. Ще се обáдя и на Милéна и ще я покáня. Ще глéдаме едúн испáнски фúлм. Ще кýпя билéти за прожéкцията в 7 ч. След фúлма ще намéрим хýбаво кафé и ще коментúраме игрáта на актьóрите.

Exercise 4

Complete the sentences below, using the example as a pattern.

Example: **Товá е книгата ми.**
Мнóго харéсвам <u>кнúгата си</u>.

1 Товá е брáт ми. Мнóго харéсвам ________ .
2 Товá е колáта ми. Мнóго харéсвам ________ .
3 Товá е сестрá ми. Мнóго харéсвам ________ .
4 Товá е óфисът ми. Мнóго харéсвам ________ .
5 Товá е колáта ни. Мнóго харéсваме ________ .
6 Товá е апартамéнтът ни. Мнóго харéсваме ________ .
7 Товá са колéгите ни. Мнóго харéсваме ________ .

Exercise 5

Decide which pronoun (reflexive or non-reflexive) to use.

1 Рáботата вървú към (своя́, нéговия) крáй.
2 Познáвам мнóго от хóрата, които живéят в (своя́, мóя) квартáл.
3 Милéна чéсто хóди на кúно в свобóдното (си, ѝ) врéме.
4 Áз ще отúда при мáйка (си, ми) във Вáрна.
5 Сúгурен съм, че (своя́т, мóят) апартамéнт е пó-голя́м от нéговия.

Dialogue 3 (Audio 2; 5)

Milena is doing an interview for a radio station with the singer Pavlina Paskova.

Миле́на: Павли́на Па́скова е роде́на в гр. Ба́нкя. В моме́нта живе́е със семе́йството си в гр. Бурга́с. Тя́ е би́вша баскетболи́стка. И́ма три́ сребърни и че́тири бро́нзови меда́ла от република́нски първенства́. След приклю́чване на спо́ртната си карие́ра се впу́ска в музика́лния би́знес. През 2000 г. изда́ва първия си албу́м, в ко́йто вклю́чва 14 автенти́чни наро́дни пе́сни. Павли́на, и́ма ли музика́нти във ва́шия ро́д? И́маш ли музика́лен ге́н?

Павли́на: Музика́нти в рода́ ни ня́ма. Нау́чих мно́го пе́сни от ба́ба си. И сега́ сама́ съби́рам фолкло́рните пе́сни за сво́ята програ́ма.

Миле́на: Съпру́гът ти, бли́зките ти ка́к реаги́раха, кога́то реши́ да пе́еш?

Павли́на: В нача́лото съпру́гът ми бе́ше проти́в. Но а́з и́мах ну́жда от но́ва изя́ва след спо́рта. Не наме́рих ра́бота като треньо́рка.

Миле́на: Защо́ реши́ да експерименти́раш с моде́рни аранжиме́нти? Защо́ промени́ наро́дните пе́сни в изпълненията си?

Павли́на: Пе́сните ми са автенти́чни като те́кст и мело́дия. Промени́хме са́мо аранжиме́нтите. Ако не звуча́т съвре́менно, мла́дите ня́ма да ги слу́шат. Та́зи иде́я полу́чих от музика́нтите от гру́пата „По́пкорн". А́з усе́тих, че ми́слим по еди́н и същи на́чин за му́зиката. Кога́то напра́вихме първата пе́сен, се уве́рих в това́.

Миле́на: Гле́дах те на еди́н конце́рт в Пло́вдив. По вре́ме на шо́уто смени́ ня́колко тоале́та.

Павли́на: Мно́го държа́ на сцени́чния си и́мидж. Костю́мите ми са на еди́н мла́д диза́йнер. То́й ги пра́ви специа́лно за ме́не. Вън от сце́ната предпочи́там удо́бните дре́хи, спо́ртния сти́л.

Миле́на: Изгле́ждаш стра́шно си́лна жена́. Но все́ки и́ма сво́ите сла́бости. Коя́ е тво́ята?

Павли́на: Все́ки и́ма недоста́тъци. Мо́же би съм по́-емоциона́лна и прекале́но открове́на с хо́рата.

Vocabulary

роде́н	born	**семе́йство**	family
би́вш	former	**баскетболи́ст**, **баскетболи́стка** (f.)	basketball player
сре́бърен, **-рна** (adj.)	silver	**бро́нзов** (adj.)	bronze
меда́л	medal	**република́нски**	republican, nationwide*
първенство́	championship	**приклю́чване**	finishing, completion
спо́ртна карие́ра	sports career	**впу́скам/впу́сна**, **-еш се в не́що**	to get into, engage in something
музика́лният би́знес	the music business	**изда́вам/изда́м**	to publish, release
вклю́чвам/вклю́ча, **-иш**		to include	
автенти́чен, **-чна**	authentic	**наро́дна пе́сен**, **-сни**	folk song
музика́нт	musician	**ро́д**	family, kin
музика́лен ге́н	musical gene	**у́ча**, **-иш/нау́ча**, **-иш**	to learn
ба́ба	grandmother	**фолкло́рен**	relating to folklore (**фолклор**)
реаги́рам (impf. and pf.)	to react	**съпру́г**, **съпру́га** (f.)	spouse
бли́зък, **-зка**	close (n.: close relative or friend)	**реше́ние**	decision
нача́ло	beginning	**изя́ва**	manifestation, field of activity
треньо́р, **треньо́рка** (f.)	coach, trainer	**реша́вам/реша́**, **-иш**	to decide, solve
експеримента́рам (impf. only)		to experiment	
аранжиме́нт	arrangement	**проме́ням/променя́**, **-иш**	to change
изпълне́ние	performance, rendering	**звуча́**, **-и́ш**	to sound
усе́щам/усе́тя, **-иш**		to feel, sense	

правя, -иш/направя, -иш		to make, do	
уверявам се/уверя, -йш се в нещо		to become convinced of something	
шоу	show	**сменям/сменя, -йш**	to change
тоалет	attire		
държа, -йш; **много държа на нещо**		to hold (impf. only); to attach great importance to something	
сцена; **сценичен имидж**	stage; stage image	**костюм**	costume, suit
дизайнер	designer	**специално**	especially
вън от	outside	**стил**	style
страшно	awfully, very	**слабост** (f.)	weakness
недостатък	flaw, defect	**емоционален, -лна**	emotional
прекалено	too, too highly	**откровен**	open-hearted, sincere

* relating to Bulgaria

Exercise 6

Change the following sentences, taken from Dialogue 3, from the aorist past into the present tense.

Example: **Аз сама събрах песните.**
– Аз сама събирам песните.

I collected the songs myself.
– I collect the songs myself.

1 Научих много песни от баба си.
2 Защо промени народните песни в изпълненията си?
3 Променихме само аранжиментите.
4 Аз усетих, че мислим по един и същ начин.
5 По време на шоуто тй смени няколко тоалета.

Reading passage

Филмите на седмицата.

Театър на село – Мария живее в бедно село, но мечтае да го напусне. Един ден тя среща „своята" мечта – млад, красив актьóр, кóйто ѝ предлáга да я взéме със сéбе си. Героúнята прáви своя́ драматúчен úзбор и пристúга в стóлицата. Тýк тя́ тря́бва да се приспособú към непознáта средá, да намéри своéто мя́сто и да се разделú с илюзиите си.

Нóра II – Млáда женá, отегчéна от монотóнния си живóт, напýска къщата на съпрýга си. Товá обáче не ѝ помáга да решú своúте проблéми. Ще се върне ли към своéто мúнало, или ще търси нóв път напрéд?

Пътят за Крúм – След смърттá на женá си Евгéний изгýбва жилúщето си. Тóй тръгва зáедно със синá си към домá на сестрá си в Крúм. Каквó ще преживéят по своя́ път? Úстински road movie.

Vocabulary

бéден, -дна	poor, destitute	**мечтáя, -áеш**	to (day)dream
напýскам/напýсна	leave	**срéщам/ срéщна, -еш**	to meet
мечтá	(day)dream	**герóй** (m.), **героúня** (f.)	hero(ine), character
драматúчен, -чна	dramatic	**úзбор**	choice
стóлица	capital city		
приспособя́вам се/приспособя́, -úш се		to adapt	
непознáт		unknown	
раздéлям се/разделя́, -úш се с нéщо		to part with something	
илюзия	illusion	**отегчéн**	burdened
монотóнен, -нна	monotonous	**къща**	house
съпрýг (m.), **съпрýга** (f.)	spouse	**обáче**	however
мúнало	past	**напрéд**	forward
Крúм	Crimea	**смърт, смърттá**	death
изгýбвам/ изгýбя	to lose		
жúлище	dwelling, home		
дóм, домът		house, home	
преживя́вам/преживéя, -éеш		to experience, live through	
úстински		real, proper	

Exercise 7

Rewrite the film summaries (p. 132) in the first person instead of the third person. Begin like this:

1 Аз живе́я в бе́дно се́ло, . . .

2 Отегче́на от моното́нния си живо́т, напу́скам . . .

3 След смъртта́ на жена́ си изгу́бвам . . .

Cultural note: seating in cinemas and theatres

Usually the seats are not numbered consecutively from one end of the row to the next, but all the even numbers (**че́тни номера́**, seats 2, 4, 6 . . .) are on one side and the odd numbers (**нече́тни номера́**, seats 1, 3, 5 . . .) on the other. This little stroke of genius allows them to label the entrances on both sides not 'Right' and 'Left' (most people will know that already), but **че́тни** and **нече́тни**. In that way you will immediately know the optimal route to your seat without trying to guess how far into the row it is. And just remember when going with a friend that if you get seats 9 and 11, they are still together.

12 Ймен дéн

Name-day

In this unit you will learn how to:

- Use some more aorist past forms
- Use indirect speech in the framework of the past
- Use nicknames

Dialogue 1 (Audio 2; 6)

Petar and Nikolai are discussing last night's party, and Mary overhears the discussion. What kind of a party was it?

Пéтър: О, Нúки, тú си жúв! След купóна снóщи наистина си герóй!

Николáй: Дá, голя́м купóн стáна. На гóсти дойдóха „сáмо" 20 дýши. А мúналата годúна бя́ха 14, но налú сегá се премéстихме в нóв апартамéнт – úма мя́сто.

Пéтър: И всúчки прия́тели úскаха да го вúдят. Áз едвá намéрих блóка. Не познáвам квартáла, мнóго трýдно се ориентúрах. Звънúх ти ня́колко пъ́ти, но нúкой не чý телефóна.

Николáй: Вáжното е, че ни намéри. Мúсля си, нúкой не пóмни рождéния ми дéн, нúкой не сé обáжда тогáва, но за úменния всéки се сéща и úдва.

Пéтър: Амú налú не сé кáни? А рождéният дéн се празнýва с тéзи, който покáниш.

Николáй: Прия́телите ми знáят, че вся́ка годúна мáйка ми пригóтвя страхóтна вечéря – úма понé двá шарáна! Бащá ми е експéрт по вúното. И купóнът течé.

Пéтър: Да не тú кáзвам каквó е при братовчéд ми, на Йордáновден. И тóй е като тéбе – úма мнóго

	прия́тели, вси́чки се се́щат, ни́кой не и́ска да пропу́сне пра́зника.
Никола́й:	А́, бащá ми също е Йордáн. Я́сно ми е за каквó говóриш. Като се пóчне от Кóледа – първо Стéфановден, след товá Васи́льовден, Йордáновден, Ивáновден. Не мóжеш да изтрезнéеш!
Мéри:	За каквó говóрите? Сáмо за я́дене и пи́ене, чу́вам – ня́какви стрáнни именá, ня́какви дни́.
Пéтър:	Кáк? Не знáеш нáй-вáжните български прáзници? Товá са и́менните дни́ – прáзниците на светци́ от правослáвния календáр и на хóрата, който нóсят същите именá.
Мéри:	За вси́чки именá ли и́ма прáзници?
Николáй:	По при́нцип дá, но не вси́чки са извéстни и не сé празну́ват мнóго. Светá Мари́на ни́кой не я́ знáе. Тóзи прáзник е през ля́тото. Но вси́чки празну́ват Гергьóвден. Вси́чки, който се кáзват Геóрги и Гергáна, тря́бва да почéрпят.
Мéри:	А каквá е рáзликата с рождéния дéн? И́ма гóсти, мнóго я́дене и пи́ене, му́зика, тáнци, подáръци, разби́ра се.
Николáй:	Когáто празну́ваш рождéн дéн, кáниш гóстите. Не мóжеш да оти́деш на купóна, ако не си́ поканен. А за и́мен дéн не сé кáни. Всéки знáе кóй когá и́ма и́мен дéн.

Vocabulary

жи́в	alive
стáвам/стáна, -еш	to become, get up, stand up
и́двам/дóйда на гóсти	to visit, come as a visitor
премéствам се/премéстя, -иш се	to move house
едвá	hardly
тру́дно	with difficulty
ориенти́рам се	to find one's way
веселя́, -иш се	to party, have fun
сéщам се/сéтя, -иш се	to recall, have something dawn on oneself
и́мен дéн (pl. **и́менни дни́**, definite **и́менния(т) дéн**)	name-day
празну́вам (impf. only)	to celebrate
пригóтвям/ пригóтвя, -иш	to prepare

шара́н	carp
експе́рт по не́що	an expert on something
купо́нът тече́	the party goes on
пра́зник	holiday, celebration
я́сно ми е	it is clear to me, I understand
по́чвам/по́чна, -еш	to begin (= **запо́чвам/запо́чна**)
Ко́леда	Christmas
изтрезвя́вам/изтрезне́я, -е́еш; изтрезня́х	to sober up
я́дене	food, eating
пи́ене	drink, drinking
ня́какъв, -ква	some kind of
свете́ц, светци́	saint
правосла́вен	Orthodox
календа́р	calendar
по при́нцип	in principle
изве́стен, -тна	known, well-known
свети́, света́, свето́, свети́ (adj.)	holy; **Света́ Мари́на** St Marina
че́рпя, -иш/поче́рпя	to treat someone to something
ра́злика	difference
та́нц, та́нци	dance, dancing
пока́нен	invited

Language points 1

More aorist pasts

The **e**-verbs vary a bit in the way their aorist past is formed. Many of them still have an **e**, but alternating with **o** in most of the persons. These also frequently change the stress:

	Aorist	*Present*	*Aorist*	*Present*
áз	**дойдóх**	**дóйда**	**чéтох**	**четá**
тú	**дойдé**	**дóйдеш**	**чéте**	**четéш**
тóй/тя́/тó	**дойдé**	**дóйде**	**чéте**	**четé**
нúе	**дойдóхме**	**дóйдем**	**чéтохме**	**четéм**
вúе	**дойдóхте**	**дóйдете**	**чéтохте**	**четéте**
тé	**дойдóха**	**дóйдат**	**чéтоха**	**четáт**

All **e**-verbs with **-н-** in front of the **e** form the aorist with **a**:

	Aorist	*Present*	*Aorist*	*Present*
áз	**тръгнах**	**тръгна**	**сéднах**	**сéдна**
тú	**тръгна**	**тръгнеш**	**сéдна**	**сéднеш**
тóй/тя́/тó	**тръгна**	**тръгне**	**сéдна**	**сéдне**
нúе	**тръгнахме**	**тръгнем**	**сéднахме**	**сéднем**
вúе	**тръгнахте**	**тръгнете**	**сéднахте**	**сéднете**
тé	**тръгнаха**	**тръгнат**	**сéднаха**	**сéднат**

A few **e**-verbs have no vowel before the aorist endings – these are the ones that do have a vowel immediately before the **e** of the present:

	Aorist	*Present*	*Aorist*	*Present*
áз	**пúх**	**пúя**	**чýх**	**чýя**
тú	**пú**	**пúеш**	**чý**	**чýеш**
тóй/тя́/тó	**пú**	**пúе**	**чý**	**чýе**
нúе	**пúхме**	**пúем**	**чýхме**	**чýем**
вúе	**пúхте**	**пúете**	**чýхте**	**чýете**
тé	**пúха**	**пúят**	**чýха**	**чýят**

Verbs with се

You have seen them around for a while, ever since **И а́з се ра́двам** 'I am pleased too' in Unit 1. They have several functions, and the most important one is to make passive constructions:

Ни́е празну́ваме и́менния де́н на Никола́й.
We celebrate Nikolai's name-day.

И́менният де́н на Никола́й се празну́ва от на́с.
Nikolai's name-day is celebrated by us.

As you see, the 'doer' or the subject of the active sentence, **ни́е**, is expressed by **от на́с** in the passive sentence. But one of the main purposes in using a passive sentence is often not to have to express the 'doer' at all:

Не́ вси́чки и́менни дни́ се празну́ват мно́го.
Not all name-days are widely celebrated.

The connection between the **се**-verb and the plain verb is not always transparent – for example between **ка́звам се** 'to be called' and **ка́звам** 'to say'. And in some cases English uses the same verb for both meanings:

Никола́й се върна вкъщи вче́ра.
Nikolai returned home yesterday.

Никола́й върна кни́гите на Ме́ри вче́ра.
Nikolai returned the books to Mary yesterday.

In the third person singular (the **то́й/тя́/то́** form), **се**-verbs may function as impersonal constructions, roughly corresponding to the use of 'one' in English:

За и́мен де́н не се́ ка́ни.
One does not send out invitations for a name-day.
Invitations are not sent out for a name-day.

В на́шия о́фис се гово́ри са́мо на бъ́лгарски.
In our office one speaks only Bulgarian.
In our office only Bulgarian is spoken.

There are also verbs that simply do not occur without **се** – you can just consider them as plain verbs in disguise, not as reflexive verbs:

оба́ждам се	to call
се́щам се	to recall, have something dawn on oneself

Exercise 1

Complete the following sentences.

Example: **А́з пи́х кафе́, а А́на пи́ ча́й.**

1 Ви́е пи́хте би́ра, а ни́е ______ ви́но.
2 А́з че́тох ве́стник, а ви́е ______ кни́га.
3 А́з тръ́гнах в 7 ч., а те́ ______ в 8 ч.
4 А́на се́дна в ку́хнята, а ни́е ______ на ба́лкона.
5 Те́ дойдо́ха вче́ра, а ни́е ______ дне́с.
6 Ни́е тръ́гнахме за Ва́рна, а ти́ ______ за Ру́се.
7 Вче́ра дойдо́ха два́йсет го́сти, а дне́с ______ са́мо еди́н.
8 А́з пи́х би́ра, а ти́ ______ са́мо вода́.

Exercise 2 (Audio 2; 7)

Answer the questions below, following the pattern in the example.

Example: **И́скаш ли да пи́еш кафе́.**
– Благодаря́, а́з ве́че пи́х.

1 Гео́рги кога́ ще тръ́гне? – То́й ве́че ______ .
2 И́скаш ли да прочете́ш ве́стника? – Благодаря́, а́з ве́че го ______ .
3 Кога́ ще до́йдат го́стите? –Те́ ве́че ______ .
4 Кога́ ще запо́чне купо́нът? – Купо́нът ве́че ______ .
5 Кажи́ на го́стите да се́днат! – Те́ ве́че ______ .

Dialogue 2 (Audio 2; 8)

This is what took place at Georgi's name-day party. Who else has a name-day today? And where is she celebrating?

Ме́ри: Чести́т и́мен де́н, Гео́рги! Да си жи́в и здра́в!
Пе́тър: Жо́ро, чести́то! Да ти е жи́во и здра́во и́мето!
Ме́ри: Жела́я ти мно́го ща́стие, успе́хи в ра́ботата и любовта́!
Гео́рги: Колко́ се ра́двам, че всички дойдо́хте. Вли́зайте, вли́зайте!
Пе́тър: Ви́ж ко́лко го́сти ти дове́дох. И о́ще ще до́йдат – да́дох адре́са ти на Цве́ти и Си́лвето, те не зна́ят къде́ живе́еш. Обеща́ха, че ще до́йдат след ра́бота.

Мéри:	А áз кáзах на Вáско, че тáзи вéчер сме тýк. Тóй не бéше сúгурен далú ще дóйде у вáс, или ще отúде у Гергáна.
Гéорги:	Коя́ Гергáна? От нáшия кýрс? Áз ѝ предлóжих да празнýваме зáедно у нáс – тýк úма пóвече мя́сто, но тя́ не приé предложéнието ми.
Пéтър:	Пáк ще стáне вéсело кáкто мúналата годúна, налú?
Гéорги:	Хáйде, да запóчваме! Наздрáве! Добрé сте ми дошлú!

Vocabulary

здрáв	healthy, in good health
желáя, **-áеш**; **-áх** (impf. only)	to wish
щáстие	happiness
успéх	success
любóв, **любовтá**	love
довéждам/доведá, **-éш; довéдох**	to take along, bring (a person)
обещáвам/обещáя, **-áеш**; **-áх**	to promise
у	at, to (usually about a person or his/her home)
кýрс	course, class (of a given year)
приéмам/ приéма, **-еш**; **приéх**	to accept
кáкто	like, as, just as
наздрáве	cheers!

Language point 2

Indirect speech again

'He said that it didn't matter.' Well, what did he say? He said: 'It doesn't matter.' You changed the tense because the verb of saying ('said') is in the past tense. In Bulgarian, you don't have to do that. Just use the tense that was used in the original: **Тóй кáза**, **че не é вáжно**. This goes for verbs of saying and verbs of mental activity ('to think', 'to consider', 'to remember', 'to forget').

> **Гéорги обещá, че ще дóйде.**
> Georgi said that he would come.

> **Милéна забрáви, че е глáдна.**
> Milena forgot that she was hungry.

Попи́тах дали́ и́ма о́ще би́ра.
I asked whether there was still beer.

Поми́слихме, че ня́ма да те наме́рим.
We thought that we wouldn't find you.

Се́тих се, че и́мам сре́ща с Гео́рги.
I suddenly remembered I had a meeting with Georgi.

Exercise 3

Rewrite the passage below, which is part of the greengrocer's tale from Unit 7, and put all his statements into the aorist. Begin like this:

Една́ жена́ дойде́ и попи́та къде́ е сала́тата.

Една́ жена́ и́два и пи́та къде́ е сала́тата. Ка́звам ѝ, че и́мам дома́ти, чу́шки, лу́к – вси́чки зеленчу́ци за една́ ху́бава шо́пска сала́та. А тя́ ка́зва, че и́ска зеле́на сала́та, мару́ли и зеле́н лу́к. Ка́звам ѝ да погле́дне патладжа́на и ти́квичките. Тя́ отгова́ря, че не и́ска патладжа́н. Пи́та и́мам ли чере́ши. А́з ѝ ка́звам, че чере́шите са са́мо през ю́ни и ю́ли. Накра́я ка́зва да ѝ да́м 2 килогра́ма я́бълки.

Exercise 4

Complete the answers, following the pattern shown in the example.

Example: **Че́сто ли пи́еш би́ра?**
– Не́, но вче́ра <u>изпи́х</u> една́.

Do you drink beer often?
– No, but yesterday I drank one.

1 Гео́рги и Пе́тре, че́сто ли пи́ете би́ра? – Не́, но вче́ра _____ една́.
2 Че́сто ли обеща́ваш на жена́ си да ѝ ку́пиш пода́рък? – Не́, но вче́ра _____ .
3 Че́сто ли дове́ждаш го́сти на вече́ря? – Не́, но вче́ра _____ .
4 Че́сто ли взе́маш аналги́н? – Не́, но вче́ра _____ .
5 Миле́на че́сто ли обеща́ва на мъжа́ си да му ку́пи би́ра? – Не́, но вче́ра _____ .
6 Гео́рги и Миле́на, че́сто ли дове́ждате го́сти на вече́ря? – Не́, но вче́ра _____ .

Dialogue 3 (Audio 2; 10)

The party goes on. Milena is serving the wine and Georgi is chatting with the guests. Why did he go to Melnik last year?

Миле́на: Пе́тьо, опи́та ли шо́пската сала́та?
Пе́тър: Да́, опи́тах я ве́че. Мно́го е вку́сна.
Миле́на: Сипи́ си о́ще. Е́то, запoвя́дай.
Пе́тър: Не́, благодаря́ ти, мно́го я́дох та́зи ве́чер.
Миле́на: Да ти нале́я ли о́ще ма́лко ви́но?
Пе́тър: Ми́сля, че пи́х доста́тъчно. У́тре тря́бва да ста́вам ра́но.
Ме́ри: Миле́на, мо́же ли ма́лко бя́ло ви́но за ме́не. Пода́й ми бути́лката, ако оби́чаш.
Пе́тър: А́з доне́сох дома́шно ви́но от и́збата на ба́ща ми в Ме́лник. И́скаш ли да го опи́таш?
Гео́рги: Защо́ не ка́за по́-ра́но? А́з съм почита́тел на ме́лнишкото ви́но. Ми́налата годи́на специа́лно хо́дих та́м, за да си ку́пя.
Ме́ри: Жо́ро, ще танцу́ваме ли?
Гео́рги: Да́, нали́ ти обеща́х? Ама не́ка да е след ма́лко. Доне́сох о́ще ви́но, тря́бва да отво́ря бути́лките.

Vocabulary

си́пя, -еш	pour (solids), serve
о́ще	more, still
нали́вам/нале́я, -е́еш; наля́х	to pour (liquids)
доста́тъчно	sufficiently, enough
пода́вам/пода́м, -даде́ш	to hand
и́зба	wine cellar
почита́тел	devotee
танцу́вам (impf. only)	to dance
отва́рям/отво́ря, -иш	to open

Language point 3

Nicknames

Like many other peoples of the world, Bulgarians like to use nicknames in everyday informal communication. They are used in addressing a person by first name only as well as together with the family name in speaking about him or her. Thus, close friends of **Гео́рги Петро́в** may address him as **Жо́ро** and talk about him as **Жо́ро Петро́в**. Some of them are used with the definite article, but not in direct address: **Си́лвето дойде́**, 'Sylvia came' *but* **Здраве́й**, **Си́лве!** 'Hello, Sylvia'. Nicknames from English sometimes compete with the original Bulgarian nicknames. Here is a list for some of the more common names:

Алекса́ндър	**Са́шо**, **Са́ндо**
А́нгел	**А́чо**
Атана́с	**На́ско**
Васи́л	**Ва́ско**
Герга́на	**Ге́ри**
Еле́на	**Е́ли**, **Ле́на**
Еми́лия	**Е́ми**
Ива́н	**Ва́ньо**, **Ва́нка**
Ива́нка	**Ва́ня**, **Ва́нче**
Йорда́н	**Да́нчо**
Йорда́нка	**Да́нче**
Ки́рил	**Ки́рчо**, **Ки́ре**
Красими́р	**Кра́си**
Красими́ра	**Кра́си**
Мари́я	**Ма́рче**, **Ми́ми**, **Ми́мче**, **Ме́ри**
Никола́й	**Ко́льо**, **Ни́ки**
Пе́нка	**Пе́пи**
Пе́тър	**Пе́шо**, **Пе́пи**, **Пе́тьо**
Си́лвия	**Си́лве**
Сте́фан	**Сте́фчо**, **Сте́фо**, **Сте́фи**, **Че́фи**
То́дор	**То́шко**, **То́шо**
Цветели́на	**Цве́ти**

Exercise 5

Make the following text more formal by substituting proper first names for the nicknames. And while you're doing that, make the quotes into indirect speech as well.

> Си́лвето попи́та: „На́ско, зна́еш ли, че Ко́льо и́ма рожде́н де́н дне́с?" – „Не зна́я," ка́за На́ско, „и Кра́си съ́що и́ма рожде́н де́н. Тога́ва тря́бва да ку́пя пода́рък и на не́я, и на Ко́льо."

Exercise 6

In the following text, replace **у́тре** with **вче́ра** and change all the underlined verbs into the aorist past (**Вче́ра ста́нах . . .**).

У́тре ще ста́на в 7 ч. Ще заку́ся и ще оти́да в о́фиса към 8 ч. Та́м ще се́дна пред компю́търа и ще рабо́тя до 12. Тогава ще обя́двам с Ме́ри. Следо́бед ще се сре́щна с клие́нти. В 6 ч. вечерта́ ще се въ́рна вкъ́щи, ще вече́рям и ще гле́дам фи́лм по телеви́зията.

Reading passage

Пра́зниците

Пра́зниците – ча́каме ги с нетърпе́ние, защо́то ги свъ́рзваме с весе́лие, сре́щи с прия́тели, с роди́тели и бли́зки. Мо́же би в Бълга́рия това́ важи́ на́й-ве́че за ли́чните пра́зници – рожде́ните дни́ и и́менните дни́, или за семе́йните пра́зници, като сва́тбите и кръщене́тата.

И́менните дни́ са ча́ст от традицио́нния наро́ден календа́р. Почти́ все́ки пра́зник от не́го се свъ́рзва с определе́ни тради́ции, ритуа́ли, обича́и и разби́ра се – с приго́твянето на пра́знична трапе́за с определе́но меню́. Така́ мно́го хо́ра свъ́рзват Гергьо́вден (6 ма́й) с пе́ченото гергьо́вско а́гне и забра́вят, че на то́зи пра́зник почи́таме Свети́ Ге́орги Победоно́сец. То́й е покрови́тел на овча́рите, а в по́-но́во вре́ме и на а́рмията.

Ри́бата е си́мволът на Нику́лден (6 деке́мври) – пра́зникът на Свети́ Никола́й Чудотво́рец. В наро́дните вя́рвания то́зи свете́ц е господа́р на свето́вния океа́н, на море́тата и реки́те. То́й покрови́телства моря́ците и риба́рите, търго́вците и ба́нкерите. На пра́зничната трапе́за задължи́телно тря́бва да и́ма шара́н.

Vocabulary

нетърпе́ние	impatience
весе́лие	merriment, cheerfulness
роди́тел (usually pl.)	parent

важá, -и́ш (usually 3rd pers.)	to be valid, count		
ли́чен, -чна	personal		
семéен, -éйна	relating to family	**свáтба**	wedding
кръщенé, -енéта	christening	**чáст, часттá**	part
традициóнен, -óнна	traditional	**почти́**	almost
определéн	certain, fixed, special	**тради́ция**	tradition
ритуáл	ritual		
обичáй	custom, ceremony		
приготвяне	preparing, preparation		
прáзнична трапéза	table set for a feast		
пéчен	roast, roasted	**áгне, áгнета**	lamb
почи́там/почетá, -éш; почéтох	honour, pay homage to		
Свети́ Геóрги Победонóсец	Saint George Victory-bringer		
покрови́тел	protector		
овчáр	shepherd, sheep-herder		
áрмия	army		
Свети́ Николáй Чудотвóрец	Saint Nicholas Miracle-worker		
вя́рване, вя́рвания	belief		
господáр	master, ruler		
светóвният океáн	the world ocean(s)		
морé, морéта	ocean, sea	**рекá**	river
покрови́телствам (impf. only)	to protect		
моря́к	seaman	**рибáр**	fisherman
търгóвец, -вци	businessman, trader		
бáнкер	banker	**задължи́телно**	obligatorily

Cultural note: names

Where you would expect 'full name', Bulgarian official forms say 'all three names' (**три́те именá**, with the definite article after the numeral), because everyone has exactly three names: first name (**и́ме**), patronymic (**бáщино**, name derived from one's father's name), and family name (**фами́лия**, **фами́лно и́ме**).

If a person is named **Геóрги Ивaнóв Петрóв**, we know from the patronymic **Иванóв** that his father's name is **Ивáн**. Patronymics are only used in official contexts. Most patronymics and family names are derived from personal names with a possessive suffix **-ов/-ев**, with a further **-а** added for the feminine. Thus **Геóрги Иванóв** originally meant 'Ivan's Georgi'.

In earlier times, the family name would reflect the name of the grandfather, so that Georgi's grandfather would be named **Пéтър** in our example here, but nowadays the family name is usually kept unchanged through generations.

A few family names derive from occupations: **Воденичáров** and **Ковáчев** are the Bulgarian equivalents of 'Miller' and 'Smith'. Some names of this kind are derived from Turkish loanwords, for example **Бояджи́ев** from **бояджи́я** 'painter'. Even more rare are family names derived from geographical names, so it's just a lucky coincidence that the city of Sofia at the time of writing has a mayor with the very appropriate family name of **София́нски**.

13 Вре́мето

The weather

In this unit you will learn how to:

- Talk about the weather
- Form the imperfective tense
- Use tenses in combination
- Use the points of compass

Dialogue 1 (Audio 2; 11)

Milena meets Mary and finds out that Mary went for a hike on Mt Vitosha during the weekend. What other people did Mary meet there?

Миле́на: Ме́ри, какъв те́н и́маш! На сола́риум ли хо́ди?

Ме́ри: Не́, на Ви́тоша! Предста́вяш ли си – вме́сто да оста́на вкъщи пред телеви́зора а́з оти́дох в планина́та!

Миле́на: Бра́во на те́бе! А́з не по́мня кога́ за после́ден път хо́дих та́м. Кога́то бя́х студе́нтка, вся́ка се́дмица хо́дехме ня́къде сред приро́дата – на планина́, край река́ И́скър, на е́зерото в Панчаре́во. Найстина си почи́вахме в съ́бота и неде́ля.

Ме́ри: И́мах една́ прия́телка, с коя́то поне́ веднъ́ж в ме́сеца се ка́чвахме на Ви́тоша. Но тя́ зами́на в чужби́на, а а́з не оби́чам да се разхо́ждам сама́. Ми́налата съ́бота найстина не издържа́х и тръ́гнах.

Миле́на: И́маше ли мно́го хо́ра?

Ме́ри: Разби́ра се, ка́кто ви́наги. Като сля́зох от автобу́са в кварта́л Симео́ново, о́ще от спи́рката видя́х опа́шката за ли́фта.

Миле́на: Какво́ бе́ше вре́мето та́м? Ту́к, в града́, бе́ше до́ста о́блачно и мра́чно.

Ме́ри: Кога́то тръгнах, беше вла́жно, дори́ вале́ше сла́б дъжд. Но о́ще що́м се изкачи́х до първата ста́нция на ли́фта, вре́мето се промени́. О́блаците оста́наха до́лу, над Со́фия. Слъ̀нцето гре́еше, а снегъ̀т блесте́ше ослепи́телно. Лек вя́тър игра́еше в кло́ните на бо́ровете.

Миле́на: И́стинска красота́! Ка́к ху́баво разка́зваш, и на ме́не ми се прии́ска да я ви́дя та́зи красота́.

Ме́ри: Да́, но кога́то сти́гнахме до хи́жа „Але́ко", изле́зе си́лен студе́н вя́тър. Ду́хаше мно́го, но а́з реши́х да продължа́ към Че́рни връ̀х.

Миле́на: И́маше ли и дру́ги ентусиа́сти като те́бе?

Ме́ри: Преди́мно скио́ри. А кога́то заваля́ сня́г, мо́ето изка́чване приклю́чи. Въ̀рнах се до хи́жата.

Vocabulary

те́н	tan	**сола́риум**	sunbed salon
оста́вам/оста́на, -еш		to remain, stay behind	
планина́	mountain	**бра́во**	bravo

после́ден, -дна last
приро́да nature
е́зеро lake
веднъ́ж once
ка́чвам се/кача́, -иш се to ascend, climb up, mount
замина́вам/зами́на, -еш to depart
чужби́на, в чужби́на abroad
издъ́ржам/издържа́, -иш to hold out, stand
опа́шка queue
ли́фт cable car
вре́ме weather
о́блачен, -чно cloudy
мра́чен, -чно dark
вла́жен, -жно humid, damp
вали́, валя́ (3rd person only) to precipitate, rain
сла́б weak, slight
дъжд rain
що́м as soon as
изка́чвам се/изкача́, -иш се to ascend, climb up
ста́нция station
о́блак cloud
до́лу (adv.) below, down under
над over
слъ́нце гре́е sun
гре́я/погре́я to shine, warm
сня́г, снегъ́т snow
блестя́, -и́ш to shine, glisten
ле́к (adj.) light
вя́тър, ветрове́ wind
игра́я, -а́еш to play (games, etc.)
кло́н branch
бо́р pine
красота́ beauty
прии́сква ми се/прии́ска ми се to get a desire for
хи́жа chalet
Че́рни връх a mountain just outside Sofia
ду́ха (3rd person only) to blow (about wind)
ентусиа́ст enthusiast
преди́мно mostly
скио́р skier
заваля́ва/завали́ (3rd person only) to start raining
изка́чване ascent, climb, climbing
приклю́чвам/приклю́ча, -иш to come to an end

Language points 1

Wind and rain

Actually **вали́** (third person only) means ‘to precipitate’. You may use it on its own, for example, **вали́** ‘it’s raining’, or if you want to be specific, you can use it with a subject:

вали́ дъжд	to rain
вали́ сня́г	to snow

The verbs **ду́ха** 'to blow' and **заваля́ва/завали́** 'to start to precipitate' behave in the same way:

ду́ха	a wind is blowing
ду́ха си́лен вя́тър	a strong wind is blowing
заваля́	it started to rain
заваля́ сня́г	it started to snow

The imperfect

This is another past tense. Let us look at the forms first and compare them to the aorist forms. The **a**-verbs still show their **a**:

	Imperfect	*Aorist*
а́з	**гле́дах**	**гле́дах**
ти́	**гле́даше**	**гле́да**
то́й/тя́/то́	**гле́даше**	**гле́да**
ни́е	**гле́дахме**	**гле́дахме**
ви́е	**гле́дахте**	**гле́дахте**
те́	**гле́даха**	**гле́даха**

The **и**- and **е**-verbs both show the **я** that sometimes disguises itself as **-е** – take a quick look back at Unit 8 (pp. 88–9) to recapitulate when this happens.

	Imperfect	*Aorist*	*Imperfect*	*Aorist*	*Present*
а́з	**търсех**	**търсих**	**вървя́х**	**вървя́х**	**се́дна**
ти́	**търсеше**	**търси**	**върве́ше**	**вървя́**	**се́днеш**
то́й/тя́/то́	**търсеше**	**търси**	**върве́ше**	**вървя́**	**се́дне**
ни́е	**търсехме**	**търсихме**	**вървя́хме**	**вървя́хме**	**се́днем**
ви́е	**търсехте**	**търсихте**	**вървя́хте**	**вървя́хте**	**се́днете**
те́	**търсеха**	**търсиха**	**вървя́ха**	**вървя́ха**	**се́днат**

We mentioned in Unit 12 that many **е**-verbs change their stress from the present to the aorist. These verbs will have their stress in the imperfective on the same syllable as in the present:

	Imperfect	*Aorist*
а́з	**четя́х**	**чéтох**
ти́	**четéше**	**чéте**
то́й/тя́/то́	**четéше**	**чéте**
ни́е	**четя́хме**	**чéтохме**
ви́е	**четя́хте**	**чéтохте**
тé	**четя́ха**	**чéтоха**

Exercise 1 (Audio 2; 12)

Complete the following sentences with the proper forms of the imperfect tense.

Example: **А́з сега́ мно́го чета́. По́-ра́но не четя́х мно́го.**
I read a lot now. Earlier, I didn't read a lot.

1 А́з сега́ мно́го глéдам телеви́зия. По́-ра́но не _____ мно́го.
2 Ти́ сега много четéш. По́-ра́но не _____ мно́го.
3 Милéна сега́ мно́го гово́ри. По́-ра́но не _____ мно́го.
4 Ни́е сега́ пи́ем мно́го кафé. По́-ра́но не _____ мно́го.
5 Тé сега́ яда́т мно́го ри́ба. По́-ра́но не _____ мно́го.
6 Ви́е сега́ мно́го спорту́вате. По́-ра́но не _____ мно́го.
7 А́з сега́ купу́вам мно́го книги. По́-ра́но не _____ мно́го.

Exercise 2

This exercise will let you use all the tenses you know. Make sentences like the ones shown in the example.

Example: **По́-ра́но не четя́х мно́го. А сега́ чета́ мно́го. – вчéра чéтох мно́го и у́тре ще чета́ мно́го.**

Earlier, I didn't read a lot. But now I read a lot – I read a lot yesterday and I will read a lot tomorrow.

1 По́-ра́но не глéдах мно́го телеви́зия. А сега́ _____ мно́го – вчéра _____ мно́го и у́тре ще _____ мно́го.

2 Пó-рáно не говóрех бъ́лгарски. А сегá _____ бъ́лгарски – вчéра _____ бъ́лгарски и ýтре ще _____ бъ́лгарски.
3 Пó-рáно не пи́ехме мнóго кафé. А сегá _____ мнóго кафé – вчéра _____ кафé и ýтре ще _____ кафé.
4 Пéтър пó-рáно не ядéше ри́ба. А сегá _____ ри́ба – вчéра _____ ри́ба и ýтре ще _____ ри́ба.
5 Тé пó-рáно не спортýваха. А сегá _____ – вчéра _____ и ýтре ще _____.
6 Ти́ пó-рáно не вървéше мнóго пéш. А сегá _____ пéш – вчéра _____ пéш и ýтре ще _____ пéш.
7 Ми́налия мéсец не валéше дъжд. А сегá _____ дъжд – вчéра _____ дъжд и ýтре ще _____ дъжд.

How to use the past

You now know two past tenses, so when should you use one and when the other? The main principle is that the aorist is dynamic, while the imperfect is static. When you are talking about past events, you can only make things happen by telling about them in the aorist. If you tell about a chain of events in the aorist, your audience will understand that one thing happened first, then another, and so on:

> **Вчéра се въ́рнах в 7 ч. Говóрих по телефóна с Милéна и след товá излязох с Мéри.**
> Yesterday I returned home at seven. I talked on the phone with Milena, and went out with Mary.

On the other hand, several imperfect forms one after another will be perceived as the description of a situation, a state of affairs that was in force at a given time (and will often be translated by the English past progressive).

> **Пéтър глéдаше телеви́зия, мáйка ми гóтвеше и Албéна говóреше по телефóна.**
> Petar was watching television, my mother was cooking and Albena was talking on the phone.

This has less to do with what actually happened as with the way you choose to present it to your listener. Yesterday's telephone conversation may be a part of a chain of events, as in the first example, or it may be given the role of a static background for one of the events, as here:

Вче́ра се въ́рнах в 7 ч. То́чно кога́то гово́рех по телефо́на с Миле́на, Ме́ри дойде́. По́сле изля́зохме за́едно.
Yesterday I returned home at seven. Just when I was talking on the phone with Milena, Mary came. Afterwards we went out together.

The imperfect tense is most frequently used with the imperfective aspect. Conversely, the aorist is most often used with the perfective aspect. One exception to this is that verbs that form the perfective with a prefix (**чета́/прочета́**, **пи́ша/напи́ша**) have perfective aorists only when they have an object:

Вче́ра се въ́рнах в 7 ч. Че́тох ма́лко и след това́ изля́зох с Ме́ри.
Yesterday I returned home at seven. I read a bit and afterwards I went out with Mary.

Вче́ра се въ́рнах в 7 ч. Проче́тох писмо́то ти и след това́ изля́зох с Ме́ри.
Yesterday I returned home at seven. I read your letter and afterwards I went out with Mary.

The aorist past for 'to be' and 'to have'

The two verbs **съм** and **и́мам/ня́мам** have no special forms for the aorist tense – their imperfect tense forms do double duty as aorist forms.

If you look at the pattern for **съм** given in Unit 11, you will see that the alternate **бе́** given for the **ти́** and **то́й/тя́** forms look like aorists, but in practice they are interchangeable with **бе́ше**:

Вре́мето бе́ше ху́баво/Вре́мето бе́ ху́баво.
The weather was nice.

Dialogue 2 (Audio 2; 13)

Milena has been skiing during the weekend, while Ana has stayed in Sofia. Now they are comparing notes.

Миле́на: А́на, защо́ не дойде́ с на́с на Бо́ровец?
А́на: Не се́ чу́вствах добре́, а и ня́кой тря́бваше да оста́не в о́фиса в съ́бота.

Миле́на: Доброво́лна же́ртва в и́мето на фи́рмата?! Но да зна́еш, че изпу́сна мно́го. Изка́рахме чуде́сен уикенд.

А́на: Ка́к бе́ше вре́мето?

Миле́на: Са́мо за ски́, като по пор҄ъчка. Бе́ше сл҄ънчево, не́ мно́го студе́но, ти́хо и споко́йно.

А́на: А ту́к бе́ше и́стинска про́лет! Ця́л де́н гле́дах през прозо́реца как хо́рата се разхо́ждат в па́рка. Реши́х да се в҄ърна пе́ш от о́фиса вкъщи. Вървя́х през па́рка. И́маше то́лкова мно́го хо́ра. Ня́кои седя́ха на трева́та, пи́еха би́ра или се печа́ха на сл҄ънце. Дру́ги седя́ха по пе́йките, бъ́бреха или четя́ха ве́стници. Ня́кои разхо́ждаха ку́четата си. И́маше мно́го семе́йства с де́цата си.

Миле́на: Вси́чки оби́чаме ху́бавото вре́ме и и́скаме да му се пора́дваме.

А́на: Да́, и като гле́дах те́зи хо́ра, си ми́слех, че ня́ма да е зле́ и а́з да се́дна на трева́та, да изпи́я една́ би́ра.

Миле́на: Но не се́дна, нали́? Позна́вам те добре́. Предпочи́таш удо́бен сто́л в прия́тно заведе́ние.

Vocabulary

доброво́лен, **-лна**	voluntary
же́ртва	sacrifice
изпу́скам/ изпу́сна, **-еш**	to miss, skip
изка́рвам/изка́рам	to spend (time, period of time, etc.)
ска́ (mostly plural **ски́**)	ski
по пор҄ъчка	according to order
сл҄ънчев	sunny
ти́х	quiet
про́лет	spring, springtime
седя́, **-и́ш/по-**	to sit, be seated
трева́	grass
пека́, **пече́ш**; **пе́кох**, **пе́че/изпека́**; **пека́ се на сл҄ънце**	to roast, bake; to sunbathe

пе́йка	bench	**бъ́бря**, **-иш**	to chat
дете́, **деца́** (pl.)	child	**ку́че**	dog
гле́дка	view	**заведе́ние**	establishment

Exercise 3

Select the proper aspect form from the parentheses and put it into the correct tense – aorist or imperfect.

В неде́ля аз и Пе́тър (реша́вам/реша́) да оти́дем на екску́рзия до Са́моков, В събота вечерта́ (проверя́вам/проверя́) разписа́нието на автобу́сите. (Тря́бва) да ста́нем мно́го ра́но, защо́то (и́скам/пои́скам) да присти́гнем преди́ обя́д и да и́маме вре́ме да разгле́даме града́.

И така́, в 7.30 ни́е ве́че (ча́кам/поча́кам) на спи́рката. У́трото (съм) чуде́сно. (Гре́я/погре́я) слъ̀нце. (Ми́сля/поми́сля) си, че ще и́маме един ху́бав ден вън от София. За на́ша голя́ма изнена́да вме́сто голя́м луксо́зен автобу́с (и́двам/до́йда) ма́лък микробу́с. (Запо́чвам/запо́чна) да се ка́чват хо́ра с мно́го бага́ж, който очеви́дно (‘evidently’) (пъту́вам) за бли́зките села́. (Ка́чвам се/кача́ се) и ни́е. За ща́стие, (и́ма) две́ свобо́дни места́. Ни́е (ся́дам/се́дна) и (загова́рям/загово́ря – ‘to start talking’) за пъту́ването. Пе́тър ми (пока́звам/пока́жа) на ка́ртата през кои́ места́ ще ми́нем. На́й-по́сле (тръ̀гвам/тръ̀гна), са́мо с 15 мину́ти закъсне́ние.

Exercise 4

Make statements about the weather, using the pictures as cues. You will be able to find the solutions in the dialogues within this unit.

1 

2 

3 

4 

5 

Dialogue 3 (Audio 2; 14)

Georgi and Petar are busy reading their newspapers. A thought suddenly strikes Petar.

Петър: Жо́ро, кое́ споре́д те́бе е на́й-ску́чното във ве́стника?

Ге́орги: Ами не зна́м – мо́же би валу́тните ку́рсове?

Петър: А́, не́, те́ са мно́го интере́сни – проме́ни в ку́рса на англи́йските ли́ри, щя́тските до́лари, норве́жките кро́ни, е́врото . . . А́з и́мах предви́д прогно́зата за вре́мето. Мно́го су́х сти́л. Чу́й са́мо това́ (*slight rustling of newspaper, reads*): „Над страна́та ще и́ма разкъ́сана о́блачност. Къ́сно следо́бед облачността́ над за́падните ча́сти ще се увеличи́ и през нощта́ та́м е възмо́жно да превали́ дъ́жд. Ще ду́ха сла́б до уме́рен вя́тър от за́пад-югоза́пад, по Черномо́рието от ю́г. Сутринта́ температу́рите ще са между ми́нус 1 и плю́с 2 гра́дуса, по́-висо́ки в кра́йните югоза́падни райо́ни. Следо́бед температу́рите ще дости́гнат 13–18 гра́дуса."

Ге́орги: Не съм съгла́сен. Ту́к във ве́стника, ко́йто а́з чета́, и́ма сни́мка на симпати́чно моми́че по шо́рти и пи́ше (*slight rustling of newspaper, reads*): „Ободре́на от то́плото про́летно слъ́нце, Дия́на ще си напра́ви една́ споко́йна разхо́дка сред све́жата зеленина́ на па́рка."

Петър: Дия́на наистина е мно́го ху́бава по шо́рти, но това́ вси́чко ли е? Ня́ма ли по́вече?

Ге́орги: И́ма, разби́ра се, слу́шай са́мо: „Дне́с слъ́нцето ще си́пе ще́дро лъчи́те си над роди́ната ни и вре́мето ще е идеа́лно за разхо́дки на чи́ст въ́здух. О́блаци ще се появя́т са́мо над За́падна Бълга́рия, но вале́жи та́м синопти́ците не предви́ждат. Максима́лните температу́ри в по́вечето места́ ще са между 10 и 15 гра́дуса. Разкъ́сана, преди́мно сре́дна и висо́ка о́блачност ще и́ма над планини́те. Вале́жи и ту́к не се́ оча́кват. Ще поду́хва сла́б, а по висо́ките ча́сти уме́рен, вя́тър от за́пад-югоза́пад."

Петър: Вре́мето ще бъ́де твъ́рде студе́но за разхо́дка по шо́рти според ме́не . . .

Vocabulary

споре́д	according to
ску́чен, **-чна**	boring
валу́тен (**-тна**) **ку́рс**	rate of exchange
промя́на, **проме́ни**	change
англи́йска ли́ра	pound sterling
ща́тски до́лар	US dollar
норве́жка кро́на	Norwegian krone
е́вро	euro
и́мам предви́д	to have in mind
прогно́за	forecast, prognosis
су́х	dry
разкъ́сан	scattered, torn
о́блачност, **облачността́**	cloud cover
увелича́вам се/**увелича́**, **-и́ш**; **-и́х се**	to increase
преваля́ва/**превали́** (3rd person only)	to rain occasionally, in the form of showers
уме́рен	moderate
Черномо́рието	the Black Sea coast
ми́нус	minus
плю́с	plus
гра́дус	degree
райо́н	area
дости́гам/**дости́гна**, **-еш**	to reach
съгла́сен, **-сна съм**	to agree
симпати́чен, **-чна**	appealing, attractive
шо́рти (pl. only)	shorts
ободре́н	exhilarated, elated

све́ж	fresh	**зеленина́**	greenery
ще́дър, **-дра**	generous	**лъ́ч**, **лъчи́**	ray
роди́на	motherland	**идеа́лен**, **-лна**	ideal
чи́ст	clean	**въ́здух**	air

появя́вам се/**появя́**, **-и́ш се**	to appear, come about
вале́ж	precipitation
синопти́к	meteorologist
предви́ждам/**предви́дя**, **-иш**	to foresee
сре́ден, **сре́дна**	mean, median, middle
оча́ква се (3rd person, impf. only)	to be expected
поду́хва/**поду́хне** (3rd person only)	to blow
тъ́рде	rather, much, very

Language point 2

Points of compass

се́вер

северозáпад **североизток**

зáпад **и́зток**

югозáпад **югоизток**

юг

The corresponding adjectives ('northern', etc.) are **се́верен**, **-рна**; **зáпаден**, **-дна**; **и́зточен**, **-чна**; **ю́жен**, **ю́жна**.

Exercise 5

Write a weather report based on the weather map below, covering the regions of NE, NW, SE and SW Bulgaria.

Exercise 6

This exercise is good for geography as well as vocabulary! Make statements about where town A is located with respect to town B for the following pairs.

Example: **Ло́м се нами́ра на за́пад от Ру́се.**
Lom is located to the west of Ruse.

1 Со́фия, Бурга́с
2 Благо́евград, Ло́м
3 Ва́рна, Пле́вен
4 Пле́вен, Пло́вдив
5 Со́фия, Пло́вдив
6 Ста́ра Заго́ра, Ва́рна
7 Бурга́с, Пле́вен
8 Благо́евград, Ру́се
9 Пло́вдив, Ло́м

14 Ма́дарският ко́нник

The Madara Horseman

In this unit you will learn how to:

- Talk about historical events
- Use passive constructions
- Use the perfect tense

Dialogue 1 (Audio 2; 15)

Ana has been on a trip to the northeast part of Bulgaria and is telling Mary about it.

А́на: Ме́ри, хо́дила ли си в Се́вероизточна Бълга́рия?

Ме́ри: Ча́кай ма́лко да поми́сля ... Била́ съм във Ва́рна, в куро́рта „Албе́на", но това́ е всъщност Черномо́ристо. А́з съм в Бълга́рия от пе́т ме́сеца, но не съм пъту́вала мно́го.

А́на: А къде́ си била́ досега́? Кои́ места́ си посети́ла?

Ме́ри: Позна́вам Пло́вдив, защо́то съм хо́дила та́м ня́колко пъти. Мно́го харе́свам амфитеа́търа в Ста́рия гра́д, краси́вите ста́ри къщи та́м и разби́ра се – ресторáнтите с типи́чна българска ку́хня! Но защо́ ме запи́та то́чно за Се́вероизточна Бълга́рия?

А́на: Ами́ ми́налата се́дмица бя́х в Шу́мен, нали́ зна́еш, и́маше конфере́нция та́м. След това́ коле́гите организи́раха екску́рзия до Ма́дара. А́з съм била́ та́м мно́го пъти, но вся́ко но́во посеще́ние е то́лкова вълну́ващо.

Ме́ри: Разкажи́ ми по́вече! Ми́сля, че съм чу́вала за Ма́дара, но и́скам ти́ да ми разка́жеш.

А́на: Ма́дара е ма́лко село, на 15 киломе́тра от Шу́мен. То́ е изве́стно с Ма́дарския ко́нник, но всъщност та́м и́ма ця́л истори́чески и архитекту́рен резерва́т.

Ме́ри: Зна́чи та́м и́ма мно́го истори́чески па́метници.

А́на: Да́, така́ е – та́м и́ма руи́ни на ри́мска кре́пост от II ве́к. Но на́й-впечатля́ващ е старобъ́лгарският дво́рцов компле́кс.

Ме́ри: Дво́рцов компле́кс – какво́ е това́ – ця́л дворе́ц? Не зна́ех, че та́м е и́мало дворци́.

А́на: Е́, разби́ра се, не́ като́ дворци́те в А́нглия.

Ме́ри: А та́м ли е изве́стният Ма́дарски ко́нник? Това́ е ста́туя, нали́?

А́на: Не́, Ме́ри, това́ е барелéф върху ка́мък. То́й не се́ нами́ра в дворе́ца или в крепостта́, а извъ́н се́лото, в Ма́дарското плато́.

Ме́ри: Ка́к изгле́жда то́зи ко́нник?

А́на: Това́ е компози́ция от три́ фи́гури – езда́ч, ку́че и лъ́в. Езда́чът е насо́чил ко́пието си към лъва́. Карти́ната символизи́ра побе́дата над врага́.

Ме́ри: Ко́й е геро́ят на реле́фа?

А́на: Не е́ изве́стно. У́чените предпола́гат, че е български ха́н от VIII–IX ве́к.

Vocabulary

куро́рт	resort	**досега́**	until now
посеща́вам/ посетя́, -и́ш	to visit	**амфитеа́тър**	amphitheatre
типи́чен, -чна	typical	**запи́твам/ запи́там**	to inquire, ask
организи́рам (impf. and pf.)	to organise	**посеще́ние**	visit
вълну́ващ	exciting, thrilling	**ко́нник**	horseman, rider
архитекту́рен, -рна	architectural	**резерва́т**	reserve, preserve
руи́на	ruin	**ри́мски**	Roman
кре́пост	fortress	**ве́к**	century
впечатля́ващ	impressive	**старобъ́лгарски**	Old Bulgarian

дво́рцов	relating to **дворе́ц**, pl. **дворци́** – castle		
компле́кс	compound, complex		
ста́туя	statue	**барел́еф**	bas-relief
върху	on, upon	**ка́мък**	stone
нами́рам се (impf. only)	to be situated		
извъ́н	outside		
плато́	plateau, high plain		
композѝция	composition	**фи́гура**	figure
езда́ч	horseman, rider		
лъ́в, лъвъ́т, лъ́вове		lion	
насо́чвам/насо́ча, -иш		to point, direct	
ко́пие	lance	**карти́на**	picture
символизи́рам	to symbolise	**побе́да**	victory
вра́г, врагъ́т		enemy	
у́чен		scientist, learned person	
предпола́гам/предполо́жа, -иш		to suppose	
ха́н		khan	

Language points 1

The perfect tense

This tense is in some ways similar to the English perfect, e.g. 'I have looked'. It is made up of two parts – an auxiliary verb and a participle – but in Bulgarian the auxiliary is **съм** 'to be' rather than 'to have'. To make the participle:

- take the aorist first person singular, **гле́дах**,
- take off the **х**,
- and replace it with **л**. e.g. **гле́дал**.

What you have got now behaves very much like an adjective, so remember to change it for gender and number:

áз съм глéдал (said by a man)/
áз съм глéдала (said by a woman)
тú си глéдал (said to a man)/
тú си глéдала (said to a woman)

тóй е глéдал
тя́ е глéдала

нúе сме глéдали
вúе сте глéдали
тé са глéдали

This will work well for most **а**- and **и**-verbs: **тóй е тъ́рсил** 'he has searched', **тя́ е вървя́ла** 'she has walked'. The **е**-verbs have some exceptions, which we will look at in Unit 16 (p. 187). The verb **съм** 'to be' is almost always an exception:

áз съм бúл (said *by* a man)
áз съм билá (said *by* a woman)
тú си бúл (said *to* a man)
тú си билá (said *to* a woman)

тóй е бúл
тя́ е билá

нúе сме билú
вúе сте билú
тé са билú

In Unit 13, you learned that the aorist is used to describe past events and put them into a chain of events. The perfect tense also refers to past events, but without placing them in a chain of events. On hearing **Вчéра Пéтър вечéря с Милéна и глéда фúлм** 'Yesterday Petar had supper with Milena and watched a film', you would conclude that the events happened in that order, but you can draw no such conclusions from **Вчéра Пéтър е вечéрял с Милéна и е глéдал фúлм**.

The perfect tense is also useful for stressing the result in the present from an action in the past. When you say **Кýпила съм си нóва рóкля** 'I have bought a new dress', you stress the fact that you are now the owner of a new dress, while **Кýпих си нóва рóкля** (with the aorist) emphasises the action of buying.

Roman numerals

Roman numerals are used in the following cases:

- Indicating centuries:

  През XIX в./през XIX ве́к
  през деветна́йсети ве́к
  in the nineteenth century

  През VII в./през VII ве́к
  през се́дми ве́к
  in the seventh century

  Note that Bulgarian does not use the definite article in these expressions. You'll find a list of the ordinal numbers in Unit 10 (p. 115).

- Indicating the month in date expressions:

  29. XI. 2005 г.
  два́йсет и деве́ти ное́мври две́ хи́ляди и пе́та годи́на
  29 November 2005

  На 8. V. 1993 г.
  на о́сми ма́й хиля́да де́ветстотин деветдесе́т и тре́та годи́на
  8 May 1993

  Look at Unit 7 (p. 177) for the names of the months.

Exercise 1

Write answers to the following questions.

Example: **Позна́ваш ли Со́фия? – Не́, не съм хо́дил та́м.**
Do you know Sofia? – No, I haven't been there.

1 Миле́на, позна́ваш ли Ва́рна? – Не́, __________ .
2 А́на и Миле́на, позна́вате ли Ва́рна? – Не́, __________ .
3 Баща́ ти позна́ва ли А́нглия? – Не́, __________ .
4 Тво́ят прия́тел Пе́тър позна́ва ли Бурга́с? – Не́, __________ .
5 Ма́мо, а́з била́ ли съм във Ва́рна? – Не́, __________ .
6 Ма́мо, Пе́търчо и а́з били́ ли сме в Ру́се? – Не́, __________ .

Exercise 2

Complete the following sentences with the correct participles, using the verbs given in parentheses.

1 А́на е _____ екску́рзия до Ва́рна. (организи́рам)
2 Ни́е ве́че сме _____ то́зи фи́лм. (гле́дам)
3 Миле́на, откъде́ си _____ те́зи обу́вки? (ку́пя)
4 Надя́вам се фи́лмът да не е́ _____ о́ще. (запо́чна)
5 Гео́рги и Пе́тър не са́ _____ кога́ запо́чва фи́лмът. (ка́жа)
6 Си́гурно по́-ра́но не сте́ _____ то́лкова ху́баво ви́но! (пи́я)

Dialogue 2 (Audio 2; 18)

Petar and Ana are at the office. They start discussing how to entertain a guest from abroad. Who is the guest coming with? Where will Ana take them?

Пе́тър: Гото́ви ли са докуме́нтите за фи́рмата, коя́то е пору̀чала консумати́ви при на́с?
А́на: Да́, дори́ ве́че са изпра́тени по фа́кса.
Пе́тър: Мно́го си бъ́рза. Вси́чко пра́виш ка́кто тря́бва.
А́на: Да́, да́, затова́ сега́ се занима́вам с това́ . . . Подго́твям програ́мата за посеще́нието на г-н Ми́лър.
Пе́тър: Е́, това́ е ле́сна ра́бота – да го посре́щнем и настани́м, след това́ рабо́тна заку́ска с ше́фа, ра́зговори с коле́гите . . .
А́на: Това́ ве́че е напи́сано. Но с г-н Ми́лър и́два и съпру́гата му. Ше́фът е реши́л, че тря́бва да организи́раме култу́рна програ́ма за не́я.
Пе́тър: Тя и́двала ли е в Бълга́рия преди́?
А́на: Не зна́я. Г-н Ми́лър е и́двал мно́го пъ́ти, но не си́ спо́мням тя́ да е пъту́вала с не́го.
Пе́тър: Дори́ и да е и́двала, едва́ ли е видя́ла мно́го.
А́на: Е́то ви́ж какво́ съм вклю́чила в програ́мата: хра́м-па́метника „Алекса́ндър Не́вски", Национа́лната худо́жествена гале́рия, Национа́лния истори́чески музе́й.
Пе́тър: Споре́д ме́не твъ́рде мно́го музе́и са вклю́чени в та́зи програ́ма. Не зна́еш дали́ г-жа Ми́лър се интересу́ва от ико́ни, мо́же да не и́ска да посеща́ва цъ́ркви.

За Истори́ческия музе́й ще е ну́жен ця́л де́н. Осве́н това́ то́й е в Боя́на – до́ста е дале́че от це́нтъра.

А́на: Плани́рала съм и дру́г вариа́нт – са́мо в Истори́ческия музе́й а след това́, ако вре́мето е ху́баво, кра́тка екску́рзия из Ви́тоша.

Пе́тър: А по булева́рд „Витоша" ще я заведе́ш ли? Вся́ка жена́ оби́ча луксо́зните магази́ни . . .

Vocabulary

докуме́нт		document, paper	
консумати́в (usually pl.)		(office) supplies	
изпра́щам/изпра́тя, **-иш**		to send	
фа́кс		fax (machine)	
занима́вам се/занима́я, -еш се с нещо		to be (become) occupied with something, do something	
подго́твям/подго́твя, **-иш**		to prepare	
посре́щам/посре́щна, **-еш**		to meet (someone arriving)	
настаня́вам/настаня́, **-и́ш**		to lodge, accommodate	
рабо́тен, **-тна**		relating to work	
съпру́га (f.); **съпру́г** (m.)		wife, spouse; husband, spouse	
ше́ф	boss	**култу́рен**, **-рна**	cultural
преди́	earlier, before	**дори́ (и)**	even
едва́ ли	hardly	**хра́м**	cathedral
национа́лен, **-лна**		national	
худо́жествен		relating to art	
гале́рия	gallery	**ико́на**	icon
ну́жен, **-жна**	necessary	**дале́че**	far away
плани́рам (impf. and pf.)		to plan	
вариа́нт		variant, option	

Language point 2

Passive

In Unit 12 we introduced you to passive constructions with **се**-verbs (p. 139). There is also another way of expressing the passive, which is little closer to the English, e.g. 'The cake was eaten (by me)'. But where English uses the same participle for the passive form and the perfect tense ('I have eaten'), Bulgarian has a special passive participle, which is not the same as the participle used in the perfect tense. It is constructed like this:

- start with the aorist first person singular,
- take away the **х** and replace it with **н**,
- but first have a look at the vowel before the **х**:
  – if it is **а**, keep it; – if not, replace it with **е**.

For example:

Present tense	*Aorist tense*	*Passive participle*
резерви́рам	**резерви́рах**	**резерви́ран**, **-а**, **-о**, **-и**
ку́пя	**ку́пих**	**ку́пен**, **-а**, **-о**, **-и**
прочета́	**проче́тох**	**проче́тен**, **-а**, **-о**, **-и**

А́з ку́пих кни́гата.
I bought the book.

Кни́гата е ку́пена от ме́не.
The book was bought by me.

Exercise 3

Change the following active sentences into passives.

Example: **А́з ку́пих кни́гата.**
I bought the book.

Кни́гата е ку́пена от ме́не.
The book is/was bought by me.

1 А́на запа́зи ма́сата. Ма́сата __________ .

2 Ни́е ку́пихме та́зи кола́. Та́зи кола́ __________ .

3 Гео́рги и Пе́тър ве́че ка́заха това́. Това́ ве́че __________ .

4 А́з да́дох пари́те. Пари́те __________ .

5 Ви́е наме́рихте пари́те. Пари́те __________ .

6 Дне́с напра́вих мно́го неща́. Мно́го неща́ __________ дне́с.

Exercise 4

Rewrite these passives from Dialogue 2 as active constructions. You will have to refer to the context to find out who the 'doer' is in each case.

Example: **Кни́гата е ку́пена от ме́не.**
The book is/was bought by me.

А́з ку́пих кни́гата.
I bought the book.

1 Дори́ ве́че са изпра́тени по фа́кса.
2 Това́ ве́че е напи́сано.
3 Твърде мно́го музе́и са включени в та́зи програ́ма.

Dialogue 3 (Audio 2; 21)

Milena is guiding tourists around the centre of Sofia.

Миле́на: Добре́ дошли́ в на́шата краси́ва Со́фия! Ще бъдем за́едно с ва́с, за да напра́вим една́ разхо́дка из це́нтъра на сто́лицата.

Жена́: Чу́вала съм, че на това́ мя́сто е и́мало ри́мски гра́д. Това́ вя́рно ли е?

Миле́на: Да́, така́ е – Со́фия е едно́ от най-ста́рите се́лища в Евро́па. По́вече от 7 хи́ляди годи́ни Со́фия е мя́сто, къде́то племена́ и хо́ра са и́двали от разли́чни кра́ища на света́. Цивилиза́ции и култу́ри са преживе́ли ту́к времена́ на разцве́т и упа́дък, но градъ́т е продължи́л да съществу́ва и до дне́с.

Жена́: А ви́наги ли се е ка́звал така́?

Миле́на: Не́, разли́чните наро́ди са да́вали на града́ разли́чни имена́. То́й е изве́стен като Се́рдика, Среде́ц и Со́фия.

Жена́: Откъде́ ще запо́чнем на́шата обико́лка?

Миле́на: От сърце́то на Со́фия, къде́то се нами́ра еди́н от си́мволите на града́. Мо́ля, погледне́те надя́сно. Та́зи великоле́пна сгра́да е хра́м-па́метникът „Свети́ Алекса́ндър Не́вски". Цъ́рквата е построе́на в нача́лото на XX век. Фре́ските са напра́вени от на́й-добри́те ру́ски и бъ́лгарски худо́жници.

Жена́:	И́ма ли ста́ри ико́ни, който са запа́зени в църквата?
Миле́на:	В подзе́мния ета́ж се нами́ра кри́птата, коя́то е изве́стна с коле́кцията си от ико́ни. В не́я са събра́ни ико́ни от ця́ла Бълга́рия, който са рису́вани в перио́да между IX и XVIII ве́к.
Мъж:	И та́зи ма́лка сгра́да ли е църква? Изгле́жда мно́го по-разли́чно от „Алекса́ндър Не́вски".
Миле́на:	Това́ е една́ от на́й-ста́рите църкви в Со́фия – „Света́ Со́фия".
Мъж:	Мно́го интере́сно – та́зи църква и́ма същото и́ме като града́. Това́ случа́йно ли е?
Миле́на:	Не́, но връзката е то́чно в обра́тната посо́ка – градът е полу́чил и́мето си по и́мето на църквата. Съдба́та на та́зи сгра́да е мно́го драмати́чна. Тя́ е разруша́вана два́ пъти – от го́тите и от ху́ните, а след това́ отно́во е възстановя́вана. След Освобожде́нието на Бълга́рия църквата е възстанове́на и дне́с е еди́н от на́й-це́нните па́метници на ра́нната християнска архитекту́ра не са́мо в Бълга́рия, но и на Балка́нския полуо́стров.
Жена́:	А тя́ ли е на́й-ста́рата църква в Со́фия?
Миле́на:	Не́, не е́. Рото́ндата „Свети́ Ге́орги" е по́-ста́ра от „Света́ Со́фия". Тя́ е построе́на по вре́мето на византи́йския импера́тор Константи́н Вели́ки. Тя́ е еди́нствената сгра́да, коя́то е напълно запа́зена от това́ вре́ме. Е́то, приближа́ваме се ве́че, но за да я ви́дите, ще тря́бва да ми́нем зад сгра́дата на хоте́л „Ше́ратон". В на́ши дни́ рото́ндата се ока́зва заобиколе́на от сгра́дата на хоте́ла и на Президе́нтството.
Мъж:	Ко́лко интере́сно – властта́, тури́змът, исто́рията и рели́гията са се събра́ли на едно́ мя́сто!
Жена́:	Найстина уника́лно. Те́зи обе́кти музе́и ли са, или де́йстващи хра́мове?
Миле́на:	Вси́чки са отво́рени и за тури́сти, и за религио́зни слу́жби и ритуа́ли.
Мъж:	Извине́те ме за въпро́са, но и́ма ли тоале́тна набли́зо?
Миле́на:	Да́, и́ма в Ха́лите, срещу хоте́л „Ше́ратон".

Vocabulary

ве́рен, **вя́рна**, **вя́рно**, **ве́рни**		true	
се́лище		settlement, township	
пле́ме, **племена́**	tribe	**кра́й**, **кра́ища**	land, region
цивилиза́ция	civilisation	**разцве́т**	flourishing
упа́дък	decline	**съществу́вам**	to exist
обико́лка	round, round trip	**сърце́**, **сърца́**	heart
великоле́пен, **-пна**	grandiose, marvellous	**сгра́да**	building
построя́вам/ построя́, **-и́ш**	to build	**фре́ска**	fresco
худо́жник	artist	**подзе́мен**, **-мна**	underground
кри́пта	crypt	**коле́кция**	collection
рису́вам/на-	to paint, draw	**перио́д**	(time) period

случа́ен, -а́йна	(by) chance, coincidental	**връзка**	connection
разрушава́м/разруша́, -и́ш		destroy	
го́т	Goth	**ху́н**	Hun
възстановя́вам/възстановя́, -и́ш		restore	
освобожде́ние	liberation	**це́нен, -е́нна**	valuable
ра́нен, ра́нна	early	**християнска**	Christian
архитекту́ра	architecture	**Балка́нския полуо́стров**	the Balkan peninsula
рото́нда	rotunda	**византи́йски**	Byzantine
импера́тор	emperor	**еди́нствен**	single, only
приближа́вам се/приближа́, -и́ш се		to near, approach	
ока́звам се/ока́жа, -е́ш се; ока́зах се		to turn out to be	
заобика́лям/заобикаля́, -и́ш		to surround	
Президе́нтството		the Presidential offices	
вла́ст, властта́	power, authority	**рели́гия**	religion
уника́лен, -лна	unique	**обе́кт**	object
де́йстващ	functioning, working	**религио́зна слу́жба**	religious service
ритуа́л	ritual	**въпро́с**	question
тоале́тна	toilet	**набли́зо**	close by

Language point 3

Word order in the perfect tense

Look at this strange little exception in word order for verbs with a **се**-particle, such as **върна се** 'to return':

а́з съм се върнал/а́з съм се върнала
ти́ си се върнал/ти́ си се върнала
то́й се е върнал/тя́ се е върнала

ни́е сме се върнали
ви́е сте се върнали
те́ са се върнали

Only in the **то́й** and **тя́** forms (third person singular) does the particle precede the appropriate form of **съм.** This, in fact, applies not only to the particle, but also to unstressed object pronouns

(Unit 3, p. 26) and dative pronouns (Unit 6, pp. 69–70). So in answer to the question 'Did you return the book to Georgi', you would get this answer:

– Ти́ върна ли кни́гата на Гео́рги?
– Да́, ве́че съм му я върнал.
Yes, I have returned it to him already.

However, if you ask that question about a third person, e.g. 'What about Petar?', you would get a different answer:

– А́ Пе́тър?
– И то́й му я е върнал.
He has returned it to him, too.

Exercise 5

Answer the following questions.

Example: **Оба́ди ли се на А́на? – О́ще не съ́м ѝ се оба́дил.**
Have you called Ana? – I haven't called her yet.

1 Оба́ди ли се на Гео́рги? – О́ще не _________ .
2 Г-н Анто́нов, оба́дихте ли се на Гео́рги и Пе́тър? – О́ще не _________ .
3 Миле́на и А́на оба́диха ли се на ше́фа? – О́ще не _________ .
4 Момче́та, оба́дихте ли се на ше́фа? – О́ще не _________ .
5 Гео́рги оба́ди ли се на ше́фа? – О́ще не _________ .
6 Гео́рги оба́ди ли се на ше́фа? – О́ще не _________ .

Exercise 6

Reply to the following commands.

Example: **Върни́ кни́гата на А́на! – Върнал съм ѝ я ве́че.**
Return the book to Ana! – I have already returned it to her.

1 Върни́ пари́те на А́на! – _________ ве́че.
2 Върни́ пари́те на Гео́рги! – _________ ве́че.
3 Момичета, върне́те пари́те на А́на! – _________ ве́че.
4 А́на, върни́ книгите на момче́тата! – _________ ве́че.
5 Гео́рги, обади́ се на А́на! – _________ ве́че.
6 А́на, обади́ се на ше́фа! – _________ ве́че.

15 Президе́нт за еди́н де́н

President for a day

In this unit you will learn how to:

- Make polite requests
- Use political vocabulary
- Talk about what could have happened

Dialogue 1 (Audio 2; 22)

Stella is surprised to find Vyara in the office at this hour. Where was Vyara supposed to be? And why is she not there?

Сте́ла: А, Вя́ра, защо́ си в о́фиса? Нали́ ще́ше да хо́диш на ки́но?

Вя́ра: Да, щя́х, но ка́кто ви́ждаш не оти́дох.

Сте́ла: Защо́ – ня́маше биле́ти или не бе́ше в настрое́ние?

Вя́ра: Почти́ позна́ – развали́ ми се настрое́нието. Щя́хме да хо́дим на ки́но с Бо́би, нали́ зна́еш, от ня́колко се́дмици изли́зам с не́го . . . А́з тръгнах отту́к ма́лко по́-ра́но, за да не закъсне́я. То́й ще́ше да взе́ме биле́ти. Ще́ше да ме ча́ка пред ки́ното, на площа́д „Славе́йков". А́з вървя́х пе́ш към площа́да. Тъ́кмо щя́х да пресе́чам на светофа́ра на ул. „Гу́рко" и какво́ ми́слиш? Ви́ждам Бо́би в едно́ кафе́ на дру́гата страна́ на у́лицата с едно́ моми́че. Седя́ха мно́го бли́зо един до дру́г, гле́даха се в очи́те, то́й я държе́ше за ръка́та . . . Щя́х да припа́дна, то́лкова неоча́квано бе́ше това́, което видя́х.

Сте́ла: Си́гурна ли си, че това́ е би́л тво́ят прия́тел?

Вя́ра: Мо́ля ти се, ня́маше да ти гово́ря това́, ако не бя́х си́гурна. То́чно не́го видя́х.
Сте́ла: А то́й видя́ ли те?
Вя́ра: Не́, а́з дори́ не пресякох у́лицата. Щя́х да му се оба́дя, но се упла́ших и се отка́зах. Затова́ се върнах в о́фиса.
Сте́ла: Ча́кай, ча́кай – ти не позна́ваш това́ моми́че, нали́? Тога́ва откъде́ си си́гурна коя́ е тя́? Мо́же да е ня́коя позна́та или ста́ра прия́телка на Бо́би.
Вя́ра: Ако бе́ше са́мо позна́та, ня́маше да я държи́ за ръка́та.
Сте́ла: Ти́ си ги видя́ла – ти́ прецени́ . . . Ако а́з бя́х на тво́е мя́сто, все́ па́к щя́х да му се оба́дя. А́, щя́х да забра́вя – преди́ да вле́зеш в о́фиса, ня́кой те тъ́рси по телефо́на.

Vocabulary

настрое́ние mood
позна́я, -аеш; позна́х (pf. only) to guess
разва́лям/разваля́, -и́ш to spoil
закъсня́вам/закъсне́я, -е́еш; -ня́х to be late
тъкмо just, just then
припа́дам/припа́дна, -еш to faint, swoon
неоча́кван unexpected
упла́швам се/упла́ша, -иш се to become frightened
преценя́вам/преценя́, -и́ш to assess, judge
все́ па́к after all, still

Language points 1

Future in the past

This tense has no direct counterpart in English, but its meaning is roughly equal to expressions like ‘I was about to . . .’, that is, it refers to an event that at some time in the past was seen as a future event. You know how to make a future form by adding the unchangeable **ще** to the verb, and **ня́ма да** for the negated future (Unit 5, p. 53). To form the future in the past, you use what can be thought of as past forms of these elements and add **да** plus a verb (**ка́жа** in this case):

	Positive	*Negative*
áз	**щя́х да кáжа**	**ня́маше да кáжа**
тѝ	**щéше да кáжеш**	**ня́маше да кáжеш**
тóй	**щéше да кáже**	**ня́маше да кáже**
тя́	**щéше да кáже**	**ня́маше да кáже**
нѝе	**щя́хме да кáжем**	**ня́маше да кáжем**
вѝе	**щя́хте да кáжете**	**ня́маше да кáжете**
тé	**щя́ха да кáжат**	**ня́маше да кáжат**

Exercise 1

Write answers to the following questions.

Example: **Вчéра тѝ напѝса ли писмó?**
– Щя́х да напѝша, но се откáзах.

Did you write a letter yesterday?
– I was about to write one, but changed my mind.

1 Вчéра ти хóди ли на кѝно? – __________ , но се откáзах.
2 Вчéра ти кýпи ли билéти? – __________ , но се откáзах.
3 Пéтър и Гéорги вчéра замѝнаха ли за Вáрна?
– __________ , но се откáзаха.
4 Тѝ донéсе ли бѝра на óбед? – __________ , но се откáзах.
5 Áна и Гéорги, вчéра разхóдихте ли се? – __________ , но се откáзахме.
6 Тѝ поръ́ча ли вéче десéрт? – __________ , но се откáзах.

Exercise 2

Answer the following questions in the negative.

Example: **Тѝ наистина ли щéше да замѝнеш? – Не, ня́маше да замѝна.**

Were you really going to leave?
– No, I wasn't going to leave.

1 Тѝ наистина ли щéше да тръ́гнеш? – Нé, __________ .
2 Тé наистина ли щя́ха да тръ́гнат? – Нé, __________ .
3 Гéорги наистина ли щéше да се обáди? – Нé, __________ .
4 Тя́ наистина ли щéше да излéзе? – Нé, __________ .

5 Момчéта, наистина ли щя́хте да излéзете?
– Нé, _________ .
6 Ни́е наистина ли щя́хме да се вЪрнем? – Нé, _________ .

It takes two to tango – 'one another'

'We look at one another' means that I look at you and you look at me – yes? We have two ways to express such relations (reciprocal, as they are called). You can use the reflexive pronoun in its direct object form (**се**) or its indirect object form (**си**), as appropriate:

Ни́е се оби́чаме.	We love one another.
Ни́е се глéдаме.	We are looking at one another.
Ни́е си пи́шем.	We correspond (write to one another).

For relations that are best expressed with a preposition, the construction **еди́н** (preposition) **дру́г** is used:

Тé седя́ха еди́н до дру́г.
They were sitting next to one another.

Ни́е се шегу́вахме еди́н с дру́г.
We were joking with one another.

Both types may be used in combination:

Ни́е се оби́чаме еди́н дру́г.
We love one another.

Ни́е се глéдаме еди́н дру́г.
We are looking at one another.

Dialogue 2 (Audio 2; 25)

Milena is doing an interview for TV about young people's view of politics. She asks what they would do if they were president for a day.

Милéна: А сегá да насóчим внимáнието си към Балкáните. Каквó би́хте напрáвили, кáк би́хте промени́ли нáшите отношéния с дру́гите страни́, ако бя́хте президéнти на Бългáрия?

Милéна:	Трýдно ми е да си представя, че едúн човéк мóже да влияе върху политúката. Но ако бях президéнт, бúх напрáвил първата крáчка към създáване на едúн балкáнски съюз. Ако бяхме обединéни, сегá щéше да е по-спокóйно.
Девóйка:	А́з съм съглáсна с товá, коéто мúсли тóй. И áз мнóго бúх úскала цéлият Балкáнски полуóстров да се обединú и да няма пóвече войнú. Тъ́жно е, че на еднó тóлкова красúво място като Балкáните се вóдят тóлкова спóрове и войнú.
Милéна:	Но не сú голяма оптимúстка, такá ми се стрýва . . .
Девóйка:	Знáм, че реáлната политúка не é като във фúлмите. Бúх úскала политúците, президéнтите да намéрят óбщ езúк, но се съмнявам, че товá е възмóжно.
Милéна:	Защó? Каквá според тéбе бú билá реáкцията им? Ако им предлóжиш срéща, тé не бúха ли дошлú?
Девóйка:	Мúсля, че президéнтите на останáлите странú бúха постáвили свóите вътрешни проблéми на първо място. Затовá аз бúх постъ́пила по обрáтния нáчин – ако бях президéнт на България, щях да рабóтя за развúтие на нáшата икономика. Ако хóрата са пó-богáти, тé ще úмат пó-добъ́р живóт, ще се чýвстват пó-щастлúви.
Милéна:	Знáчи тú щéше да рабóтиш за еднá богáта странá на Балкáните като модéл за остáналите, такá ли? Но кáк товá ще повлияе на съсéдните странú?
Девóйка:	България щéше да стáне пó-привлекáтелно място, контáктите ни бúха се разширúли. Хóрата ще мóгат да пътýват пóвече, да рабóтят зáедно и да се опознáят взаúмно.
Милéна:	И сегá нúе дóста пътýваме до съсéдните странú. Но товá не нú е променúло мнóго. Затовá аз бúх разчúтал пóвече на политúческите срéщи и óбщи решéния за обединéние.

Vocabulary

вниманиe	attention	**Балкáните** (pl.)	the Balkans
отношéние	relation	**влияя, -яеш/по-**	to influence
политúка	politics, policy	**крáчка**	step

създа́ване	creation, making	**съю́з**	union
обединя́вам/ обединя́, -иш	to unite, join	**война́**	war
тъжен, -жна	sad	**во́дя, -иш**	to lead, carry out
спо́р	quarrel, discussion	**оптими́ст, оптими́стка** (f.)	optimist
стру́ва ми се, че	I think that	**реа́лен, реа́лна**	real, realistic
полити́к	politician	**о́бщ**	common

съмня́вам се (impf. only) — to doubt
поста́вям/поста́вя, -иш — to put, place
въ̀трешен, -шна — interior, internal
постъ̀пвам/постъ̀пя, -иш — to act, take action

разви́тие	development	**иконо́мика**	economy
щастли́в	happy	**така́ ли**	is that so?

съсе́ден, -дна — neighbouring
привлека́телен, -лна — attractive
конта́кт — contact
разширя́вам/разширя́, -и́ш — to expand, widen
опозна́ваме се/опозна́ем се (usually pl.) — to get to know one another
разчи́там (impf. only) — to rely (on **на**)
полити́чески — political

Language point 2

Using бих*-forms*

The participle you learned in order to form the perfect tense (Unit 14, pp. 163–4) comes into good use again here:

а́з би́х ку́пил (said *by* a man)
би́х ку́пила (said *by* a woman)

ти́ би́ ку́пил (said *to* a man)
би ку́пила (said *to* a woman)

то́й би́ ку́пил
тя́ би́ ку́пила

ни́е би́хме ку́пили
ви́е би́хте ку́пили
те́ би́ха ку́пили

These forms are also called the conditional mood, as they describe what you *would* do if a certain condition were true:

Ако бя́х бога́т, би́х ти ку́пил но́ва кола́.
If I were rich, I'd buy you a new car.

The condition does not have to be explicitly expressed, for instance, in a survey one would ask questions like:

Би́хте ли си ку́пили жи́лище с кре́дит?
Would you buy a home on credit?

These forms are often used in polite requests:

Би́хте ли отво́рили прозо́реца?
Could you open the window?

You will find many examples of this in Dialogue 3 below.

Exercise 3

Answer the following questions using the **би́х**-form.

1 Ще ми ку́пиш ли но́ва кола́? – __________ , но ня́мам пари́.
2 Ще хо́диш ли в Пампо́рово за уи́кенда? – __________ , но ня́мам вре́ме.
3 Моми́чета, ще се́днете ли на на́шата ма́са за ма́лко? – __________ , но ня́маме вре́ме.
4 Ге́орги ще хо́ди ли на конфере́нцията? – __________ , но ня́ма вре́ме.
5 Г-н Петро́в, ще опи́тате ли ви́ното? – __________ , но съм с кола́.
6 Момче́тата ще помо́гнат ли? – __________ , но са зае́ти.

Dialogue 3 (Audio 2; 26)

Mary has a problem with her car. Georgi is willing to solve it, but does he manage?

Ме́ри: Момче́та, би́хте ли ми отдели́ли ма́лко вре́ме? Тря́бва ми по́мощ от техни́чески хара́ктер.

Ге́орги: С удово́лствие, Ме́ри, а́з мно́го разби́рам от таки́ва нещá. Са́мо една́ мину́та да свъ́рша с то́зи докуме́нт.

Мéри: Всъщност бú ли слязъл дóлу, на пáркинга пред óфиса. Ѝмам проблéм с колáта, не пáли.

(*At the car park*)

Геóрги: Мéри, мнóго хýбава колá кáраш, но сúгурна ли си, че úмаш бензúн? Да не сú забрáвила да заредúш?

Мéри: Геóрги, щях ли да те безпокоя, ако товá бéше причúната? Заредúх тáзи сýтрин, резервоáрът е почтú пълен.

Геóрги: Добрé. Мéри, бú ли отвóрила капáка на колáта. Ще поглéдна двúгателя.

Мéри: (*Looking at Georgi's efforts*) – Да ти помóгна ли с нéщо?

Геóрги: Влéз в колáта и опúтай да запáлиш сегá!

Мéри: (*Trying to start the car*) – Нé, нúщо не стáва.

Геóрги: Да вúдим захрáнването тогáва. Мéри, ще ми помóгнеш ли? Бú ли ми държáла вратовръзката, да не се изцáпа.

Мéри: Да, разбúра се. Нямаше да те мóля да се занимáваш с товá, но . . .

Геóрги: Мéри, в България всúчки мъжé са родéни технúци! Ще опúташ ли пáк да запáлиш?

Мéри: Нé, не рабóти. Геóрги, мнóго съжалявам, че ти изгýбих врéмето . . . Досегá не съм úмала проблéми. Ще остáвя колáта тýк и ще се приберá с таксú.

Геóрги: Áз съжалявам, че не можáх да ти помóгна. Сегá ще те закáрам вкъщи с мóята колá, а ýтре ще се обáдя в сервúза. Налú знáеш, че всúчко бúх напрáвил за тéбе.

Vocabulary

отдéлям/отделя́, -úш		to set aside, reserve	
технúчески	technical	**харáктер**	character
такъв, такáва, такóва, такúва		such, of such character or kind	
нéщо, нещá	thing, matter	**пáля, -иш**	to ignite
кáрам (impf. only)		to drive	
бензúн		petrol	
зарéждам/заредя́, -úш		to fill, replenish	
резервоáр	tank	**капáк**	lid, bonnet
двúгател, -лят	engine	**запáлвам/запáля**	to ignite

захра́нване	electric supply
вратовръ̀зка	necktie
изца́пвам/изца́пам	to stain
техни́к	mechanic
оста́вям/оста́вя, -иш	to leave behind
приби́рам се/прибера́, -е́ш; -бра́х се	to retire, go home
зака́рвам/зака́рам	drive, give a ride
серви́з	repair shop

Language point 3

Conditions – reality and irreality

'If'-sentences state what happens or applies if a given condition is true. They consist of two parts, one stating the condition and another stating what happens. The Bulgarian word for 'if' is **ако**. In Unit 10 Dialogue 2, Milena was advised in the following way by the dental clinic:

> **Ако бо́лката е мно́го си́лна, вземе́те аналги́н.**
> If you're in strong pain, take some aspirin.

As long as we are dealing with real conditions like this one, the use of **ако** is fairly straightforward. The only unexpected feature is that if you are referring to a condition that will come into force in the future, you would not use the future tense, but the perfective aspect of the present tense:

> **Ако до́йдеш в понеде́лник, мно́го ще се ра́двам да те ви́дя!**
> If you come on Monday, I'll be very happy to see you!

> **Ако ку́пите две́ ри́зи от на́с, ще полу́чите тре́тата без пари́.**
> If you buy two shirts from us, you will get the third one for free.

We sometimes choose to talk about conditions that we know not to be true, and whose result consequently is impossible or unattainable. In the first part of such sentences, Bulgarian uses the imperfect tense: **Ако бя́х бога́т ...** 'If I were rich ...'. For the second part, you have a choice of both the forms we have introduced in this unit: the future in the past or the **би́х**-forms:

> **Ако бя́х бога́т, щя́х да ку́пя но́ва кола́.**
> **Ако бя́х бога́т, би́х ку́пил но́ва кола́.**
> If I were rich, I'd buy a new car.

> **Ако това́ бе́ше причи́ната, не би́х те безпокои́ла.**
> **Ако това́ бе́ше причи́ната, ня́маше да те безпокоя́.**
> If that were the reason, I wouldn't have disturbed you.

Exercise 4

Change the imperatives into more polite **би́х**-constructions.

> *Example*: **Отворе́те прозо́реца! – Би́хте ли отво́рили прозо́реца?**
> Would you open the window?

1 Говоре́те по́-висо́ко! – __________ .
2 Купи́ ми еди́н шокола́д! – __________ .
3 Започне́те отно́во! – __________ .
4 Обади́ ми се у́тре! – __________ .
5 Отговоре́те веднáга! – __________ .
6 Попи́тай сестра́ си! – __________ .
7 Резерви́райте две́ ста́и! – __________ .
8 Седни́ ту́к! – __________ .
9 Слу́шай какво́ ще ти ка́жа! – __________ .

Exercise 5

Express what could have been possible in a different way, transforming the following sentences.

Example: **Ако и́мах пари́, би́х ку́пил по́-ху́баво ви́но.**
If I had money, I'd buy a better wine.
→ **Ако и́мах пари́, щя́х да ку́пя по́-ху́баво ви́но.**

1 Ако и́мах пари́, би́х поръ̀чала и десе́рт.
– Ако и́мах пари, ______________ .
2 Ако и́махме вре́ме, би́хме поръчали и десерт.
– Ако и́махме вре́ме, ______________ .
3 Ако не вале́ше дъ̀жд, би́хме тръ̀гнали ве́че.
– Ако не вале́ше дъ̀жд, ______________ .
4 Ако не бе́ше студе́но, не би́х оста́нала вкъ̀щи.
– Ако не бе́ше студе́но, ______________ .
5 Ако зна́еше ко́лко стру́ва биле́тът, Гео́рги не би́ пъту́вал пъ̀рва кла́са.
– Ако зна́еше ко́лко стру́ва биле́тът, ______________ .
6 Ако магази́нът бе́ше отво́рен, Гео́рги би́ ку́пил плодове́.
– Ако магази́нът бе́ше отво́рен, ______________ .

Exercise 6

Now try the other way round, making the future in the past into **би́х**-constructions.

1 Ако и́мах пари́, щя́хте да пъту́вате пъ̀рва кла́са.
– Ако и́мах пари, ______________ .
2 Ако и́махме вре́ме, щя́хме да оста́нем о́ще еди́н де́н.
– Ако и́махме вре́ме, ______________ .
3 Ако не вале́ше дъ̀жд, ня́маше да оста́на вкъ̀щи.
– Ако не вале́ше дъ̀жд, ______________ .
4 Ако не зна́ех ко́лко си непракти́чен, ня́маше да ти помо́гна.
– Ако не зна́ех ко́лко си непракти́чен, ______________ .
5 Ако не бе́ше студе́но, щя́х да бъ̀да мно́го дово́лна.
– Ако не бе́ше студе́но, ______________ .
6 Ако ба́рът бе́ше отво́рен, Гео́рги ня́маше да седи́ ту́к.
– Ако ба́рът бе́ше отво́рен, ______________ .

16 Изгу́бениият биле́т

The lost ticket

In this unit you will learn how to:

- Construct some more participles
- Use the reported past
- Tell jokes

Dialogue 1 (Audio 2; 28)

Georgi is back from a journey and is greeted by a secretary at the office. What happened to Georgi's ticket during the journey?

Секрета́рката:	Гео́рги, добре́ дошъ́л! Ка́к ми́на пъту́ването?
Гео́рги:	Ка́к ми́на ли? Ами́ голя́мо приключе́ние бе́ше, докато се прибера́.
Секрета́рката:	Да не си́ изпу́снал самоле́та?
Гео́рги:	По́-ло́шо. Ня́ма да повя́рваш – изгу́бих си биле́та, и то́ о́ще на оти́ване за Дъ́блин.
Секрета́рката:	Ка́к успя́! Си́гурно си го изпу́снал ня́къде, в автобу́са от аерога́рата или в ня́кое такси́.
Гео́рги:	Не́, мно́го по́-глу́паво. Кога́то чове́к ня́ма на́вик да проверя́ва неща́та, който му тря́бват, или ако не внима́ва – така́ ста́ва.
Секрета́рката:	Ха́йде, не се́ вълну́вай сега́, а ми разкажи́ какво́ то́чно ста́на.
Гео́рги:	Мно́го е сме́шно. Зна́чи а́з пъту́вах за Дъ́блин през Ло́ндон, а не́ с дире́ктен по́лет. На лети́щето в Со́фия полу́чих бо́рдни ка́рти и места́ и за два́та по́лета. И кога́то излетя́хме от Со́фия, я́вно съм реши́л, че биле́тът по́вече ня́ма да ми тря́бва ... Ко́й знае къде́ съм го

	сло́жил. А́з си ми́слех за това́, коє́то ми предстое́ше, прегле́ждах докуме́нтите, който щя́хме да обсъждаме . . .
Секрета́рката:	Не го́ ли наме́ри то́чно при докуме́нтите, които си че́л в самоле́та?
Гео́рги:	Не́, те́зи докуме́нти взе́х със се́бе си при ка́цането в Ло́ндон, но биле́та го ня́маше сред тя́х. Вероя́тно съм го сло́жил в джо́ба на седа́лката пред ме́не, с ве́стниците и меню́то.
Секрета́рката:	А кога́ разбра́, че биле́та ти го ня́ма?
Гео́рги:	И това́ е мно́го сме́шно. Ма́лко преди́ да ка́цнем в Дъ́блин господи́нът на седа́лката до ме́не запо́чна да си проверя́ва ве́щите – паспо́рт, биле́т, чадъ́р. Реши́х и а́з да ви́дя кое́ къде́ е – и откри́х какво́ ми ли́псва.
Секрета́рката:	И по́сле какво́ – изда́доха ли ти но́в биле́т? Нали те и́маше в спи́съка на пъ́тниците на а́виокомпа́нията?
Гео́рги:	Да́, да́доха ми но́в биле́т, но́ след като си плати́х гло́бата. Така́ че ви́наги внима́вай къде́ е биле́тът ти, кога́то пъту́ваш!

Vocabulary

приключе́ние	adventure
докато́	until
оти́ване	trip out
успя́вам/успе́я, -е́еш; успя́х	to manage to
глу́пав	stupid
вълну́вам се	to worry, be disturbed
сме́шен, -шна	funny, comical
дире́ктен, -тна	direct
по́лет	flight
бо́рдна ка́рта	boarding card
изли́там/излетя́, и́ш; излетя́х	to fly out
я́вен, -вна	obvious
ка́к така́ . . .	what do you mean with . . .
връ́щане	return trip
предстоя́, -и́ш (impf. only)	to be imminent, at hand
обсъждам/обсъ́дя, -иш	to discuss
джо́б	pocket
седа́лка	seat

ка́цам/ка́цна, -еш	to land
ве́щ, вещта́	thing, object, belonging
паспо́рт	passport
чадър	umbrella
ли́псвам (impf. only)	to be lacking
спи́сък	list, register
а́виокомпа́ния	airline
гло́ба	fine, fee
така́ че	so, consequently, thus

Language points 1

More participles

Some **е**-verbs, especially the rather frequent **до́йда** 'to come' and **оти́да** 'to go', have irregular participles. The rest of the **е**-verbs that have a **т** or **д** before the ending will follow **чета́**: **дове́да** – **дове́л** 'to take along', **заве да** – **заве́л** 'to take somewhere'. Also, **е**-verbs that have a **с** or **з** before the ending will follow the pattern of **вля́за**.

Present tense	*Aorist tense*	*Participle*			
		Masc.	*Fem.*	*Neuter*	*Plural*
до́йда	**дойдо́х**	**дошъ́л**	**дошла́**	**дошло́**	**дошли́**
оти́да	**оти́дох**	**оти́шъл/ оти́шел**	**оти́шла**	**оти́шло**	**оти́шли**
чета́	**че́тох**	**че́л**	**че́ла**	**че́ло**	**че́ли**
я́м	**я́дох**	**я́л**	**я́ла**	**я́ло**	**я́ли**
да́м	**да́дох**	**да́л**	**да́ла**	**да́ло**	**да́ли**
донеса́	**доне́сох**	**доне́съл**	**доне́сла**	**доне́сло**	**доне́сли**
вля́за	**вля́зох**	**вля́зъл**	**вля́зла**	**вля́зло**	**вле́зли**

Using тря́бва *in another way*

In Unit 9 you learned to combine the unchanging **тря́бва** with **да**-clauses to express necessity (*see* pp. 105–6). e.g. **тря́бва да оти́да**

'I must go'. There is also a plain **а**-verb **тря́бвам** that expresses necessity, but in a different way: the thing or things you need become the subject of the sentence, and the person experiencing the need is expressed with an indirect object:

Та́зи кни́га ми тря́бва.
I need this book.

Те́зи докуме́нти му тря́бваха.
He needed these documents.

Exercise 1

Answer the following questions, and note especially how the perfect tense is used in the negative answers.

Example: **Гео́рги зами́на ли?**
– Не е́ зами́нал още, но Миле́на зами́на вче́ра.

1 Миле́на и А́на зами́наха ли? – Не _____ о́ще, но́ Пе́тър _____ вче́ра.
2 Пе́тър доне́се ли ви́но? – Не _____ о́ще, но́ Гео́рги _____ вче́ра.
3 Го́стите вля́зоха ли в рестора́нта? – Не _____ о́ще, но́ ше́фът _____ преди ма́лко.
4 А́на оти́де ли на зъболе́кар? – Не _____ о́ще, но́ Гео́рги _____ та́зи су́трин.
5 Го́стите дойдо́ха ли? – Не _____ о́ще, но́ ше́фът _____ преди ма́лко.
6 Момче́та, доне́сохте ли ви́но? – Не _____ о́ще, но́ Гео́рги _____ вче́ра.
7 Госпо́жо Ми́лър, я́дохте ли шо́пска сала́та? – Не _____ о́ще, но́ мъжъ́т ми _____ вче́ра.

Exercise 2

This exercise has object pronouns for added complexity. Have another look at 'Word order in the perfect tense' in Unit 14 (pp. 172–3) before you start.

Example: **А́на да́де ли би́рите на момче́тата?**
– Не и́м ги е да́ла още.

1 А́на доне́се ли ви́ното? – Не ________ о́ще.
2 Пе́тър дове́де ли го́стите? – Не ________ о́ще.

3 Момчéта, изя́дохте ли я́бълките? – Не _______ óще.
4 Áна дáде ли билéта на Жóро? – Не _______ óще.
5 Милéна, тú дáде ли билéтите на колéгите? – Не _______ óще.
6 Пéтър и Геóрги завéдоха ли гóста на теáтър? – Не _______ óще.
7 Жóро, Áна донéсе ли ти вúното? – Не _______ óще.
8 Жóро, тú прочéте ли писмóто? – Не _______ óще.

Dialogue 2 (Audio 2; 29)

Georgi's mishap becomes the talk of the office. Two other secretaries, Albena and Lyuba, have heard the story.

Албéна: Знáеш ли, Геóрги пáк úмал голя́мо приключéние по врéме на пътýването до Дъ́блин. Изгýбил си билéта. За втóри пъ́т му се слýчва тази годúна.

Лю́ба: Мнóго разсéян човéк. Úли е влю́бен, úли . . . Разкажú ми, мнóго съм любопúтна каквó му се е слýчило.

Албéна: Тóй пътýвал за Дъ́блин със смя́на на самолéта в Лóндон. На летúщето в Сóфия полýчил бóрдни кáрти и местá и за двáта пóлета. И след товá пóвече не видя́л билéта си.

Лю́ба: Ня́къде го е изпýснал, налú? Не вя́рвам ня́кой да му го е открáднал.

Албéна: По врéме на пъ́рвия пóлет четя́л докумéнти и разглéждал вéстници. Взéл си докумéнтите, а билéта вероя́тно е слóжил в джóба на седáлката пред сéбе си, зáедно с вéстниците.

Лю́ба: А когá разбрáл, че билéта му го ня́ма?

Албéна: Тóй ми кáза, че мáлко предú да кáцне самолéтът господúнът на седáлката до нéго запóчнал да си проверя́ва вéщите – паспóрт, билéт, чадъ́р. Решúл и тóй да вúди коé къдé е – и открúл каквó му лúпсва.

Лю́ба: И пóсле каквó? Сúгурно са му издáли му нóв билéт. Налú го е úмало в спúсъка на пъ́тниците на áвиокомпáнията?

Албéна: Дá, полýчил нóв билéт, нó след като платúл глóба.

Лю́ба: Нúщо нóво – налú знáем какъ́в е Геóрги! Шéфът тря́бва да му забранú да пътýва сáм.

Vocabulary

разсе́ян	distracted
влю́бен	in love, infatuated
забраня́вам/забраня́	to forbid

Language point 2

Reported forms: truth or hearsay?

This is a unique feature of Bulgarian: whenever you report a fact or an event, you have to mark your statement either as conveying something you can vouch for (usually by knowing it from first-hand experience), or as retelling something you know from second-hand information. Your choice of verb form will do this.

Almost all the verb forms you have learned so far will implicitly characterise what you report as something you have witnessed yourself. We will now have a look at the verb forms that imply that you are retelling what others have told you.

In principle, all Bulgarian tenses have special forms for the reported feature. For natural reasons, they are mostly used when reporting past events, so let us have a look at the reported forms for the aorist past:

	Aorist direct forms	*Aorist reported forms*
а́з	**ка́зах**	**ка́зал съм**
ти́	**ка́за**	**ка́зал си/ка́зала си**
то́й	**ка́за**	**ка́зал**
тя́	**ка́за**	**ка́зала**
то́	**ка́за**	**ка́зало**
ни́е	**ка́захме**	**ка́зали сме**
ви́е	**ка́захте**	**ка́зали сте**
те́	**ка́заха**	**ка́зали**

You will notice that the forms are identical to the forms of the perfect tense (Unit 14, pp. 163–5), with the exception of the **то́й/тя́/то́** and **те́** forms (third person singular and plural), which lack the **е/са** of the perfect. These are also the forms you are most likely to use for retelling – you will rarely need or want to tell what others say about you or your conversation partner(s), as you are usually in a better situation to report such things yourself.

The use of reported forms does not extend to **да**-constructions. When Albena says **Реши́л и то́й да ви́ди кое́ къде́ е** 'He too decided (reported) to see (non-reported) where things were', only the main verb **реши́л** is used in the reported form.

Exercise 3

Assume for a moment that Mary could be as disorganised as Georgi. Put the verbs in brackets into reported forms (as in Dialogue 2).

> По вре́ме на пъту́ването до Дъ̀блин Мери (изгу́бя) биле́та си. Тя́ (пъту́вам) за Дъ̀блин със смя́на на самоле́та в Ло́ндон. На лети́щето в Со́фия (полу́ча) бо́рдни ка́рти и места́ и за два́та по́лета. По вре́ме на пъ̀рвия по́лет (чета́) докуме́нти и (разгле́ждам) ве́стници. (взе́ма) докуме́нтите, а биле́та вероя́тно (сло́жа) в джо́ба на седа́лката пред се́бе си, за́едно с ве́стниците. (полу́ча) но́в биле́т, но́ след като (платя́) гло́ба.

Exercise 4

Change the aorist tense forms (underlined) in the following text to the corresponding reported forms.

> Вче́ра Миле́на ста́на в 7 ч. Заку́си с кафе́, си́рене и хля́б и по́сле тръ̀гна за ра́бота. Сле́зе от трамва́я при библиоте́ката и си ку́пи ве́стник. В о́фиса се сре́щна с клие́нти и напи́са ня́колко писма́. На о́бед оти́де до бли́зкия рестора́нт за́едно с една́ коле́жка. Я́доха сала́та и омле́т и пи́ха минера́лна вода́. Въ̀рнаха се на ра́бота към 3 ч.

Dialogue 3 (Audio 2; 31)

Petar and Georgi are reading their papers again. Georgi wants to share a joke from the paper with Petar. Has Petar heard it before?

Гео́рги: Е́й, слу́шай какъ̀в ви́ц са публику́вали в дне́шния ве́стник.

Пе́тър: Або́, си́гурно го зна́м, но ако и́скаш, чети́.

Гео́рги: (*Reads*) Два́ма пока́нили сво́я прия́тел на купо́н. Предупреди́ли го, че та́м ще се разка́зват ви́цове през ця́лото вре́ме. Оти́шли на купо́на и пъ́рвият, ко́йто тря́бвало да разка́же ви́ц, ка́зал са́мо „143!" и всички запо́чнали да се преви́ват от смя́х. Сле́дващият ка́зал „85!" и всички отно́во се сме́ли. Но́вият го́ст попи́тал: „Защо́ ка́зват са́мо номера́?" – „Ами́ ни́е и́маме спи́сък с ви́цовете, номери́рали сме ги и е доста́тъчно са́мо да ка́зваме номера́та." „237!" чу́ло се тога́ва от дру́г, но ни́кой не реаги́рал. „Защо́ не се смея́т?" попи́тал но́вият го́ст. „То́зи ви́ц е мно́го ста́р, слу́шали сме го ве́че."

Пе́тър: Ти на това́ сме́шен ви́ц ли му ка́зваш! Ужа́сно тъп е, изо́бщо не е́ сме́шен. И непра́вилно го пи́шат. Е́то ка́к тря́бва да бъ́де: „Сре́ща Ива́н сво́я прия́тел Филаре́т, не са́ се ви́ждали от до́ста вре́ме. „Здраве́й, здра́сти, ка́к си . . ." Филаре́т оти́ва да се ви́ди с ня́какви прия́тели, ка́ни и Ива́н. Но го предупрежда́ва, че те́ са голе́ми люби́тели на ви́цовете и зна́ят то́лкова мно́го, че са ги номери́рали. На купо́на действи́телно разка́зват ви́цове с номера́. „234!" ка́зва еди́н, и всички уми́рат от смя́х. „43!" ка́зва дру́г, отно́во голя́м смя́х. Ива́н реша́ва и то́й да се опи́та и ка́зва „498!". Сле́два мълча́ние. „Какво́, ня́ма ли такъ́в ви́ц?" пи́та Ива́н. „И́ма," ка́зва Филаре́т, „и е мно́го сме́шен, са́мо че ти́ не го́ разка́зваш добре́.""

Vocabulary

ви́ц joke
преви́вам се to bend over
сме́я се, **-е́еш се**; **смя́х се** (impf. only) to laugh
номери́рам to number
непра́вилен, **-лна** wrong, incorrect,
здра́сти hello
люби́тел amateur, enthusiast
де́йствително really, in fact
уми́рам/умра́, **е́ш**; **умря́х** to die
мълча́ние silence
публику́вам to publish
смя́х, **смехъ́т** laughter
тъп silly

Language point 3

Reported forms: degrees of commitment

There are a few tenses that are neutral in respect to vouching for truth or 'reportedness', most notably the perfect tense and the present tense. When talking about Georgi's ticket in Dialogue 1, his secretary says: **Си́гурно си го изпу́снал ня́къде** 'Surely you have dropped it somewhere' – an assumption on her part. It is not something she has witnessed and can vouch for, so she cannot use the plain aorist, but neither is it something she has been told, so the reported aorist is also out of the question; so the perfect is the remaining choice. However, for retelling a chain of events from the past, the perfect tense is not an option – it is too static and does not create the idea of a chain of events.

If you want to avoid the commitment of the plain aorist and the difficulty of the aorist reported, there is the alternative of using the present tense, which is called the historical present when used for this purpose. The joke that Georgi reads out from the paper in Dialogue 3 is in the aorist reported, but when Petar tells his own version of it, he chooses the historical present.

In newspapers, you will often see that the main fact of the news story is given in the aorist past, while details of what happened may be given in the reported aorist (unless it is a story 'by our own correspondent'). The reading passage at the end of this unit will show you some examples of this.

Exercise 5

The following jokes are told in the aorist reported. Change the verbs (underlined) into the present tense – and remember that you may have to change the aspect as well.

Example: **Решáват гóрските живóтни да . . .**
The animals in the forest decide to . . .

If there are words you don't know, look them up in the glossary at the back of this book.

1 Реши́ли гóрските живóтни да си пи́йнат и изпрáтили стонóжката да им кýпи вóдка от ресторáнта. Чáкали я ця́л дéн. Тя́ дошлá чáк вечертá.

– Защó се забави́ тóлкова? – попи́тали я вси́чки.

– Ами́ на вратáта на ресторáнта и́маше табéла: „Изтри́вайте си кракáта!"

2 Сънýвал еди́н мъж сън, пари́, мнóооого пари́. И числóто 6. Стáнал сутринтá в 6 часá и 6 минýти, пови́кал си такси́ нóмер 6, плати́л му 6 лéва и 66 стоти́нки. Оти́шъл на хиподрýма на кáса нóмер 6 и залóжил на кóн нóмер 6 – 6666 лв.

И каквó? – Кóнят присти́гнал шéсти.

Exercise 6

The following jokes are told in the historical present. Change them into aorist reported.

Example: **Шотлáндец закъсня́л за рáбота . . .**
A Scot was late for work . . .

1 Шотлáндец закъсня́ва за рáбота и шéфът му и́ска обяснéние. Тóй обясня́ва:

– Сти́снах пó-си́лно пáстата за зъ́би и изгýбих полови́н чáс, докато я вкáрам обрáтно!

2 Еди́н ко́н <u>вли́за</u> в ба́р и си <u>поръ́чва</u> една́ би́ра. Ба́рманът му я <u>серви́ра</u>. Ко́нят я <u>изпи́ва</u> и <u>тръ́гва</u>. Еди́н от клие́нтите <u>пи́та</u> ба́рмана:

– Не се́ ли чу́диш защо́ то́зи ко́н пи́е би́ра?

– Абсолю́тно, то́й обикнове́но пи́е уи́ски!

Reading passage

Катастро́фи 'Road accidents'

Камио́н поме́те е́лстълб

Камио́н се блъ́сна в е́лстълб в се́ло У́шинци, след като шофьо́рът му на́й-вероя́тно е заспа́л зад вола́на. Шофьо́рът е с ле́ки нараня́вания, ня́ма опа́сност за живо́та му.

Камио́нът поме́л стъ́лба и повля́къл жи́ците с висо́ко напреже́ние. Не се́ е получи́ло къ́со съедине́ние. Катастро́фата оста́ви за ня́колко ча́са се́лото без то́к.

Ста́рец прега́зи крака́ на момче́

80-годи́шният шофьо́р Г. Н. уда́ри с кола́та си дете́ на у́лицата в се́ло Пи́сарово. Дя́дото ми́нал през крака́ на 9-годи́шното момче́, кое́то стоя́ло кра́й пътя. С раздро́бен ля́в кра́к ма́лкият е прие́т в бо́лницата без опа́сност за живо́та.

Vocabulary

камио́н	lorry
поми́там/помета́, -е́ш; -ме́тох	to sweep away
е́лстълб = електри́чески стъ́лб	electricity pylon
шофьо́р	driver
заспи́вам/заспя́, -и́ш; -спа́х	to fall asleep
вола́н	(steering) wheel
нараня́ване	injury
опа́сност (f.)	danger
повли́чам/повлека́, -влече́ш; -вля́кох	to drag away
жи́ца	wire
висо́ко напреже́ние	high voltage

получа́ва се/полу́чи се (3rd pers. only)	to come about, happen
къ́со съедине́ние	short circuit
то́к	(electric) current
ста́рец, **ста́рци**	old man
xx-**годи́шен**	*xx*-year-old
уда́рям/уда́ря, **-иш**	to hit
дя́до	grandfather
раздро́бен	smashed

17 Ка́к прека́рах ля́тната ва́канция

How I spent my summer holiday

In this unit you will learn how to:

- Use the pluperfect
- Understand the interplay of verb tenses
- Express disbelief

Dialogue 1 (Audio 2; 32)

Office talk: Albena and Lyuba are discussing their respective holidays. Lyuba made a change in her holiday plans – why?

Албе́на: Здраве́й, Лю́ба! Личи́ си ко́й е би́л в о́тпуска . . .
Лю́ба: Така́ ли? По какво́?
Албе́на: Изгле́ждаш споко́йна и све́жа. Тря́бва да ти призна́я, че преди две́ се́дмици бе́ше до́ста не́рвна.
Лю́ба: Почи́нах си мно́го добре́. А като си поми́сля, че не и́сках да хо́дим на планина́ . . .
Албе́на: Ама́ ви́е на планина́ ли бя́хте? Ми́слех, че ще почи́вате в Несе́бър, както обикнове́но.
Лю́ба: Така́ ми́слехме преди ме́сец – да́же бя́хме резерви́рали кварти́ра. Но еди́н прия́тел ни предло́жи не́що дру́го.
Албе́на: Да оти́дете на хи́жа за́едно, да пра́вите пре́ходи в планина́та, да спи́те на пала́тка?
Лю́ба: Не́, ни́що подо́бно. Това́ с пала́тките щя́хме да го напра́вим, ако бя́хме все о́ще студе́нти. Еди́н прия́тел и́ма ма́лък хоте́л бли́зо до Са́моков. Щя́хме да му

	госту́ваме преди ня́колко ме́сеца, но през зи́мния сезо́н то́й и́маше мно́го го́сти. Сега́ сезо́нът ве́че бе́ше ми́нал, и́маше свобо́дни ста́и, то́й ни пока́ни отно́во и ни́е прие́хме. Реши́хме да оти́дем за де́н-два́, на пъ́т за море́то, но то́лкова ни харе́са, че оста́нахме.
Албе́на:	На планина́ през ля́тото – не е́ ли ску́чно? Осве́н това́ сте били́ в едно́ ма́лко градче́, без рестора́нти, без развлече́ния.
Лю́ба:	Нали́ почи́вката е в това́ да пра́виш не́що разли́чно? Деня́т ни запо́чваше без шума́ на автобу́си и коли́, без часо́вници и гра́фици. Плани́рахме са́мо къде́ ще се разхо́ждаме из планина́та. Чи́ст въ́здух, тишина́, всѝчко е зеле́но . . . И разби́ра се, бя́хме взе́ли кни́ги за че́тене.
Албе́на:	Все́ки ден разхо́дки – едно́ и съ́що.
Лю́ба:	Не го́ прие́май буква́лно. Хо́дихме за гъ́би, лови́хме ри́ба на река́та, наме́рихме дори́ едно́ мя́сто за плу́ване та́м.
Албе́на:	Е́, все́ па́к море́то ви е ли́псвало, щом сте тъ́рсили мя́сто за плу́ване . . .

Vocabulary

личѝ си (impf., 3rd pers. only)	it tells, one can tell
о́тпуска	holiday, vacation
призна́вам/призна́я, -а́еш; -зна́х	to admit
не́рвен, -вна	irritable, moody
квартѝра	lodgings, apartment
пре́ход	hike, walk
пала́тка	tent
подо́бен, -бна	similar
нѝщо подо́бно	nothing of the kind
госту́вам (impf. only) **на ня́кого**	to visit somebody
зѝмен, -мна relating to	**зѝма** winter
море́ sea, ocean	**градче́** town, small town
развлече́ние	entertainment, diversion
почѝвка	holiday, rest, break
шу́м, шумъ́т	noise
часо́вник, часо́вници (pl.)	watch, clock
чѝст clean	**буква́лно** literally
ловя́, -ѝш/за-	to fish, hunt for, catch
плу́ване	swimming
лѝпсва ми не́що (impf., 3rd pers. only)	to miss something

Language points 1

The pluperfect tense

This tense uses the same participle as the perfect tense, but uses the past tense of **съм** 'to be' as an auxiliary verb:

а́з бя́х ка́зал	I had said
тѝ бе́ше/бе́ ка́зал	you (sing.) had said
то́й/тя́/то́ бе́ше/бе́ ка́зало	he/she/it had said
нѝе бя́хме ка́зали	we had said
вѝе бя́хте ка́зали	you (pl.) had said
те́ бя́ха ка́зали	they had said

Its use does not differ much from the use of the pluperfect in English – it is used when you talk about events in the past and need to refer to some event that preceded these past events:

Така́ ми́слехме преди ме́сец – да́же бя́хме резерви́рали кварти́ра.
That's what we thought a month ago – we had even reserved an apartment.

Using почи́вам/почи́на

A word of caution about this verb, which usually means 'to rest': the past tenses of the perfective **почи́на** are often used as a euphemism for 'to die': **То́й почи́на през 1953 г** 'He died in 1953'. For that reason, the variant **почи́вам си/почи́на си** may be used to express the regular meaning 'to rest' in the past: **То́й си почи́на не по́вече от ча́с и тръгна** 'He rested less than an hour and left'.

Exercise 1

Complete the following sentences.

Example: **Миле́на изли́за ра́но. Кога́то я потърсих, тя́ бе́ше изля́зла.**
Milena leaves early. When I looked for her, she had left.

1 Ру́мен изли́за ра́но. Кога́то ___________ .
2 Секрета́рките изли́зат ра́но. Кога́то ___________ .
3 Г-жа Уайт, ви́е изли́зате ра́но. Кога́то ___________ .
4 Ти изли́заш ра́но. Кога́то ___________ .
5 Ме́ри оти́ва на ра́бота ра́но. Кога́то ___________ .
6 Момче́та, ви́е оти́вате на ра́бота ра́но. Кога́то ___________ .
7 Георги се връща вкъщи ра́но. Кога́то ___________ .
8 Ти́ се връщаш вкъщи ра́но. Кога́то ___________ .

Exercise 2

Answer the following questions in the way shown.

Example: **Ку́пи ли хля́б? – Не́, не съм и вче́ра не бя́х ку́пил.**
Did you buy bread? – No, I didn't (lit. 'haven't'), and I didn't buy any (lit. 'hadn't bought') yesterday either.

1 Деца́, ку́пихте ли хля́б? – Не́, ___________ .
2 Ме́ри, ку́пи ли ве́стник „Тру́д"? – Не́, ___________ .

3 Секретáрката порѣча ли сáндвичи? – Нé, ____________ .
4 Геóрги отговóри ли на писмáта? – Нé, ____________ .
5 Tú порѣча ли пúца за вечéря? – Нé, ____________ .
6 Г-н Пéтров, вúе кýпихте ли хляб? – Нé, ____________ .

Overview of tenses (1)

'The verb is the elephant of Bulgarian grammar', a Bulgarian linguist once said. There are many tenses and other categories to keep track of, and we will give you a brief summary of them here. For each tense, we'll take into account how the two aspects are used.

- The present tense is, not surprisingly, used for present events. There are no systematic means to differentiate what you do habitually from what you happen to be doing at the moment, as in 'I speak' as opposed to 'I am speaking':

  Говóря бѣлгарски.
  I speak Bulgarian.

  В момéнта говóря с Áна.
  I am talking to Ana at the moment.

- Normally, the imperfective aspect is used for the present tense. In **да**-clauses (Unit 6, pp. 64–5), however, either aspect may be used. You should normally use the perfective for something that will happen once, and the imperfective for something that will happen many times:

  Мнóго дѣлго чáках да се обáдиш.
  I waited a long time for you to call.

  Кýпих си мобифóн, за да се обáждам на свóите бѣлгарски приятели.
  I bought a cellphone in order to call my Bulgarian friends.

- In clauses introduced by **когáто** 'when', **катó** 'when', 'as', **щом** 'as soon as', **ако** 'if', **слéд като** 'after', and **предú да** 'before', we use the perfective present to refer to an event that will happen in the future.

  Когáто дóйдеш във Варна, не забрáвяй да ми се обáдиш!
  When you come to Varna, don't forget to call me!

Като́ изле́зете на то́зи пъ́т, тръгне́те наля́во.
When you exit on to this road, turn left.

Тръгне́те по та́зи у́лица и зави́йте наля́во ведна́га щом ми́нете ки́ното.
Go along this street and turn left as soon as you pass the cinema.

Ако присти́гнете преди́ де́вет часа́, ще успе́ете да вече́ряте.
If you arrive before eight o'clock, you'll be in time for supper.

- In the future tense the same rule applies as for **да**-clauses: once/perfective; many times/imperfective:

От 1 септе́мври то́зи вла́к ще присти́га в Бурга́с в 7.30 ч.
From 1 September this train will arrive in Burgas at 7.30.

Го́стите ще присти́гнат в Со́фия дне́с следо́бед.
The guests will arrive in Sofia this afternoon.

Exercise 3

Answer the questions below, following the example.

Example: **Йскаш ли да заку́сиш?**
– Да́, но преди да заку́ся, и́скам да погово́ря с Пе́тър.

Do you want to have breakfast?
– Yes, but before I have breakfast, I want to have a word with Petar.

1 Йскаш ли да се́днеш? – Да́, но ____________ .
2 Йскаш ли да зами́неш? – Да́, но ____________ .
3 Моми́чета, и́скате ли да се́днете? – Да́, но ____________ .
4 Г-жа Уа́йт, и́скате ли да се́днете? – Да́, но ____________ .
5 Йскаш ли да се въ́рнеш? – Да́, но ____________ .
6 Йскаш ли да изле́зеш? – Да́, но ____________ .
7 Миле́на и́ска ли да оти́де? – Да́, но ____________ .

Exercise 4

Complete the sentences below, following the pattern shown in the example.

Example: **А́з заку́свам. Като заку́ся, оти́вам на ра́бота.**
I'm having breakfast. When I'm done, I go to work.

1 А́з се връ́щам. Като _____ , ся́дам пред телеви́зора.
2 Ни́е изли́заме. Като _____ , оти́ваме на ра́бота.
3 Гео́рги се връ́ща. Като _____ , ся́да пред телеви́зора.
4 Ти́ тръ́гваш. Като _____ , ви́наги забра́вяш ча́нтата си.
5 Момче́тата ся́дат. Като _____ , запо́чват да чета́т.
6 Ви́е заку́свате. Като _____ , оти́вате на ра́бота.

Dialogue 2 (Audio 2; 33)

Georgi is back from his summer holiday, and so is his co-worker Roumen. How does Roumen's holiday compare with Georgi's?

Ру́мен: Ха́йде, кра́йно вре́ме бе́ше да се въ́рнеш от почи́вка! Ту́к ра́ботата не върве́ше без те́бе.

Гео́рги: Сти́га с те́зи шеги́, вси́чко е било́ норма́лно, си́гурен съм.

Ру́мен: Ка́к ми́на о́тпуската? И́ма ли не́що, с което́ да се похва́лиш – интере́сни сни́мки, ня́коя риба́рска исто́рия? А мо́же би дру́га исто́рия – за ня́коя руса́лка край море́то . . .

Гео́рги: Мо́ля ти се, какво́ гово́риш, а́з бя́х на почи́вка със семе́йството си. От една́ туристи́ческа аге́нция ми напра́виха страхо́тна офе́рта – 10 дни́ на море́ в компле́кс „Не́птун", пъ́лен пансио́н в хо́тел 3 звезди́ и вси́чко това́ за мно́го приемли́ва су́ма. За дете́то и́маше отстъ́пка 50 на сто́.

Ру́мен: Късметли́я си би́л. А́з пoха́рчих ку́п пари́ за една́ се́дмица и жена́ ми па́к оста́на недово́лна.

Гео́рги: А́, та́зи годи́на се постара́х да зара́двам жена́та. Хоте́лът бе́ше на 30 ме́тра от пла́жа. На после́дния ета́ж и́маше голя́ма тера́са с басе́йн, разби́ра се – и ба́р сред па́лми и дру́ги екзоти́чни расте́ния. Жена́ ми по ця́л де́н се пече́ше, а а́з прека́рвах по́вече вре́ме на ся́нка, под па́лмите . . .

Ру́мен: Ка́за, че почи́вката била́ семе́йна. Дъщеря́ ти с ва́с ли бе́ше?

Гео́рги: Да́, и ведна́га си наме́ри приятелки. За ра́злика от дру́ги места́, на който сме хо́дили, ту́к и́маше мно́го деца́. И́маше ня́колко ду́ши, който постоя́нно се гри́жеха за деца́та, така́ че роди́телите мо́жеха да са споко́йни и найстина да си почи́ват.

Ру́мен: Ама́ ви́е сте се забавля́вали мно́го. Да́й ми адре́са на та́зи туристи́ческа аге́нция! Защо́то ни́е про́сто оти́дохме в същия хоте́л, ка́кто вся́ка годи́на – и ня́маше ни́какви изнена́ди, ни́то прия́тни, ни́то неприя́тни.

Vocabulary

вървя́		(here) to get along, run smoothly	
сти́га с те́зи ше́ги		enough of these jokes	
норма́лен		ordinary, regular; normal	
хва́ля, **-иш се/по- с не́що**		to boast of something	
риба́р	fisherman	**риба́рски**	fisherman's
руса́лка		mermaid	
туристи́ческа аге́нция		travel agency	
звезда́	star	**пъ́лен пансио́н**	full board
приемли́в	acceptable	**су́ма**	sum
отстъ́пка	price reduction	**късметли́я**	lucky fellow
ха́рча, **-иш/по-**	to spend	**ку́п**	bunch, pile
недово́лен, **-лна**		dissatisfied	
стара́я, **-еш**; **-ра́х се/по-**		to make an effort	
пла́ж	beach	**па́лма**	palm tree
расте́ние	plant	**ся́нка**, **се́нки**	shadow
семе́ен, **-е́йна**		relating to family	
гри́жа, **-иш се/по- за ня́кого/не́що**		to take care of somebody/something	
забавля́вам се	to have fun	**неприя́тен**, **-тна**	unpleasant

Language points 2

Percentages

Although Bulgarian has the word **проце́нт** 'percent', the phrase **на сто́** is more common. The figure '40%' may thus be read either as **чети́рийсет проце́нта** or **чети́рийсет на сто́**.

Overview of tenses (2)

To summarise what we said about how to use the past in Unit 13 (pp. 153–4 – have a look at the examples there again): aorists are usually perfective and convey events in sequence; imperfects are usually of imperfective aspect and describe states or ongoing processes. But the converse combinations, imperfective aorists and perfective imperfects are also possible, though not very frequent. We should just mention that with some verbs of motion, the imperfective aorist conveys the idea of movement to a place and back again:

> **Гео́рги дойде́ вче́ра.**
> Georgi came yesterday (and he is still here).
>
> **Гео́рги идва́ вче́ра.**
> Georgi came yesterday (and left again).

Like the future tense, the perfect and the pluperfect tend to use the perfective aspect for events that happened a single time and the imperfect for events that have been repeated in the past.

> **Те́ ви́наги са ме ка́нили. Но та́зи годи́на са пока́нили дру́г програми́ст.**
> They have always invited [imperfect perfect] me. But this year they invited [perfective perfect] another programmer.

Exercise 5

Translate the following text into Bulgarian.

> This year I spent my holiday at Varna. I had made a reservation at a good hotel close to the beach. I had decided to travel by train to Varna, but later I understood that it would be faster to travel by bus. When I arrived at Varna, the sun was shining and a light wind was blowing. I took a taxi to the hotel, which was situated four kilometres from the town. I had supper in the restaurant and after that slept until 8 o'clock the next day.

Dialogue 3 (Audio 2; 34)

Mary is a guest at Bobby Filaretov's talk show on television and is greeted by Bobby and his assistant Todor.

Бо́би: До́бър ве́чер, дра́ги зри́тели! След ля́тната вака́нция се завръ́щаме при ва́с – почерне́ли, напълне́ли, заредени с но́ви исто́рии.

То́дор: Да́, море́то, пла́жовете, бри́зът, пъ́рженaта ри́ба . . . Но сти́га рома́нтика и спо́мени! Ве́че сме на ра́бота.

Бо́би: Дра́ги зри́тели, си́гурно с нетърпе́ние оча́квате да ви предста́вя мо́я го́ст дне́с. През ле́тните ме́сеци мно́го чужденци́ и́дват у на́с. Кога́то насту́пи на́й-голя́мата же́га, те́ всé така́ неумо́рно сни́мат красоти́те на Бълга́рия. Ле́сно ще ги позна́ете откъдé са – по това́ дали́ но́сят туристи́чески спраўо́чник на англи́йски, не́мски, фре́нски . . . Но мо́ята го́стенка не е́ от тя́х. Тя опроверга́ва твърде́нието, че чужденци́те били́ са́мо люби́тели на екзо́тиката. Тя́ не потвържда́ва оча́кването, че бъ́лгарският ези́к би́л мно́го тру́ден и че чужденци́те ви́наги гово́рели с акце́нт.

То́дор: Предста́вяте ли си – тя́ дори́ мо́же да ка́же без пробле́ми „Мъжъ́т на ъ́гъла държи́ триъ́гълник"! Кога́то подго́твяхме шо́уто, аз ли́чно провери́х! Като си поми́сля, че съм у́чил англи́йски пе́т годи́ни, а гово́ря то́лкова ло́шо . . .

Бо́би: Не съм пока́нил та́зи да́ма заради́ чуде́сния бъ́лгарски ези́к, ко́йто тя́ гово́ри. Пока́нил съм я, защо́то тя́ спече́ли награ́дата за на́й-добъ́р мла́д би́знес консулта́нт от чужби́на. За ме́не е удово́лствие да ви предста́вя Ме́ри Уа́йт!

Ме́ри: Здраве́й, Бо́би, ра́двам се да се ви́дим. То́доре, защо́ стои́ш в ъ́гъла като пъдпъдъ́к? Ще напра́вим о́ще еди́н ези́ков те́ст, щом свъ́рши преда́ването, нали́? Но то́зи пъ́т по англи́йски . . .

Бо́би: Ме́ри, в мо́ето шо́у са госту́вали мно́го хо́ра на би́знеса, но да ти призна́я, ма́лко от тя́х са проявя́вали тако́ва чу́вство за ху́мор като те́бе.

Ме́ри: É, Бо́би, би́знес консулта́нтите не са́ са́мо ску́чни хо́ра, ко́йто ми́слят за ра́бота.

Бо́би: Не́ка да запо́чнем с на́й-традицио́нния въпро́с за един чужденец – как реши́ да до́йдеш в Бълга́рия?

Ме́ри: Тря́бва да ти призна́я, че реше́нието не бе́ше мо́е. Мо́ите ше́фове ме избра́ха, кога́то фи́рмата, в коя́то рабо́тя в А́нглия, спече́ли конку́рса за консулта́нти.

Бо́би: Добъ́р и́збор са напра́вили.

Ме́ри: Благодаря́ ти. А́з и́мах изве́стен о́пит с подо́бни програ́ми в чужби́на и за Бълга́рия запо́чнах да се подго́твям мно́го стара́телно. Пъ́рво – интензи́вен ези́ков ку́рс, след това́ – запозна́ване с исто́рията и тради́циите на страна́та ви. Ви́наги е по́-добре́, кога́то позна́ваш мя́стото, на кое́то оти́ваш.

Бо́би: Не си́ и́скала да се чу́встваш като чужденка́ ту́к.

Ме́ри: Да, ви́наги е по́-добре́, кога́то позна́ваш мя́стото, на кое́то оти́ваш. Сега́, след де́сет ме́сеца ту́к, би́х ка́зала, че за мо́ите прия́тели в А́нглия ве́че съм ста́нала експе́рт по Бълга́рия. Оста́ва са́мо да се нау́ча да пе́я бъ́лгарски наро́дни пе́сни . . .

Бо́би: И́скаш ли о́ще сега́ да запо́чнем с пъ́рвия уро́к по пе́ене? Мае́стро, му́зика!

Vocabulary

дра́г		dear	
зри́тел, **зри́телят**		viewer	
завръ́щам се/завъ́рна, **-е́ш се**		to return	
почерня́л, **-е́ли**		tanned	
напълня́л, **е́ли**		having gained weight	
пъ́ржен	fried	**нетърпе́ние**	impatience
чужденец, **чужденци́** (pl.)		foreigner, **чужденци́** (f.)	
настъ́пвам/настъ́пя, **-иш** (mostly 3rd pers.)		to come, set in	
же́га	heat	**неумо́рно**	tirelessly
сни́мам/сне́ма, **-е́меш**; **сне́х**		to photograph	
справо́чник		handbook, guidebook	
опроверга́вам/опроверга́я, **а́еш**; **-а́х**		to refute	
твърде́ние	claim	**акце́нт**	accent
предста́вям си/преста́вя, **-иш си**		to imagine	
триъ́гълник	triangle	**ли́чно**	personally
спече́лвам/спече́ля, **-иш**		to win	
конку́рс	contest	**пъдпъдъ́к**	quail

ези́ков те́ст		language test	
преда́ване		broadcast, radio/televison programme	
призна́вам/призна́я, а́еш, -зна́х		to admit	
проявя́вам/проявя́, -и́ш		to show, display, manifest	
чу́вство	sense, feeling	**изве́стен**	(here) a certain
подо́бен, -бна	similar	**стара́телно**	diligently
интензи́вен, -вна	intensive	**уро́к**	lesson
пе́ене	singing		

Language point 3

Reporting the present

If you are talking about the past and using the direct aorist forms, everyone will assume that you were present at the events that you recount. If you were not, you must use the forms for retelling. However, this is less strict for the present tense – you may, for example, safely report commonly known facts and events with the direct present. But in other cases it may be in your interest to show that you have the information from another source and that you cannot vouch for it personally. Here are the present reported forms:

	Present direct forms	*Present reported forms*
а́з	**гово́ря**	**гово́рел съм**
ти́	**гово́риш**	**гово́рел си/гово́рела си**
то́й	**гово́ри**	**гово́рел**
тя́	**гово́ри**	**гово́рела**
ни́е	**гово́рим**	**гово́рели сме**
ви́е	**гово́рите**	**гово́рели сте**
те́	**гово́рят**	**гово́рели**

At first look this might seem like the perfect tense with a few missing forms of **съм**; but notice the participle: it is **гово́рел**, not **гово́рил** as in the perfect tense. This participle is actually *only* found in the reported forms. Remember how you could make a participle from the aorist form **гово́рих** by substituting a **л** for the **х**? If you do the same with the imperfective form **говóрех** instead, you have the participle you need for the present reported.

In actual practice, there is but a small step from not vouching for the truth of what you report to directly doubting it, and this is what the talk-show host does here:

Тя́ не потвържда́ва оча́кването, че чужденци́те ви́наги говóрели с акцéнт.
She does not confirm the expectation that foreigners always talk with an accent.

Exercise 6 (Audio 2; 35)

Some outrageous claims are given below. Report them, making it clear that you don't agree with them.

Example: **Мéри говóри бъ̀лгарски с акцéнт.**
– Твърдéнието, че Мéри говóрела бъ̀лгарски с акцéнт, не é вя́рно.

Mary speaks Bulgarian with an accent.
– The claim that Mary speaks Bulgarian with an accent is not true.

1 Геóрги не познáва Мéри.
– Твърдéнието, че _______________ .
2 Милéна и Свéтла обя́дват сáмо в пицари́и.
– Твърдéнието, че _______________ .
3 А́на не знáе нéмски.
– Твърдéнието, че _______________ .
4 Бóби Филарéтов не é мнóго извéстен.
– Твърдéнието, че _______________ .
5 На óбед бъ̀лгарите пи́ят сáмо водá.
– Твърдéнието, че _______________ .
6 Бóби сегá пи́ше ромáн.
– Твърдéнието, че _______________ .
7 Ни́е не говóрим бъ̀лгарски.
– Твърдéнието, че _______________ .

Grammar overview

Nouns

Gender and plural

Ending	*Singular*	*Plural*	*Exceptions*
Masculine			
consonant	**балко́н**	**балко́ни**	
-ин	**бъ̀лгарин**	**бъ̀лгари**	
-ец	**америка́нец**	**америка́нци**	
-к, -г, -х → **-ц, -з, -с**	**ве́стник**	**ве́стници**	
single-syllable	**ку́рс**	**ку́рсове**	**де́н – дни́, пъ̀т – пъти, зъ̀б – зъ̀би, го́ст – го́сти, мъ̀ж – мъ̀же, бра́т – бра́тя, кра́к – кра́ка́**
-й	**музе́й**	**музе́и**	
-а	**бащá**	**бащи́**	
Feminine			
-а	**колá**	**коли́**	**ръкá – ръцé**
-я	**стáя**	**стáи**	
consonant	**нóщ**	**нóщи**	
	възмóжност	**възмóжности**	
Neuter			
-о	**легло́**	**леглá**	**окó – очи́, ухó – уши́**
-е	**морé**	**морéта**	**детé – децá, цвéте – цветя́, и́ме – именá**
-ие	**списáние**	**списáния**	

Quantified plural

This is used:

- only for masculine nouns not denoting human beings,
- after numerals, **ко́лко** and **ня́колко**.

The noun takes the ending **-а** or, when the final consonant is **-й** or changes to a soft consonant, **-я**.

For example: **два́ балко́на**, **че́тири ко́ня**, **ко́лко ве́стника**, **ня́колко музе́я**. An exception is: **три́ дни́**, **ня́колко дни́**.

Nouns with definite article

In the singular, the form of definite article is generally determined by gender. In the plural, it is determined exclusively by the final vowel of the plural form.

		Examples
Singular		
Masculine	**-ът** in subject position, **-а** (pronounced **-ъ**) elsewhere	**балко́нът/балко́на**, **бъ̀лгаринът/бъ̀лгарина**, **зъбъ̀т/зъба́**, **бра́тът/бра́та**
final consonant is **-й** or changes to soft consonant	**-ят** in subject position, **-я** (pronounced **-ъ**) elsewhere	**музе́ят/музе́я**, **деня́т/деня́**, **прия́телят/прия́теля**, **ле́карят/ле́каря**
ending in **-а**	**-та**	**бащá́та**
Feminine	**-та**	**кола́та**, **ста́ята**, **нощта́**, **възможността́**
Neuter	**-то**	**легло́то**, **море́то**, **цве́тето**, **писа́нието**
Plural		
plural forms ending in **-е** or **-и**	**-те**	**балко́ните**, **бъ̀лгарите**, **ку́рсовете**, **музе́ите**, **бащи́те**, **коли́те**, **но́щите**, **ръце́те**, **очи́те**
plural forms ending in **-а**	**-та**	**легла́та**, **море́тата**, **писа́нията**, **бра́тята**, **имена́та**, **цветя́та**

Adjectives

Adjectives by gender

In their dictionary form (masculine) adjectives end either in a consonant or **-ски**. Most, but not all, adjectives with an **-е-** or **-ъ-** in the last syllable drop it in all forms except the masculine indefinite.

Masculine	*Feminine*	*Neuter*	*Plural*
	-а	**-о**	**-и**
нóв	**нóва**	**нóво**	**нóви**
англи́йски	**англи́йска**	**англи́йско**	**англи́йски**
чéрен	**чéрна**	**чéрно**	**чéрни**
червéн	**червéна**	**червéно**	**червéни**
мáлък	**мáлка**	**мáлко**	**мáлки**
добъ́р	**добрá**	**добрó**	**добри́**
Exception:			
си́н	**си́ня**	**си́ньо**	**си́ни**

Adjectives with definite article

Masculine	*Feminine*	*Neuter*	*Plural*
-(и)ят/ -(и)я	**-та**	**-то**	**-те**
нóвият/ нóвия	**нóвата**	**нóвото**	**нóвите**
англи́йският/ англи́йския	**англи́йската**	**англи́йското**	**англи́йските**
чéрният/ чéрния	**чéрна**	**чéрно**	**чéрни**
червéният/ червéния	**червéната**	**червéното**	**червéните**
добри́ят/ добри́я	**добрáта**	**добрóто**	**добри́те**
си́ният/ си́ния	**си́нята**	**си́ньото**	**си́ните**

Adverbs from adjectives

Many adverbs denoting manner are derived from the neuter form of adjectives.

Adjective masculine	*Adjective neuter and adverb*	
ху́бав	**ху́баво**	
ве́рен	**вя́рно**	
гла́ден	**гла́дно**	
Exceptions:		
Adjective masculine	*Adjective neuter*	*Adverb*
добъ́р	**добро́**	**добре́**
зъ́л	**зло́**	**зле́**

Adjectives and adverbs by degree

The comparison of adjectives and adverbs has only one pattern and one exception from it.

Positive	*Comparative*	*Superlative*
	по́-	**на́й-**
но́в	**по́-но́в**	**на́й-но́в**
добре́	**по́-добре́**	**на́й-добре́**
Exception:		
мно́го	**по́вече**	**на́й-мно́го**

Pronouns

Personal pronouns

Person	*Subj. form*	*Object form*		*Indirect object form*	
		Long form	*Short form*	*Long form*	*Short form*
1st sing.	**а́з**	**ме́не**	**ме**	**на ме́не**	**ми**
2nd sing.	**ти́**	**те́бе**	**те**	**на те́бе**	**ти**
3rd sing.					
m.	**то́й**	**не́го**	**го**	**на не́го**	**му**
f.	**тя́**	**не́я**	**я**	**на не́я**	**й**
n.	**то́**	**не́го**	**го**	**на не́го**	**му**

Person	*Subj. form*	*Object form*		*Indirect object form*	
		Long form	*Short form*	*Long form*	*Short form*
1st pl.	**ни́е**	**на́с**	**ни**	**на на́с**	**ни**
2nd pl.	**ви́е**	**ва́с**	**ви**	**на ва́с**	**ви**
3rd pl.	**те́**	**тя́х**	**ги**	**на тя́х**	**им**
Reflexive personal pronoun:					
–	–	**се́бе си**	**се**	**на се́бе си**	**си**

Possessive pronouns

Long forms

	Masculine	*Feminine*	*Neuter*	*Plural*
1st sing.	**мо́й** **мо́ят/мо́я**	**мо́я** **мо́ята**	**мо́е** **мо́ето**	**мо́и** **мо́ите**
2nd sing.	**тво́й** **тво́ят/тво́я**	**тво́я** **тво́ята**	**тво́е** **тво́ето**	**тво́и** **тво́ите**
3rd sing.				
m.	**не́гов** **не́говият/** **не́говия**	**не́гова** **не́говата**	**не́гово** **не́говото**	**не́гови** **не́говите**
f.	**не́ин** **не́йният/** **не́йния**	**не́йна** **не́йната**	**не́йно** **не́йното**	**не́йни** **не́йните**
n.	**не́гов** **не́говият/** **не́говия**	**не́гова** **не́говата**	**не́гово** **не́говото**	**не́гови** **не́говите**
1st pl.	**на́ш** **на́шият/на́шия**	**на́ша** **на́шата**	**на́ше** **на́шето**	**на́ши** **на́шите**
2nd pl.	**ва́ш** **ва́шият/на́шия**	**ва́ша** **ва́шата**	**ва́ше** **ва́шето**	**ва́ши** **ва́шите**
3rd pl.	**те́хен** **те́хният/те́хния**	**тя́хна** **тя́хната**	**тя́хно** **тя́хното**	**те́хни** **те́хните**
Reflexive:				
	сво́й **сво́ят/сво́я**	**сво́я** **сво́ята**	**сво́е** **сво́ето**	**сво́и** **сво́ите**

Short forms

The short forms do not change for gender/number of the noun (the possession), and are always used with the definite (articled) form of a noun. Exception: many nouns designating close relatives are used without the article, but only when in the singular and not qualified by an adjective: **сестра́ ми**, **сестри́те ми, ху́бавата ми сестра́**.

1st sing.	**ми**	**кни́гата ми**
2nd sing.	**ти**	**кни́гата ти**
3rd sing.		
m.	**му**	**кни́гата му**
f.	**ѝ**	**кни́гата ѝ**
n.	**му**	**кни́гата му**
1st pl.	**ни**	**кни́гата ни**
2nd pl.	**ви**	**кни́гата ви**
3rd pl.	**им**	**кни́гата им**
Reflexive	**си**	**кни́гата си**

Demonstrative pronouns

	Masculine	*Feminine*	*Neuter*	*Plural*
Close objects	**то́зи**	**та́зи**	**това́**	**те́зи**
Distant objects	**о́нзи**	**она́зи**	**онова́**	**оне́зи**

Interrogative pronouns

	Masculine	*Feminine*	*Neuter*	*Plural*
Asking about identity, 'which?'	**ко́й**	**коя́**	**кое́**	**кои́**
Asking about identity of a person, 'who?', 'whom?'	**ко́й** object form: **кого́**			
Asking about identity of an object, 'what?'	**какво́**			
Asking about identity, 'what kind of?'	**какъ́в**	**каква́**	**какво́**	**какви́**

Indefinite pronouns

	Masculine	*Feminine*	*Neuter*	*Plural*
'some' (before nouns)	**ня́кой**	**ня́коя**	**ня́кое**	**ня́кои**
'somebody', 'someone' (about persons)	**ня́кой** object form: **ня́кого**			
'something' (about objects)	**не́що**			
'some kind of'	**ня́какъв**	**ня́каква**	**ня́какво**	**ня́какви**

Negative pronouns

	Masculine	*Feminine*	*Neuter*	*Plural*
'nobody' (about persons)	**ни́кой** object form: **ни́кого**			
'nothing' (about objects)	**ни́що**			
'no' (before nouns)	**ни́какъв**	**ни́каква**	**ни́какво**	**ни́какви**

Generalising pronouns

	Masculine	*Feminine*	*Neuter*	*Plural*
'each', 'every' (before nouns)	**все́ки**	**вся́ка**	**вся́ко**	
'everybody', 'everyone' (about persons)	**все́ки** object form: **все́киго**			
'everything', 'all' (about objects)	**вси́чко**			
'all' (before nouns and about persons)	–	–	–	**вси́чки**

Relative pronouns

	Masculine	*Feminine*	*Neuter*	*Plural*
'who'/'which'/'that'	**ко́йто**	**коя́то**	**koе́то**	**кои́то**
about a male person	**ко́йто** object form: **кого́то**			

Verbs

Present tense

Three main classes, characterised by the vowel before the person endings.

	а-*verbs*	**и**-*verbs*	**е**-*verbs*	*'to be'*
а́з	**ка́звам**	**говоря́**	**чета́**	**съм**
ти́	**ка́зваш**	**гово́риш**	**чете́ш**	**си**
то́й/тя́/то́	**ка́зва**	**гово́ри**	**чете́**	**е**
ни́е	**ка́зваме**	**гово́рим**	**чете́м**	**сме**
ви́е	**ка́звате**	**гово́рите**	**чете́те**	**сте**
те́	**ка́зват**	**гово́рят**	**чета́т**	**са**

Future tense, non-negated

Ще followed by present tense forms.

	а-*verbs*	**и**-*verbs*	**е**-*verbs*	*'to be'*
а́з	**ще ка́звам**	**ще гово́ря**	**ще чета́**	**ще бъ́да/ ще съм**
ти́	**ще ка́зваш**	**ще гово́риш**	**ще чете́ш**	**ще бъ́деш/ ще си**
то́й/тя́/то́	**ще ка́зва**	**ще гово́ри**	**ще чете́**	**ще бъ́де/ ще е**
ни́е	**ще ка́зваме**	**ще гово́рим**	**ще чете́м**	**ще бъ́дем/ ще сме**
ви́е	**ще ка́звате**	**ще гово́рите**	**ще чете́те**	**ще бъ́дете/ ще сте**
те́	**ще ка́зват**	**ще гово́рят**	**ще чета́т**	**ще бъ́дат/ ще са**

Future tense, negated

Ня́ма да followed by present tense forms.

	а-*verbs*	**и**-*verbs*	**е**-*verbs*	*'to be'*
а́з	**ня́ма да ка́звам**	**ня́ма да говоря́**	**ня́ма да чета́**	**ня́ма да бъ́да/ ня́ма да съм**
ти́	**ня́ма да ка́зваш**	**ня́ма да гово́риш**	**ня́ма да чете́ш**	**ня́ма да бъ́деш/ ня́ма да си**
то́й/тя́/то́	**ня́ма да ка́зва**	**ня́ма да гово́ри**	**ня́ма да чете́**	**ня́ма да бъ́де/ ня́ма да е**
ни́е	**ня́ма да ка́зваме**	**ня́ма да гово́рим**	**ня́ма да чете́м**	**ня́ма да бъ́дем/ ня́ма да сме**
ви́е	**ня́ма да ка́звате**	**ня́ма да гово́рите**	**ня́ма да чете́те**	**ня́ма да бъ́дете/ ня́ма да сте**
те́	**ня́ма да ка́зват**	**ня́ма да гово́рят**	**ня́ма да чета́т**	**ня́ма да бъ́дат/ ня́ма да са**

Future in the past, non-negated

Щя́х да changing for person and followed by present tense forms.

	а-*verbs*	**и**-*verbs*	**е**-*verbs*	*'to be'*
а́з	**щя́х да ка́звам**	**щя́х да говоря́**	**щя́х да чета́**	**щя́х да бъ́да/ щя́х да съм**
ти́	**ще́ше да ка́зваш**	**ще́ше да гово́риш**	**ще́ше да чете́ш**	**ще́ше да бъ́деш/ ще́ше да си**
то́й/тя́/то́	**ще́ше да ка́зва**	**ще́ше да гово́ри**	**ще́ше да чете́**	**ще́ше да бъ́де/ ще́ше да е**
ни́е	**щя́хме да ка́зваме**	**щя́хме да гово́рим**	**щя́хме да чете́м**	**щя́хме да бъ́дем/ щя́хме да сме**
ви́е	**щя́хте да ка́звате**	**щя́хте да гово́рите**	**щя́хте да чете́те**	**щя́хте да бъ́дете/ щя́хте да сте**
те́	**щя́ха да ка́зват**	**щя́ха да гово́рят**	**щя́ха да чета́т**	**щя́ха да бъ́дат/ щя́ха да са**

Future in the past, negated

Ня́маше да followed by present tense forms.

	а-*verbs*	**и**-*verbs*	**е**-*verbs*	*'to be'*
áз	**ня́маше да ка́звам**	**ня́маше да гово́ря**	**ня́маше да чета́**	**ня́маше да бъ̀да/ ня́маше да съм**
ти́	**ня́маше да ка́зваш**	**ня́маше да гово́риш**	**ня́маше да чете́ш**	**ня́маше да бъ̀деш/ ня́маше да си**
то́й/тя́/то́	**ня́маше да ка́зва**	**ня́маше да гово́ри**	**ня́маше да чете́**	**ня́маше да бъ̀де/ ня́маше да е**
ни́е	**ня́маше да ка́зваме**	**ня́маше да гово́рим**	**ня́маше да чете́м**	**ня́маше да бъ̀дем/ ня́маше да сме**
ви́е	**ня́маше да ка́звате**	**ня́маше да гово́рите**	**ня́маше да чете́те**	**ня́маше да бъ̀дете/ ня́маше да сте**
те́	**ня́маше да ка́зват**	**ня́маше да гово́рят**	**ня́маше да чета́т**	**ня́маше да бъ̀дат/ ня́маше да са**

Aorist tense

а-class keeps vowel from present tense, **и**- and **е**-classes split into subtypes, some with stress migration or change of final consonant of stem.

	а-*verbs*	**и**-*verbs*/**-и-**	**и**-*verbs*/**-я-**	**и**-*verbs*/**-а-**
áз	**ка́звах**	**гово́рих**	**вървя́х**	**спа́х**
ти́	**ка́звах**	**гово́ри**	**вървя́**	**спа́**
то́й/тя́/то́	**ка́зва**	**гово́ри**	**вървя́**	**спа́**
ни́е	**ка́звахме**	**гово́рихме**	**вървя́хме**	**спа́хме**
ви́е	**ка́звахте**	**гово́рихте**	**вървя́хте**	**спа́хте**
те́	**ка́звaха**	**гово́риха**	**вървя́ха**	**спа́ха**

е-*verbs*/**-о/е-**	**е**-*verbs*/**-а-**	**е**-*verbs*/**-а-** *change* **ж** *to* **з, ш** *to* **с**	**е**-*verbs*/- *(no aorist vowel)*	*'to be'*
чéтох	**тръ́гнах**	**пи́сах**	**пи́х**	**бя́х**
чéте	**тръ́гна**	**пи́са**	**пи́**	**бé/бéше**
чéте	**тръ́гна**	**пи́са**	**пи́**	**бé/бéше**
чéтохме	**тръ́гнахме**	**пи́сахме**	**пи́хме**	**бя́хме**
чéтохте	**тръ́гнахте**	**пи́сахте**	**пи́хте**	**бя́хте**
чéтоха	**тръ́гнаха**	**пи́саха**	**пи́ха**	**бя́ха**

Imperfect tense

а-class keeps vowel from present tense, **и**- and **е**-classes both use alternating **е/я**. Stress and final consonant of stem as in present tense.

	а-*verbs*	**и**-*verbs*	
áз	**кáзвах**	**говóрех**	**спя́х**
ти́	**кáзваше**	**говóреше**	**спéше**
тóй/тя́/тó	**кáзваше**	**говóреше**	**спéше**
ни́е	**кáзвахме**	**говóрехме**	**спя́хме**
ви́е	**кáзвахте**	**говóрехте**	**спя́хте**
тé	**кáзваха**	**говóреха**	**спя́ха**

е-*verbs*			*'to be'*
четя́х	**пи́шех**	**пи́ех**	**бя́х**
четéше	**пи́шеше**	**пи́еше**	**бé/бéше**
четéше	**пи́шеше**	**пи́еше**	**бé/бéше**
четя́хме	**пи́шехме**	**пи́ехме**	**бя́хме**
четя́хте	**пи́шехте**	**пи́ехте**	**бя́хте**
четя́ха	**пи́шеха**	**пи́еха**	**бя́ха**

Perfect tense

Съм in the present tense, followed by the past participle (see below), changing for gender and number.

а-*verbs*	**и**-*verbs*	**е**-*verbs*	*'to be'*
áз съм кáзвал/-а	**áз съм говóрил/-а**	**áз съм пи́сал/-а**	**áз съм би́л/-á**
ти́ си кáзвал/-а	**ти́ си говóрил/-а**	**ти́ си пи́сал/-а**	**ти́ си би́л/-á**
тóй е кáзвал	**тóй е говóрил**	**тóй е пи́сал**	**тóй е би́л**
тя́ е кáзвала	**тя́ е говóрила**	**тя́ е пи́сала**	**тя́ е билá**
тó е кáзвало	**тó е говóрило**	**тó е пи́сало**	**тó е билó**
ни́е сме кáзвали	**ни́е сме говóрили**	**ни́е сме пи́сали**	**ни́е сме били́**
ви́е сте кáзвали	**ви́е сте говóрили**	**ви́е сте пи́сали**	**ви́е сте били́**
тé са кáзвали	**тé са говóрили**	**тé са пи́сали**	**тé са били́**

Pluperfect tense

Съм in the past tense, followed by the past participle (see below), changing for gender and number.

а-*verbs*	**и**-*verbs*	**е**-*verbs*	*'to be'*
áз бя́х кáзвал/-а	**áз бя́х говóрил/-а**	**áз бя́х пи́сал/-а**	**áз бя́х би́л/-á**
ти́ бéше/бé кáзвал/-а	**ти́ бéше/бé говóрил/-а**	**ти́ бéше/бé пи́сал/-а**	**ти́ бéше/бé би́л/-á**
тóй бéше/бé кáзвал	**тóй бéше/бé говóрил**	**тóй бéше/бé пи́сал**	**тóй бéше/бé би́л**
тя́ бéше/бé кáзвала	**тя́ бéше/бé говóрила**	**тя́ бéше/бé пи́сала**	**тя́ бéше/бé билá**
тó бéше/бé кáзвало	**тó бéше/бé говóрил**	**тó бéше/бé пи́сало**	**тó бéше/бé билó**
ни́е бя́хме кáзвали	**ни́е бя́хме говóрили**	**ни́е бя́хме пи́сали**	**ни́е бя́хме били́**
ви́е бя́хте кáзвали	**ви́е бя́хте говóрили**	**ви́е бя́хте пи́сали**	**ви́е бя́хте били́**
тé бя́ха кáзвали	**тé бя́ха говóрили**	**тé бя́ха пи́сали**	**тé бя́ха били́**

Other tenses

Two more tenses exist. They are the future perfect: **ще съм ка́звал** 'I shall have said' and the future perfect in the past: **щя́х да съм ка́звал** 'I would have said', but they are not much used in everyday language.

Reported forms

In principle, all tenses have reported forms. In practice, knowing the reported forms for the present and the imperfective (they are the same) as well for the aorist, and possibly the future, will get you far.

Present and imperfect reported

Съм in the present tense, except in 3rd person sing. and pl., followed by the present-stem participle (see below), changing for gender and number.

а-*verbs*	**и**-*verbs*	**е**-*verbs*	*'to be'*
а́з съм ка́звал/-а	**а́з съм гово́рел/-а**	**а́з съм пи́шел/-а**	**а́з съм би́л/-а́**
ти́ си ка́звал/-а	**ти́ си гово́рел/-а**	**ти́ си пи́шел/-а**	**ти́ си би́л/-а́**
то́й ка́звал	**то́й гово́рел**	**то́й пи́шел**	**то́й би́л**
тя́ ка́звала	**тя́ гово́рела**	**тя́ пи́шела**	**тя́ била́**
то́ ка́звало	**то́ гово́рело**	**то́ пи́шело**	**то́ било́**
ни́е сме ка́звали	**ни́е сме гово́рели**	**ни́е сме пи́шели**	**ни́е сме били́**
ви́е сте ка́звали	**ви́е сте гово́рели**	**ви́е сте пи́шели**	**ви́е сте били́**
те́ ка́звали	**те́ гово́рели**	**те́ пи́шели**	**те́ били́**

Future tense reported, non-negated

Съм in the present tense, except in 3rd person sing. and pl., followed by the participle **щя́л**, changing for gender and number + **да** + present tense form.

а́з съм щя́л/-а да гово́ря
ти́ си щя́л/-а да гово́риш
то́й щя́л да гово́ри

тя́ щя́ла да гово́ри
то́ щя́ло да гово́ри
ни́е сме ще́ли да гово́рим
ви́е сте ще́ли да гово́рите
те́ ще́ли да гово́рят

Future tense reported, negated

Unchanging **ня́мало** + **да** + present tense form.

а́з ня́мало да гово́ря
ти́ ня́мало да гово́риш
то́й ня́мало да гово́ри
тя́ ня́мало да гово́ри
то́ ня́мало да гово́ри
ни́е ня́мало да гово́рим
ви́е ня́мало да гово́рите
те́ ня́мало да гово́рят

Aorist reported

Съм in the present tense, except in 3rd person sing. and pl., followed by the past participle (see below), changing for gender and number.

а-*verbs*	**и**-*verbs*	**е**-*verbs*	*'to be'*
а́з съм ка́звал/-а	**а́з съм гово́рил/-а**	**а́з съм пи́сал/-а**	**а́з съм би́л/-а**
ти́ си ка́звал/-а	**ти́ си гово́рил/-а**	**ти́ си пи́сал/-а**	**ти́ си бил/-а**
то́й ка́звал	**то́й гово́рил**	**то́й пи́сал**	**то́й би́л**
тя́ ка́звала	**тя́ гово́рила**	**тя́ пи́сала**	**тя́ била́**
то́ ка́звало	**то́ гово́рило**	**то́ пи́сало**	**то́ било́**
ни́е сме ка́звали	**ни́е сме гово́рили**	**ни́е сме пи́сали**	**ни́е сме били́**
ви́е сте ка́звали	**ви́е сте гово́рили**	**ви́е сте пи́сали**	**ви́е сте били́**
те́ ка́звали	**те́ гово́рили**	**те́ пи́сали**	**те́ били́**

Imperative

	Endings	*Imperative singular*	*Imperative plural and polite*
а-*verbs*	**-ай**, **-айте**		
ка́звам		**ка́звай**	**ка́звайте**
и-*verbs*	**-и́**, **-е́те**		
гово́ря		**говори́**	**говоре́те**
е-*verbs*	**-и́**, **-е́те**		
чета́		**чети́**	**чете́те**
with a vowel before the ending	**-й**, **-йте**		
игра́я		**игра́й**	**игра́йте**
Exceptions:			
до́йда		**ела́**	**ела́те**
оти́да		**иди́**	**иде́те**
вля́за		**вле́з**	**вле́зте**
изля́за		**изле́з**	**изле́зте**
я́м		**я́ж**	**я́жте**
да́м		**да́й**	**да́йте**
ви́дя		**ви́ж**	**ви́жте**
държа́		**дръ́ж**	**дръ́жте**
съм		**бъди́**	**бъде́те**

Conditional

As the pluperfect, but with **би́х** as an auxiliary.

а́з би́х ка́зал/-а
ти́ би́ ка́зал/-а
то́й би́ ка́зал
тя́ би́ ка́зала
то́ би́ ка́зало
ни́е би́хме ка́зали
ви́е би́хте ка́зали
те́ би́ха ка́зали

Participles

Past active participle

Used in forming the perfect tense and the pluperfect, changes for gender and number and may be used as an adjective. Ends in **-л** plus gender/number ending; the rest of the form in most cases corresponds to the aorist.

	а-*verbs*	**и**-*verbs*/**-и-**	**и**-*verbs*/**-я-**	**и**-*verbs*/**-а-**	**е**-*verbs*/**-а-**
Masc.	**ка́звал**	**гово́рил**	**вървя́л**	**спа́л**	**тръ́гнал**
Fem.	**ка́звала**	**гово́рила**	**вървя́ла**	**спа́ла**	**тръ́гнала**
Neut.	**ка́звало**	**гово́рило**	**вървя́ло**	**спа́л**	**тръ́гнало**
Plural	**ка́звали**	**гово́рили**	**върве́ли**	**спа́ли**	**тръ́гнали**

	е-*verbs*/**-о/е-** *with a* **т** *or* **д** *before the ending* (**чета́**, **да́м**, **я́м**)	**е**-*verbs*/**-о/е-** *with a* **с** *or* **з** *before the ending* (**вля́за**, **донеса́**)	**е**-*verbs*/**-а-** *change* **ж** *to* **з**, **ш** *to* **с**	**е**-*verbs*/ *(no aorist vowel)*	*'to be'*
Masc.	**че́л**	**вля́зъл**	**пи́сал**	**пи́л**	**би́л**
Fem.	**че́ла**	**вля́зла**	**пи́сала**	**пи́ла**	**била́**
Neut.	**че́ло**	**вля́зло**	**пи́сало**	**пи́ло**	**било́**
Plural	**че́ли**	**вле́зли**	**пи́сали**	**пи́ли**	**били́**
Irregular forms:					
	до́йда	**оти́да**			
Masc.	**дошъ́л**	**оти́шъл/оти́шел**			
Fem.	**дошла́**	**оти́шла**			
Neut.	**дошло́**	**оти́шло**			
Plural	**дошли́**	**оти́шли**			

Past active participle from present stem

Used only in forming the present/imperfect reported form. Ends in **-л** plus gender/number ending; the rest of the form corresponds to the imperfect.

	а-*verbs*	**и**-*verbs*		**е**-*verbs*			*'to be'*
Masc.	**ка́звал**	**гово́рел**	**спя́л**	**четя́л**	**пи́шел**	**пи́ел**	**би́л**
Fem.	**ка́звала**	**гово́рела**	**спя́ла**	**четя́ла**	**пи́шела**	**пи́ела**	**била́**
Neut.	**ка́звало**	**гово́рело**	**спя́ло**	**четя́ло**	**пи́шело**	**пи́ело**	**било́**
Plural	**ка́звали**	**гово́рели**	**спе́ли**	**чете́ли**	**пи́шели**	**пи́ели**	**били́**

Past passive participle

Used as an adjective. It is only formed from verbs that may take a direct object (transitive verbs), and most frequently from perfective verbs. Ends in **-н** or **-т** plus gender/number ending; the rest of the form corresponds to the aorist.

	а-*verbs*	**и**-*verbs*/**-и-**	**и**-*verbs*/**-я-**
Masc.	**резерви́ран**	**ку́пен**	**извървя́н**
Fem.	**резерви́рана**	**ку́пена**	**извървя́на**
Neut.	**резерви́рано**	**ку́пено**	**извървя́но**
Plural	**резерви́рани**	**ку́пени**	**извърве́ни**

	е-*verbs*/**-о/е-**	*e-verbs*/**-а-**	*e-verbs*/**-а-** *change* **ж** *to* **з**, **ш** *to* **с**	*e-verbs*/ *(no aorist vowel)*
Masc.	**че́тен**	**върнат**	**пи́сан**	**изпи́т**
Fem.	**че́тена**	**върната**	**пи́сана**	**изпи́та**
Neut.	**че́тено**	**върнато**	**пи́сано**	**изпи́то**
Plural	**че́тени**	**върнати**	**пи́сани**	**изпи́ти**

Word order

The order for the main elements of a sentence is:

Subject – verb – direct object – indirect object

Мéри дáва кнúгата на Пéтър.
Mary gives the book to Petar.

Adverbial phrases indicating time, place or manner, may occur at several positions in the sentence:

Вчéра Мéри дáде кнúгата на Пéтър.
Yesterday Mary gave the book to Petar.

Мéри вчéра дáде кнúгата на Пéтър.
Mary gave the book to Petar yesterday.

Мéри дáде кнúгата на Пéтър вчéра.
Mary gave the book to Petar yesterday.

In questions, the question-word is usually at the beginning of the sentence, but it may be preceded by a preposition connected with it. In Bulgarian, a preposition is not a word one can end a sentence with.

Когá Мéри дáде кнúгата на Пéтър?
When did Mary give the book to Petar?

На когó Мéри дáде кнúгата?
Who did Mary give the book to?

Yes/no-questions are formed using the question particle **ли**. The particle may be attached to any element you want to question, and that element is put at the beginning of the sentence:

Мéри ли дáде кнúгата на Пéтър?
Was it Mary who gave the book to Petar?

На Пéтър ли Мéри дáде кнúгата?
Was it to Petar Mary gave the book?

See below for ordering rules when the question particle is attached to the verb.

Word order for unstressed words

The word order rules for unstressed word that cluster around the verb are strict and without exceptions. The main rules are:

1 The present tense of the verb **съм** to be and the short accusative and dative (object and direct object) pronouns stand in principle before the verb:

А́з съм му ги да́л.
I have given them to him.

2 However, they may never stand at the beginning of the sentence or after a pause – instead, they are placed after the verb:

Да́л съм му ги.
I have given them to him.

3 When dative and accusative pronouns are found with the same verb, the order is always dative first, then accusative – see examples above.

4 In the perfect tense, the forms of the verb **съм** 'to be' precede the pronouns (see examples above), except the 3rd person singular, which follows them:

Да́л му ги е.
He has given them to him.

5 The negation particle **не** may stand at the beginning of the sentence. It carries with it a stress that is transferred to the immediately following word, leaving the particle itself without stress:

Не съ́м му ги да́л.
I haven't given them to him.

То́й не му́ ги е да́л.
He hasn't given them to him.

6 The question particle **ли** is placed immediately after the first stressed word within the group formed by the verb and the unstressed words. This may be the verb itself or the word that has received the stress transferred from the negation particle **не**:

Не му́ ли ги е да́л?
Hasn't he given them to him?

Да́л ли му ги е?
Has he given them to him?

Key to exercises

Unit 1

Exercise 1

1 А́на и́ма мно́го ра́бота дне́с. 2 Ни́е и́маме сре́ща с Мери. 3 А́на и Георги, ви́е и́мате ли вре́ме за кафе́? 4 А́з ви́наги и́мам вре́ме за кафе́, а ти́ и́маш ли?

Exercise 2

– Как си?
– Благодаря́, добре́ съм. А ти?
– И а́з съм добре́.

Exercise 3

1 А́з и́мам сре́ща с Гео́рги. 2 Те присти́гат от Ло́ндон. 3 И ни́е сме добре́. 4 А́з съм от Ма́нчестър. 5 Откъде́ е Ме́ри? Тя е от Ло́ндон. 6 Ви́еи́мате ли вре́ме за кафе́?

Exercise 4

1 А́з съм от А́нглия. 2 Гео́рги е от Бълга́рия. 3 Ти́ си от Со́фия. 4 А́на и Гео́рги са от Ва́рна. 5 Тя́ е от Ло́ндон. 6 Ви́е сте от Шотла́ндия. 7 Ни́е сме от Ма́нчестър.

Exercise 5

1 Добре́ си. 2 Добре́ сме. 3 От Ло́ндон сте. 4 Добре́ сте. 5 От Ва́рна си. 6 Добре́ е.

Exercise 6

1 Не́, не и́ска. 2 Да́, българка е. 3 Не́, не и́скат кафе́. 4 Да́, америка́нец съм. 5 Не́, не са от А́нглия.

Exercise 7

Гео́рги, америка́нец ли си? – Не, не съм америка́нец.
Гео́рги, англича́нин ли си? – Не, не съм англича́нин.
Гео́рги, герма́нец ли си? – Не, не съм герма́нец.
Гео́рги, ту́рчин ли си? – Не, не съм ту́рчин.
Гео́рги, италиа́нец ли си? – Не, не съм италиа́нец.
Гео́рги, бъ́лгарин ли си? – Да, бъ́лгарин съм.

Exercise 8

Ме́ри, америка́нка ли сте? – Не́, не съм америка́нка.
Ме́ри, англича́нка ли сте? – Да, англича́нка съм.
Ме́ри, герма́нка ли сте? – Не, не съм герма́нка.
Ме́ри, турки́ня ли сте? – Не, не съм турки́ня.
Ме́ри, италиа́нка ли сте? – Не, не съм италиа́нка.
Ме́ри, бъ́лгарка ли сте? – Не, не съм бъ́лгарка.

Exercise 9

1 Гео́рги тръ́гва ли? 2 Ти́ и́скаш ли? 3 Ви́е тръ́гвате ли, госпожа́ Анто́нова? 4 Ти́ и́скаш ли кафе́? 5 Ти́ бъ́рзаш ли? 6 Ви́е не бъ́рзате ли, А́на и Гео́рги?

Unit 2

Exercise 1

Голя́ма ста́я. Ста́р мъж. Удо́бен па́ркинг. Голя́м хоте́л.

Exercise 2

1 Йскаш ли та́зи ко́ла? 2 Йскаш ли то́зи буке́т? 3 Йскаш ли това́ кафе́? 4 Йскаш ли то́зи телеви́зор?

Exercise 3

1 А́з говоря не́мски. 2 Те́ гово́рят са́мо бъ́лгарски и англи́йски. 3 А́на гово́ри с Гео́рги. 4 Ти́ гово́риш ли не́мски? 5 Ни́е гово́рим са́мо англи́йски, а Миле́на гово́ри и ру́ски.

Exercise 4

1 Дá, рабóтя. 2 Дá, говóря. 3 Нé, не рабóтят. 4 Дá, нóси. 5 Нé, не хóдя. 6 Дá, ýча.

Exercise 5

1 Тѝ хóдиш ли на кýрс по бъ́лгарски? 2 Нѝе говóрим немски. 3 Гéорги, ѝмаш ли свобóдно врéме? 4 Ás рабóтя в еднá нéмска фѝрма.

Exercise 6

Ѝма ли балкóн? – Дá, éто тáм.
Ѝма ли кýхня? – Дá, éто тáм.
Ѝма ли телефóн? – Дá, éто тáм.
Ѝма ли телевѝзор? – Дá, éто тáм.
Ѝма ли спáлня? – Дá, éто тáм.

Exercise 7

1 В тóзи хотéл ня́ма мѝнибар. 2 Гéорги хóди на кýрс по рýски езѝк. 3 Ѝскам стáя с дýш и балкóн. 4 Гéорги не говóри ли рýски? 5 Милéна и Гéорги рабóтят мнóго.

Unit 3

Exercise 1

1 Ѝскам еднó кафé. – Заповя́дай кафéто! 2 Ѝскам еднá кóла. – Заповя́дай кóлата! 3 Ѝскам едѝн чáй. – Заповя́дай чáя! 4 Ѝскам едпá пѝца. – Заповя́дай пѝцата! 5 Ѝскам едѝн сáндвич. – Заповя́дай сáндвича! 6 Ѝскам еднó леглó. – Заповя́дай леглóто!

Exercise 2

1 Дá, познáвам го. 2 Дá, познáвам ги. 3 Дá, познáвам те. 4 Дá, познáвам ви. 5 Дá, познáваме я. 6 Дá, познáваме го. 7 Дá, познáваме ги.

Exercise 3

1 Нé, не гѝ познáвам. 2 Нé, не гó познáвам. 3 Нé, не тé познáвам. 4 Нé, не вѝ познáвам. 5 Нé, не гó познáва. 6 Нé, не гѝ познáва. 7 Нé, не я́ познáва.

Exercise 4

1 Éто я! 2 Éто го! 3 Éто ги! 4 Éто го! 5 Éто я! 6 Éто го! 7 Éто ги!

Exercise 5

1 Ти́ какво́ пи́еш? 2 Гео́рги какво́ чете́? 3 Те́ какво́ пи́ят? 4 А́на какво́ пие́? 5 Ви́е какво́ чете́те? 6 Ни́е какво́ пи́ем? 7 А́на какво́ чете́?

Exercise 6

1 Обя́двам в о́фиса с пи́ца и ко́ка-ко́ла. 2 Те́ че́сто обя́дват/вече́рят с пържо́ла и ча́ша ви́но в ресторա́нт „А́рда". 3 Ви́наги заку́свам мно́го ра́но, са́мо с кафе́ и цига́ра. 4 Гео́рги обя́два/вече́ря с ри́ба и ча́ша бя́ло ви́но. 5 Заку́свам с ча́й и са́ндвич и оти́вам на ра́бота.

Exercise 7

1 Мно́го съм жа́ден/жа́дна. И́скам една́ би́ра. 2 Гео́рги е гла́ден. И́ска су́па, пържо́ла и десе́рт. 3 А́на, не си́ ли жа́дна? Не пи́еш би́рата. 4 Ни́е не сме́ гла́дни. И́скаме са́мо една́ би́ра и една́ минера́лна вода́. 5 А́на и Гео́рги, защо́ не пи́ете? Не сте́ ли жа́дни? 6 Те́ не са́ гла́дни, но́ са жа́дни. И́скат една́ би́ра и една́ минера́лна вода́.

Exercise 8

1 Да́, и́скам сала́та. – Не́, ни́що не и́скам. 2 Да́, и́скаме кафе́. – Не́, ни́що не и́скаме. 3 Да́, и́скам ча́й. – Не́, ни́що не и́скам. 4 Да́, и́скат сала́та. – Не́, ни́що не и́скат. 5 Да́, и́ска пържо́ла. – Не́, ни́що не и́ска. 6 Да́, и́ска десе́рт. – Не́, ни́що не и́ска.

Exercise 9

А́з рабо́тя в една́ голя́ма фи́рма. Обикнове́но заку́свам ра́но. На ра́ботата пи́я ча́й. Обя́двам в о́фиса. Не хо́дя мно́го че́сто на ресторա́нт. Ве́чер у́ча не́мски ези́к. Чета́ еди́н мно́го интере́сен не́мски рома́н.

Гео́рги и А́на рабо́тят в една́ голя́ма фи́рма. Обикнове́но заку́сват ра́но. На ра́ботата пи́ят ча́й. Обя́дват в о́фиса. Не хо́дят мно́го че́сто на рестора́нт. Ве́чер у́чат не́мски ези́к. Чета́т еди́н мно́го интере́сен не́мски рома́н.

Unit 4

Exercise 1

– А́ло, слу́шам ви.
– Пе́тър вкъщи ли е?
– Не́, ко́й се оба́жда?
– А́з съм Сто́йко, коле́га на Пе́тър.
– То́й не е́ ту́к, на ра́бота е. Търсе́те го та́м.
– Благодаря́ ви! Дочу́ване.
– Дочу́ване!

Exercise 2

1 Пи́я би́ра. – Продължа́вай, пи́й! 2 Слу́шам му́зика. – Продължа́вай, слу́шай! 3 Пи́ем ви́но. – Продължа́вайте, пи́йте! 4 У́ча англи́йски. – Продължа́вай, учи́! 5 У́чим не́мски. – Продължа́вайте, уче́те! 6 Чете́м кни́га. – Продължа́вайте, чете́те!

Exercise 3

1 И́мам една́ сала́та. – А а́з и́мам мно́го сала́ти. 2 И́мам еди́н са́ндвич. – А а́з и́мам мно́го са́ндвичи. 3 И́мам една́ кола́. – А а́з и́мам мно́го коли́. 4 Хо́дя на еди́н ку́рс. – А а́з хо́дя на мно́го ку́рсове. 5 Ка́ня еди́н приятел. – А а́з ка́ня мно́го прия́тели. 6 Ка́ня еди́н програми́ст. – А а́з ка́ня мно́го програми́сти. 7 Ка́ня еди́н коле́га. – А а́з ка́ня мно́го коле́ги. 8 Ка́ня едно́ моми́че. – А а́з ка́ня мно́го моми́чета.

Exercise 4

1 Присти́гам в три́ и два́йсет/петна́йсет и два́йсет. 2 Вече́рям в се́дем и полови́на/деветна́йсет и три́йсет. 3 Ме́ри заку́сва в се́дем и чети́рисет и пе́т/ о́сем без петна́йсет. 4 Обя́двам в еди́н и полови́на/трина́йсет и три́йсет. 5 Автобу́сът присти́га в еди́н без де́сет/двана́йсет и петдесе́т. 6 Фи́лмът запо́чва в се́дем и два́йсет и пе́т/деветна́йсет и два́йсет и пе́т.

Exercise 5

1 Часът е о́сем без пе́т. 2 Часът е два́ без пе́т. 3 Часът е о́сем и пе́т. 4 Часът е де́вет без де́сет. 5 Часът е ше́ст и пе́т. 6 Часът е три́/то́чно три́.

Exercise 6

Деветдесе́т и три́ – два́йсет и едно́ – осемдесе́т и о́сем.
Седемдесе́т и три́ – де́сет – ну́ла, ше́ст.
Седемдесе́т и едно́ – чети́рисет – три́йсет и о́сем.
Седемдесе́т и ше́ст – трина́йсет – осемна́йсет.
Петдесе́т и две́ – де́сет – едина́йсет.
Деветдесе́т и едно́ – чети́рисет и две́ – седемдесе́т и ше́ст.

Exercise 7

1 Гео́рги обя́два в рестора́нт „А́рт Клу́б". 2 То́й е на конфере́нция в едина́йсет часа́. 3 То́й гово́ри с г-н Стоя́нов в де́сет часа́. 4 То́й вече́ря в в се́дем и полови́на/деветна́йсет и три́йсет. 5 В де́сет часа́ е на сре́ща с г-н Стоя́нов. 6 То́й и́ма сре́ща с Валенти́н в четири и половина/шестна́йсет и три́йсет.

Exercise 8

В о́сем часа́ оти́вам на ку́рс по англи́йски ези́к. В де́сет часа́ и́мам сре́ща с господи́н Стоя́нов в о́фиса. В едина́йсет часа́ и́мам конфере́нция. В двана́йсет и полови́на/двана́йсет и три́йсет обя́двам. В че́тири и полови́на/шестна́йсет и три́йсет и́мам сре́ща с еди́н прия́тел. В се́дем и полови́на/ деветна́йсет и три́йсет вече́рям с го́сти от конфере́нцията.

Unit 5

Exercise 1

1 И́ у́тре ще ку́пиш ве́стник. 2 И́ у́тре ще ку́пя са́ндвич. 3 И́ у́тре заку́ся вкъщи. 4 И́ у́тре ще заку́си вкъщи. 5 И́ у́тре ще присти́гне в 8 ч. 6 И́ у́тре ще присти́гнем в 7 ч. 7 И́ у́тре ще заку́сят вкъщи.

Exercise 2

1 Но́ у́тре ня́ма да ку́пиш ве́стник. 2 Но́ у́тре ня́ма да ку́пя са́ндвич. 3 Но́ у́тре ня́ма да заку́ся вкъщи. 4 Но́ у́тре ня́ма да

закýси вкъщи. 5 Нó ýтре ня́ма да пристúгне в 8 ч. 6 Нó ýтре ня́ма да пристúгнем в 7 ч. 7 Нó ýтре ня́ма да закýсят вкъщи.

Exercise 3

1 Не зна́я, ня́ма я. 2 Не, ня́ма го. Тóй сúгурно е в óфиса. 3 Не зна́я, ня́ма ги. Търсéте ги в óфиса. 4 Не зна́я, ня́ма го. 5 Не зна́я, ня́ма го. 6 Не зна́я, ня́ма ги тýк. 7 Не зна́я, ня́ма я. Търсéте я вкъщи.

Exercise 4

1 А́з úмам мнóго фúлми и тé са хýбави. 2 А́з úмам мнóго идéи и тé са хýбави. 3 А́з úмам мнóго рéчници и тé са хýбави. 4 А́з познáвам мнóго момúчета и тé са хýбави. 5 А́з úмам мнóго учéбници и тé са хýбави. 6 А́з úмам мнóго подáръци и тé са хýбави. 7 А́з úмам мнóго списáния и тé са хýбави.

Exercise 5

1 Каквá е тáзи кнúга? – Тя́ е прéводна. 2 Каквó търсиш? Подáрък за еднó момúче. 3 Къдé отúваш? – В цéнтъра. 4 Когá ще пристúгнеш? – В 8 ч. 5 Когá излúза вéстник „Sofia Today"? – В понедéлник. 6 Откъдé е Мéри? – От А́нглия. 7 Каквú са тéзи хóра? – Тé са студéнти. 8 Къдé обя́дваш? – В ресторáнта до мóста.

Exercise 6

В понедéлник Пéтър ще слýша нарóдна мýзика от дéвет часá до дванáйсет часá. Във втóрник, сря́да и четвъ́ртък Пéтър ня́ма да слýша нарóдна мýзика, но в пéтък ще слýша гáйда от сéдем до единáйсет часá вечертá/ от деветнáйсет до двáйсет и трú часá. В съ́бота и недéля ня́ма да слýша нарóдна мýзика.

А́на ще слýша óперна мýзика в сря́да от сéдем до единáйсет часá вечертá/от деветнáйсет до двáйсет и трú часá и в четвъ́ртък от дéвет до дванáйсет часá. В съ́бота А́на ще слýша „Вéчер на óперата" от шéст и половúна до сéдем/от осемнáйсет и трúйсет до деветнáйсет часá. А́на ще слýша новинú всéки дéн без съ́бота от шéст до шéст и половúна вечертá/от осемнáйсет до осемнáйсет и трúйсет часá.

А́на ще слýша „Фóрум" в четвъ́ртък от дванáйсет на обя́д до шéст/от дванáйсет до осемнáйсет часá.

Гео́рги ще слу́ша програ́ми за спо́рт в понеде́лник от ше́ст и полови́на до се́дем вечерта́/от осемна́йсет и три́йсет до деветна́йсет, в съ́бота от ше́ст до ше́ст и полови́на вечерта́/от осемна́йсет до осемна́йсет и три́йсет. В неде́ля ще слу́ша 3 преда́вания – от де́вет до двана́йсет на обя́д, от ше́ст и полови́на до се́дем вечерта́/от осемна́йсет и три́йсет до деветна́йсет и от се́дем до едина́йсет вечерта́/от деветна́йсет до два́йсет и три́ часа́.

То́й ще слу́ша джа́з в сря́да от де́вет до двана́йсет на обя́д и в съ́бота по съ́щото вре́ме.

Миле́на ще слу́ша по́п му́зика в понеде́лник от двана́йсет на обя́д до ше́ст/от двана́йсет до осемна́йсет часа́.

Unit 6

Exercise 1

1 Йскам да ку́пя кашкава́л. 2 Йска да ку́пи си́рене. 3 Йскаме да ку́пим сала́м. 4 Йскате да ку́пите хля́б. 5 Йскат да ку́пят шу́нка.

Exercise 2

1 Да́, не́ка да оти́дем в Пло́вдив. 2 Да́, не́ка да потъ́рсим дру́г ща́нд. 3 Да́, не́ка да оти́дат на поку́пки. 4 Да́, не́ка да ку́пи хля́б. 5 Да́, не́ка да пазару́ваме.

Exercise 3

1 Бути́лката е от два́ ли́тра. 2 За вече́ря и́скам три́ кре́нвирша. 3 Купи́ че́тири паке́та спаге́ти, мо́ля ти се! 4 В магази́на и́ма два́ ща́нда за месо́. 5 Сала́мът стру́ва пе́т ле́ва.

Exercise 4

1 Да́й му си́ренето. 2 Да́й ни си́ренето. 3 Да́й им си́ренето. 4 Да́й ѝ си́ренето. 5 Да́й им си́ренето.

Exercise 5

1 Би́рата вля́во е по́-голя́ма от би́рата вдя́сно. Би́рата вдя́сно е по́-ма́лка от би́рата вля́во.
2 Ча́нтата вля́во е по́-голя́ма от ча́нтата вдя́сно. Ча́нтата вдя́сно е по́-ма́лка от ча́нтата вля́во.

3 Ри́бата вля́во е по́-ма́лка от ри́бата вдя́сно. Ри́бата вдя́сно е по́-голя́ма от ри́бата вля́во.
4 Кни́гата вля́во е по́-голя́ма от кни́гата вдя́сно. Кни́гата вдя́сно е по́-ма́лка от кни́гата вля́во.
5 То́ртата вля́во е по́-ма́лка от то́ртата вдя́сно. То́ртата вдя́сно е по́-голя́ма от то́ртата вля́во.

Exercise 6

1 Вся́ка съ́бота гле́дам ня́колко ма́ча по телеви́зията.
2 Апартаме́нтът и́ма 2 балко́на.
3 Миле́на зна́е 3 ези́ка.
4 В съ́бота и неде́ля ще гле́дам мно́го ма́чове по телеви́зията.
5 В компле́кта и́ма 4 кни́ги – 2 уче́бника и 2 ре́чника.
6 На щა́нда и́ма 2 продава́чки.
7 Ко́лко би́ри и́скаш да ку́пя?
8 Ко́лко цига́ри и́ма в паке́та?
9 Все́ки де́н купу́вам 3 ве́стника.

Exercise 7

1 И́скаш ли да я опи́таш? 2 И́скаш ли да го опи́таш? 3 И́скаш ли да ги опи́таш? 4 И́скаш ли да ги опи́таш? 5 И́скаш ли да го опи́таш?

Exercise 8

1 Не́, благодаря́, не и́скам да я опи́там. 2 Не́, благодаря́, не и́скаме да я опи́таме. 3 Не́, благодаря́, не и́скаме да го опи́таме. 4 Не́, благодаря́, не и́скам да го опи́там. 5 Не́, благодаря́, не и́скам да я опи́там. 6 Не́, благодаря́, не и́скам да го опи́там.

Unit 7

Exercise 1

1 Ме́ри ка́зва, че жи́вее в кварта́л „И́зток". 2 Мъжъ́т ка́зва, че тъ́рси Десисла́ва. 3 Све́тла ка́зва, че ня́ма вре́ме. 4 Миле́на отгова́ря, че апартаме́нтът и́ма голя́м балко́н. 5 Гео́рги и Миле́на ка́зват, че тръ́гват. 6 А́на ка́зва на Гео́рги, че то́й и́ма мно́го ху́бав апартаме́нт.

Exercise 2

1 Свéтла кáзва на Áна да говóри с Геóрги. 2 Áна кáзва на Милéна да обясни́ какво́ стáва. 3 Áна кáзва на Геóрги да я чáка в 8 ч. 4 Áз кáзвам на Геóрги да ме чáка в 8 ч. 5 Ни́е кáзваме на Геóрги да ни чáка в 8 ч. 6 Áна кáзва на Геóрги и Пéтър да я чáкат в 8 ч.

Exercise 3

1 Милéна пи́та Áна къдé е Геóрги. 2 Ни́е пи́таме Мéри откъдé е. 3 Áна пи́та Пéтър харéсва ли шóпска салáта. 4 Геóрги пи́та Áна ýчи ли нéмски. 5 Тé пи́тат Áна кóлко е часъ́т.

Exercise 4

1 Дáй ми го! 2 Дáй ми ги! 3 Дáй ни я! 4 Дáй ни го! 5 Дáй му я! 6 Дáй ѝ ги! 7 Дáй им го! 8 Дáй им ги! 9 Дáй им ги! 10 Дáйте ми го!

Exercise 5

1 Милéна му я дáва. 2 Геóрги ѝ я дáва. 3 Ми́лена и Албéна му ги дáват. 4 Ни́е ви ги дáваме. 5 Геóрги им ги дáва. 6 Ви́е ни ги дáвате. 7 Дáвам ти я. 8 Дáвате ми ги. 9 Дáвам му го. 10 Пéтър ми я дáва.

Exercise 6

1 Не харéсвам тáзи блýза. 2 Не харéсвам панталóна. 3 Харéсва ли ти шóпската салáта? 4 Не харéсваш ли тóзи магази́н? 5 Харéсват ли ти бъ́лгарските винá? 6 Те не харéсват магази́ните тáм. 7 Не ни́ харéсват магази́ните в цéнтъра. 8 Харéсват ли ви бути́ците в цéнтъра?

Unit 8

Exercise 1

1 В кóлко часá тръ́гва влáкът? 2 Автобýсите за Плóвдив минáват по булевáрд „Цáр Освободи́тел". 3 Áз съм готóв, да тръ́гваме вéче. 4 Ви́наги предпочи́там да пъту́вам с влáк. 5 Йскам да оти́да до Истори́ческия музéй. 6 Хáйде да тръ́гваме за ки́ното. 7 Геóрги оти́ва в Созóпол за еднá сéдмица.

8 Дове́чера оти́ваме на ки́но. 9 До ки́ното е по́-бъ́рзо да върви́ш пе́ш. 10 Оти́вам да ку́пя цветя́. 11 Вла́кът от Со́фия за Ва́рна мина́ва през Шу́мен.

Exercise 2

1 А́на у́тре оти́ва в Пло́вдив. 2 Сле́дващият автобу́с за/от Бурга́с тръ́гва в 9 ч. 3 Миле́на и А́на оти́ват в рестора́нт „Астра". 4 Дове́чера оти́ваме на конце́рт. 5 И́маме ли вре́ме да оти́дем до площа́д „Славе́йков"? 6 Ще оти́дем при Миле́на и Гео́рги. Ка́нят ни на вече́ря. 7 Обикнове́но пъту́вам с влак от Со́фия до Бурга́с.

Exercise 3

1 Ще се ви́дим на автога́рата, от коя́то тръ́гват автобу́сите за Ва́рна. 2 И́мам прия́телка, коя́то у́чи не́мски. 3 Това́ е о́фисът, в ко́йто рабо́ти Гео́рги. 4 У́тре и́мам сре́ща, коя́то запо́чва в 8 ч. 5 Магази́ните, в ко́йто купу́вам дре́хи, са в це́нтъра. 6 Си́ренето, кое́то купу́ваме от то́зи магази́н, е по́-скъ́по. 7 Гео́рги купу́ва ше́ст би́ри, ко́йто ще пи́е дове́чера пред телеви́зора.

Exercise 4

a – 5. b – 1. c – 4. d – 3. e – 2.

Exercise 5

1 Върве́те наля́во, сле́д това́ напра́во. 2 Върве́те надя́сно, сле́д това́ напра́во. 3 Върве́те напра́во, сле́д това́ надя́сно. 4 Върве́те напра́во, сле́д то́ва наля́во.

Exercise 6

These are just some examples – there are many ways to solve this exercise.

1 (a) Тръгне́те/Ще тръ́гнете по ули́ца „Пирого́в". Като́ сти́гнете до хоте́л „Центра́л", зави́йте/ще зави́ете надя́сно, по бул. „Васи́л Ле́вски". Ки́ното е на то́зи булева́рд/на вто́рата пря́ка, то́чно срещу́ па́рка.
(b) Тръгне́те по ул. „Ду́нав". Кога́то сти́гнете до па́рка, зави́йте/ще зави́ете надя́сно. Ки́ното е на бул. „Васи́л Ле́вски", то́чно срещу́ па́рка.

2 Тръгнéте/Ще тръ̀гнете по ул. „Дýнав”. Когáто стѝгнете до пáрка, завѝйте/ще завѝете надя́сно. Продължéте/Ще продължѝте крáй пáрка. Когáто стѝгнете до кѝното/до бул. „Васѝл Лéвски”, завѝйте/ще завѝете налявo. Вървéте/Ще вървѝте по бул. „Васѝл Лéвски” до кръстóвището с бул. „Хрѝсто Бóтев”. Завѝйте/Ще завѝете налявo и продължéте/ще продължѝте по тóзи булевáрд. Цъ̀рквата е на нéго.

3 Тръгнéте/Ще тръ̀гнете по бул. „Хрѝсто Бóтев”. Катó стѝгнете кръстóвището с бул. „Вáсил Лéвски”, завѝйте/ще завѝете надя́сно и вървéте/ще вървѝте напрáво. Скóро ще стѝгнете до пóщата. Хотéлът е тóчно срещý нéя.

4 Вървéте/ще вървѝте напрáво по ул. „Тъ̀рновска”. На кръстóвището с бул. „България” завѝйте/ще завѝете надя́сно. Вървéте/Ще вървѝте напрáво до кръстóвището с ул. „Дýнав”. Завѝйте/ще завѝете налявo и ще вѝдите пóщата.

5 Тръгнéте/Ще тръ̀гнете напрáво п ул. „Тъ̀рновска”. На кръстóвището с бул. „България” завѝйте/ще завѝете налявo. Продължéте/Ще продължѝте напрáво по тóзи булевáрд до кръстóвището с ул. „Дýнав”. Пóщата е зáд завóя влявo.

Unit 9

Exercise 1

1 Да, кафéто ми е хýбаво. 2 Да, балкóнът ни е голя́м. 3 Да, бѝрата ѝ е мáлка. 4 Да, сестрá ми е млáда. 5 Да, бѝрата ти е голя́ма. 6 Да, кнѝгите ни са хýбави. 7 Да, мáйка им е млáда. 8 Да, рéчниците ми са скъ̀пи. 9 Да, стáите им са голéми.

Exercise 2

1 Тря́бва да кýпя бѝра. 2 Тря́бва да кýпите гардерóб. 3 Тря́бва да кýпиш рéчник. 4 Тря́бва да кýпят колá. 5 Тря́бва да кýпи хля́б. 6 Тря́бва да кýпя колá.

Exercise 3

1 Не мóжем да дóйдем в съ̀бота. Ѝмаме гóсти.
2 Тря́бва да се обáдя на Милéна. Можé ли да се обáдя от вáшия телефóн?
3 Не мóга да разберá защó не ѝскаш да си кýпиш компю́тър.
4 Милéна и Гéорги все óще са на рáбота, но мóже скоро да се въ̀рнат.

5 Ту́к е магази́н за плодове́ и зеленчу́ци. Не мо́жеш/мо́же да ку́пиш ве́стник ту́к.
6 Мо́же ли да ме посъве́тваш кой ре́чник да избера́?

Exercise 4

1 Са́мо те́зи ре́чници са не́гови, оне́зи са тво́и. 2 Са́мо те́зи би́ри са те́хни, оне́зи са тво́и. 3 Са́мо те́зи десе́рти са те́хни, оне́зи са тво́и. 4 Са́мо та́зи ка́рта е не́гова, она́зи е тво́я. 5 Са́мо те́зи пода́ръци са не́йни, оне́зи са тво́и. 6 Са́мо те́зи шокола́ди са не́гови, оне́зи са тво́и.

Exercise 5

1 Здраве́й, А́на! 2 Миле́на и Гео́рги, здраве́йте! 3 Ме́ри и Пе́тър, здраве́йте! 4 Здраве́йте, госпо́жице Уа́йт! 5 Андре́й, здраве́й! 6 Здраве́йте, госпо́жо Или́ева! 7 Здраве́й, Мари́я! 8 Здраве́йте, господи́н Ивано́в!

Exercise 6

1 В о́фиса рабо́тят четири́ма програми́сти и две́ секрета́рки. 2 Дове́чера ще гле́дам мач по телеви́зията с три́ма прия́тели. 3 И́маме са́мо три́ би́ри, а сме четири́ма голе́ми мъже. 4 Те́зи два́ма англича́ни и три́ма америка́нци и́скат ма́са за пети́ма ду́ши. 5 На она́зи ма́са обя́дват че́тири англича́нки.

Unit 10

Exercise 1

1 Боли́ ме око́то. Боля́т ме очи́те. Боли́ ме уста́та. Боли́ ме стома́хът. Боли́ ме кракъ́т. Боля́т ме крака́та. Боли́ ме ръка́та. Боля́т ме ръце́те. Боли́ ме носъ́т. Боли́ ме ухо́то. Боля́т ме уши́те.
2 Боли́ го око́то. Боля́т го очи́те. Боли́ го уста́та. Боли́ го стома́хът. Боли́ го кракъ́т. Боля́т го крака́та. Боли́ го ръка́та. Боля́т го ръце́те. Боли́ го носъ́т. Боли́ го ухо́то. Боля́т го уши́те.
3 Боли́ ли те око́то? Боля́т ли те очи́те? Боли́ ли те уста́та? Боли́ ли те стома́хът? Боли́ ли те кракъ́т? Боля́т ли те крака́та? Боли́ ли те ръка́та? Боля́т ли те ръце́те? Боли́ ли те носъ́т? Боли́ ли те ухо́то? Боля́т ли те уши́те?

Exercise 2

1 Яде́ ми се ри́ба. 2 Яде́ ми се то́рта. 3 Яда́т ми се плодове́. 4 Пи́е ми се кафе́/ча́й. 5 Яда́т ми се я́годи.

Exercise 3

1 Ка́мен Воденича́ров е четвъ̀рти в класа́цията за по́п. 2 Ива́на е десе́та в класа́цията за фо́лк. 3 Ки́рил Мари́чков е четвъ̀рти в класа́цията за ро́к. 4 Ни́на Нико́лина е пъ̀рва в класа́цията за фо́лк. 5 Фа́ктор+ са о́сми в класа́цията за ро́к. 6 Ма́рко и Снежи́на са се́дми в класа́цията за фо́лк. 7 Панте́рите са деве́ти в класа́цията за фо́лк. 8 Бра́тя Аргѝрови са пе́ти в класа́цията за по́п. 9 Ми́шо Шама́ра и Ва́нко са пъ̀рви в класа́цията за ро́к. 10 Виоле́та и Ка́л са четвъ̀рти в класа́цията за фо́лк.

Exercise 4

1 Тря́бва да гово́ря с не́го. 2 Тря́бва да гово́ря с тя́х. 3 То́й тря́бва да гово́ри с те́бе. 4 То́й тря́бва да гово́ри с ва́с. 5 Ѝскаш ли да гово́риш с ме́не? 6 Ѝскаш ли да гово́риш с тя́х? 7 Ѝскате ли да гово́рите с на́с? 8 Тря́бва да гово́ря с не́го.

Exercise 5

1 Ме́не не ме́ боля́т. 2 Не́го не го́ боля́т. 3 На́с не ни́ боли́. 4 Не́я не я́ боля́т. 5 Не́го не го́ боли́. 6 Тя́х не ги́ боля́т.

Exercise 6

1 И ме́не ме боля́т. 2 И не́го го боля́т. 3 И на́с ни боли́. 4 И не́я я боля́т. 5 И не́го го боли́. 6 И тя́х ги боля́т.

Unit 11

Exercise 1

1 А́з харе́сах фи́лма и А́на и Миле́на го харе́саха. 2 Ни́е коменти́рахме фи́лма и ви́е го коменти́рахте. 3 А́на и Пе́тър бя́ха на ки́но и а́з бя́х на ки́но. 4 А́на опи́та сала́тата и ни́е я опи́тахме. 5 Те́ гово́риха бъ̀рзо и ни́е гово́рихме бъ̀рзо. 6 То́й се оба́ди по телефо́на и ти́ се оба́ди по телефо́на. 7 Ни́е бя́хме гла́дни и те бя́ха гла́дни. 8 А́з мълча́х и ти́ мълча́.

Exercise 2

1 А́з ве́че го гле́дах. 2 А́з ве́че я пока́них. 3 Ни́е ве́че заку́сихме. 4 А́з ве́че ѝ се оба́дих. 5 Ни́е ве́че я пока́нихме. 6 Миле́на ве́че я ку́пи. 7 Миле́на ве́че гово́ри с не́го.

Exercise 3

Вче́ра позвъни́х на А́на и я пока́них на ки́но. Оба́дих се и на Миле́на и я пока́них. Гле́даме еди́н испа́нски фи́лм. Ку́пих биле́ти за проже́кцията в 7 ч. След фи́лма наме́рихме ху́баво кафе́ и коменти́рахме игра́та на актьо́рите.

Exercise 4

1 Мно́го харе́свам бра́т си. 2 Мно́го харе́свам кола́та си. 3 Мно́го харе́свам сестра́ си. 4 Мно́го харе́свам о́фиса си. 5 Мно́го харе́сваме кола́та си. 6 Мно́го харе́сваме апартаме́нта си. 7 Мно́го харе́сваме коле́гите си.

Exercise 5

1 Ра́ботата върви́ към сво́я кра́й. 2 Позна́вам мно́го от хо́рата, който живе́ят в мо́я кварта́л. 3 Миле́на че́сто хо́ди на ки́но в свобо́дното си вре́ме. 4 А́з ще оти́да при ма́йка си във Ва́рна. 5 Си́гурен съм, че мо́ят апартаме́нт е по́-голя́м от не́говия.

Exercise 6

1 Научა́вам мно́го пе́сни от ба́ба си. 2 Защо́ проме́няш наро́дните пе́сни в изпъ̀лненията си? 3 Проме́няме са́мо аранжиме́нтите. 4 А́з усе́щам, че ми́слим по еди́н и същ на́чин. 5 По вре́ме на шо́уто ти́ сменя́ш ня́колко тоале́та.

Exercise 7

Теа́тър на се́ло

А́з живе́я в бе́дно се́ло, но мечта́я да го напу́сна. Еди́н де́н сре́щам „сво́ята" мечта́ – мла́д, краси́в актьо́р, ко́йто ми предла́га да ме взе́ме със се́бе си. Пра́вя сво́я драмати́чен и́збор и присти́гам в сто́лицата. Ту́к тря́бва да се приспособя́ към непозна́та среда́, да наме́ря сво́ето мя́сто и да се разделя́ с илю́зиите си.

Нóра II

Отегчéна от монотóнния си живóт, напýскам къщата на съпрýга си. Товá обáче не ми помáга да решá свóите проблéми. Ще се върна ли към свóето мúнало или ще търся нóв път напрéд?

Пътят за Крúм

След смърттá на женá си изгýбвам жúлището си. Тръгвам зáедно със синá си към домá на сестрá си в Крúм. Каквó ще преживéем по свóя път? Йстински road movie.

Unit 12

Exercise 1

1 Вúе пúхте бúра, а нúе пúхме вúно. 2 Áз чéтох вéстник, а вúе чéтохте кнúга. 3 Áз тръгнах в 7 ч., а тé тръгнаха в 8 ч. 4 Áна сéдна в кýхнята, а нúе сéднахме на бáлкона. 5 Тé дойдóха вчéра, а нúе дойдóхме днéс. 6 Нúе тръгнахме за Вáрна, а тú тръгна за Рýсе. 7 Вчéра дойдóха двáйсет гóсти, а днéс дойдé сáмо едúн. 8 Áз пúх бúра, а тú пú сáмо водá.

Exercise 2

1 Тóй вéче тръгна. 2 Благодарý, áз вéче го прочéтох. 3 Тé вéче дойдóха. 4 Той вéче запóчна. 5 Тé вéче сéднаха.

Exercise 3

Еднá женá дойд-éипопúта къдé е салáтата. Кáзах ѝ, че úмам домáти, чýшки, лýк – всúчки зеленчýци за еднá хýбава шóпска салáта. А тя́ кáза, че úска зелéна салáта, марýли и зелéн лýк. Кáзах ѝ да поглéдне патладжáна и тúквичките. Тя́ отговóри, че не úска патладжáн. Попúта úмам ли черéши. Áз ѝ кáзах, че черéшите са сáмо през ю́ни и ю́ли. Накрáя кáза да ѝ дáм 2 килогрáма я́бълки.

Exercise 4

1 Нé, но вчéра изпúхме еднá. 2 Нé, но вчéра (ѝ) обещáх. 3 Нé, но вчéра довéдох. 4 Нé, но вчéра взéх. 5 Нé, но вчéра (му) обещá. 6 Нé, но вчéра довéдохме.

Exercise 5

Си́лвия попи́та: „Атана́се, зна́еш ли, че Никола́й и́ма рожде́н де́н дне́с?" – „Не зна́я," ка́за Атана́с, „и Красими́ра също и́ма рожде́н де́н. Тога́ва тря́бва да ку́пя пода́рък и на не́я, и на Никола́й."

Exercise 6

Вче́ра ста́нах в 7 ч. Заку́сих и оти́дох в о́фиса към 8 ч. Та́м се́днах пред компю́търа и рабо́тих до 12. Тогава обя́двах с Ме́ри. Следо́бед се сре́щнах с клие́нти. В 6 ч. вечерта́ се върнах вкъщи, вече́рях и гле́дах фи́лм по телеви́зията.

Unit 13

Exercise 1

1 По́-ра́но не гле́дах мно́го. 2 По́-ра́но не чете́ше мно́го. 3 По́-ра́но не гово́реше мно́го. 4 По́-ра́но не пи́ехме мно́го. 5 По́-ра́но не ядя́ха мно́го. 6 По́-ра́но не спорту́вахте мно́го. 7 По́-ра́но не купу́вах мно́го.

Exercise 2

1 А сега́ гле́дам мно́го – вче́ра гле́дах мно́го и у́тре ще гле́дам мно́го. 2 А сега́ гово́ря български – вче́ра гово́рих български и у́тре ще гово́ря български. 3 А сега́ пи́ем мно́го кафе́ – вче́ра пи́хме кафе́ и у́тре ще пи́ем кафе́. 4 А сега́ яде́ ри́ба – вче́ра я́де ри́ба и у́трс ще ще яде́ ри́ба. 5 А сега́ спорту́ват – вче́ра спорту́ваха и у́тре ще спорту́ват. 6 А сега́ върви́ш пе́ш – вче́ра вървя́ пе́ш и у́тре ще ще върви́ш пе́ш. 7 А сега́ вали́ дъжд – вче́ра валя́ дъжд и у́тре ще ще вали́ дъжд.

Exercise 3

В неде́ля а́з и Пе́тър реши́хме да оти́дем на екску́рзия до Са́моков. В събота вечерта́ провери́хме разписа́нието на автобу́сите. Тря́бваше да ста́нем мно́го ра́но, защо́то и́скахме да присти́гнем преди́ обя́д и да и́маме вре́ме да разгле́даме града́.

И така́, в 7.30 ни́е ве́че ча́кахме на спи́рката. У́трото бе́ше чуде́сно. Гре́еше слъ̀нце. Поми́слихме си/ми́слехме си, че ще и́маме един ху́бав ден вън от София. За на́ша голя́ма изнена́да вме́сто голя́м луксо́зен автобу́с дойде ма́лък микробу́с. Запо́чнаха да се ка́чват хо́ра с мно́го бага́ж, който очеви́дно пъту́ваха за бли́зките села́. Качи́хме се и ни́е. За щя́стие, и́маше две́ свобо́дни места́. Ни́е се́днахме и загово́рихме за пъту́ването. Пе́тър ми пока́за на ка́ртата през кои́ места́ ще ми́нем. На́й-по́сле тръ̀гнахме, са́мо с 15 мину́ти закъсне́ние.

Exercise 4

1 Вре́мето е о́блачно. 2 Вре́мето е слъ̀нчево/Гре́е слъ̀нце/Слъ̀нцето гре́е. 3 Вали́ дъ̀жд. 4 Вали́ сня́г. 5 Вре́мето е променли́во/о́блачно/и́ма разкъ̀сана о́блачност.

Exercise 5

В Северозá́падна Бълга́рия вре́мето ще бъ̀де слъ̀нчево.

В Североизто́чна Бълга́рия вре́мето ще бъ̀де променли́во/ще и́ма разкъ̀сана о́блачност.

В Югои́зточна Бълга́рия ще бъ̀де о́блачно.

В Югоза́падна Бълга́рия ще вали́ дъ̀жд.

Exercise 6

1 Со́фия се нами́ра на за́пад от Бурга́с. 2 Благо́евград се нами́ра на ю́г от Ло́м. 3 Ва́рна се нами́ра на и́зток от Пле́вен. 4 Пле́вен се нами́ра на се́вер от Пло́вдив. 5 Со́фия се нами́ра на северозá́пад от Пло́вдив. 6 Ста́ра Заго́ра се нами́ра на югои́зток от Ва́рна. 7 Бурга́с се нами́ра на югои́зток от Пле́вен. 8 Благо́евград се нами́ра на югоза́пад от Ру́се. 9 Пло́вдив се нами́ра на югои́зток от Ло́м.

Unit 14

Exercise 1

1 Не́, не съм хо́дила та́м. 2 Не́, не сме́ хо́дили та́м. 3 Не́, не е́ хо́дил та́м. 4 Не́, не е́ хо́дил та́м. 5 Не́, не си́ ходила та́м. 6 Не́, не сте́ хо́дили та́м.

Exercise 2

1 А́на е организи́рала екску́рзия до Ва́рна. 2 Ни́е ве́че сме́ гле́дали то́зи фи́лм. 3 Миле́на, откъде́ си ку́пила те́зи обу́вки?

4 Надя́вам се фи́лмът да не е́ запо́чнал о́ще. 5 Гео́рги и Пе́тър не са́ ка́зали кога́ запо́чва фи́лмът. 6 Си́гурно по́-ра́но не сте́ пи́ли то́лкова ху́баво ви́но!

Exercise 3

1 Ма́сата е запа́зена от А́на. 2 Та́зи кола́ е ку́пена от на́с. 3 Това́ ве́че е ка́зано от тя́х. 4 Пари́те са да́дени от ме́не. 5 Пари́те са наме́рени от ва́с. 6 Мно́го неща́ са напра́вени от ме́не дне́с.

Exercise 4

1 А́з ве́че изпра́тих докуме́нтите по фа́кса/А́на ве́че изпра́ти докуме́нтите по фа́кса. 2 А́з ве́че написах това́/А́на ве́че напи́са това́. 3 А́з съм вклю́чила твъ́рде мно́го музе́и в та́зи програ́ма/А́на е вклю́чила твъ́рде мно́го музе́и в та́зи програ́ма.

Exercise 5

1 О́ще не съм му се оба́дил. 2 О́ще не съм им се оба́дил. 3 О́ще не са́ му се оба́дили. 4 О́ще не сме́ му се оба́дили. 5 О́ще не му́ се е оба́дил.

Exercise 6

1 Въ́рнал/въ́рнала съм ѝ ги ве́че. 2 Въ́рнал/въ́рнала съм му ги ве́че. 3 Въ́рнали сме ѝ ги ве́че. 4 Въ́рнала съм им ги ве́че. 5 Оба́дил съм ѝ се ве́че. 6 Оба́дила съм му се ве́че.

Unit 15

Exercise 1

1 Щя́х да хо́дя, но се отка́зах. 2 Щя́х да ку́пя, но се отка́зах. 3 Щя́ха да зами́нат, но се отка́заха. 4 Щя́х да донеса́, но се отка́зах. 5 Щя́хме да се разхо́дим, но се отка́захме. 6 Щя́х да поръ́чам, но се отка́зах.

Exercise 2

1 Не́, ня́маше да тръ́гна. 2 Не́, ня́маше да тръ́гнат. 3 Не́, ня́маше да се оба́ди. 4 Не́, ня́маше да изле́зе. 5 Не́, ня́маше да изле́зем. 6 Не́, ня́маше да се въ́рнем.

Exercise 3

1 Би́х ти ку́пил, но ня́мам пари́. 2 Би́х оти́шъл/оти́шла, но ня́мам вре́ме. 3 Би́хме се́днали, но ня́маме вре́ме. 4 Би́ оти́шъл, но ня́ма вре́ме. 5 Би́х опи́тал, но съм с кола́. 6 Би́ха помо́гнали, но са зае́ти.

Exercise 4

1 Би́хте ли householdговóрили по́-висо́ко? 2 Би́ ли ми ку́пил/ку́пила еди́н шокола́д? 3 Би́хте ли запо́чнали отно́во? 4 Би́ ли ми се оба́дил/оба́дила у́тре? 5 Би́хте ли отговóрили ведна́га? 6 Би́ ли попи́тал/попи́тала сестра́ си? 7 Би́хте ли резерви́рали две́ ста́и? 8 Би́ ли се́днал/се́днала ту́к?

Exercise 5

1 Ако́ и́мах пари́, щя́х да поръ́чам и десе́рт. 2 Ако́ и́махме вре́ме, щя́хме да поръ́чаме и десе́рт. 3 Ако́ не вале́ше дъ́жд, щя́хме да тръ́гнем ве́че. 4 Ако́ не бе́ше студе́но, ня́маше да оста́на вкъщи. 5 Ако́ зна́еше ко́лко стру́ва биле́тът, Ге́орги ня́маше да пъту́ва пъ́рва кла́са. 6 Ако́ магази́нът бе́ше отво́рен, Ге́орги ще́ше да ку́пи плодове́.

Exercise 6

1 Ако́ и́мах пари́, би́хте пъту́вали пъ́рва кла́са. 2 Ако́ и́махме вре́ме, би́хме оста́нали о́ще еди́н де́н. 3 Ако́ не вале́ше дъ́жд, не би́х оста́нал/оста́нала вкъщи. 4 Ако́ не зна́ех ко́лко си непракти́чен, не би́х ти помо́гнал/помо́гнала. 5 Ако́ не бе́ше студе́но, би́х била́ мно́го дово́лна. 6 Ако́ ба́рът бе́ше отво́рен, Ге́орги не би́ седя́л ту́к.

Unit 16

Exercise 1

1 Не са́ зами́нали о́ще, но Пе́тър зами́на вче́ра. 2 Не е́ доне́съл о́ще, но Ге́орги доне́се вче́ра. 3 Не са́ вле́зли о́ще, но ше́фът вле́зе преди́ ма́лко. 4 Не е́ оти́шла о́ще, но Ге́орги оти́де та́зи су́трин. 5 Не са́ дошли́ о́ще, но ше́фът дойде́ преди́ ма́лко. 6 Не сме́ доне́сли о́ще, но Ге́орги доне́се вче́ра. 7 Не съм я́ла о́ще, но мъжъ́т ми я́де вче́ра.

Exercise 2

1 Не гó е донéсла óще. 2 Не гú е довéл óще. 3 Не смé ги изя́ли óще. 4 Не мý го е дáла óще. 5 Не съм им ги дáла óще. 6 Не сá ги завéли óще. 7 Не мú го е донéсла óще. 8 Не съм го прочéл óще.

Exercise 3

По врéме на пътýването до Дъ́блин Мéри изгýбила билéта си. Тя́ пътýвала за Дъ́блин със смя́на на самолéта в Лóндон. На летúщето в Сóфия полýчила бóрдни кáрти и местá и за двáта пóлета. По врéме на пъ́рвия пóлет чéла/четя́ла докумéнти и разглéждала вéстници. Взéла докумéнтите, а билéта вероя́тно слóжила в джóба на седáлката пред сéбе си, зáедно с вéстниците. Полýчила нóв билéт, нó след като платúла глóба.

Exercise 4

Вчéра Милéна стáнала в 7 ч. Закýсила с кафé, сúрене и хля́б и пóсле тръ́гнала за рáбота. Слéзла от трамвáя при библиотéката и си кýпила вéстник. В óфиса се срéщнала с клиéнти и напúсала ня́колко писмá. На óбед отúшла до блúзкия ресторáнт зáедно с еднá колéжка. Я́ли салáта и омлéт и пúли минерáлна водá. Въ́рнали се на рáбота към 3 ч.

Exercise 5

1 Решáват гóрските живóтни да си пúйнат и изпрáщат стонóжката да им кýпи вóдка от ресторáнта. Чáкат я ця́л дéн. Тя úдва чáк вечертá.
– Защó се забáви тóлкова? – пúтат я всúчки.
– Амú на вратáта на ресторáнта úмаше табéла: „Изтрúвайте си кракáта!”

2 Сънýва едúн мъж сън: парú, мнóооого парú. И числóто 6. Стáва сутринтá в 6 часá и 6 минýти, вúка си таксú нóмер 6, плáща му 6 лв и 66 ст. Отúва на хиподрýма на кáса нóмер 6 и залáга на кóн нóмер 6 – 6666 лв.
И каквó? – Кóнят пристúга шéсти.

Exercise 6

1 Шотла́ндец закъсня́л за ра́бота и ше́фът му пои́скал обясне́ние. То́й обясни́л:
– Сти́снах по́-си́лно па́стата за зъ́би и изгу́бих полови́н ча́с, докато́ я вка́рам обра́тно!

2 Еди́н ко́н вля́зъл в ба́р и си поръ́чал една́ би́ра. Ба́рманът му я серви́рал. Ко́нят я изпи́л и тръ́гнал. Еди́н от клие́нтите попи́тал ба́рмана:
– Не се́ ли чу́диш защо́ то́зи ко́н пи́е би́ра?
– Абсолю́тно, то́й обикнове́но пи́е уи́ски!

Unit 17

Exercise 1

1 Кога́то го потъ́рсих, то́й бе́ше изля́зъл. 2 Кога́то ги потъ́рсих, те́ бя́ха излե́зли. 3 Кога́то Ви потъ́рсих, Ви́е бя́хте изле́зли. 4 Кога́то те потъ́рсих, ти́ бе́ше излязъл/излязла. 5 Кога́то я потъ́рсих, тя́ бе́ше оти́шла на ра́бота. 6 Кога́то ви потъ́рсих, ви́е бя́хте оти́шли на ра́бота. 7 Кога́то го потъ́рсих, то́й бе́ше се въ́рнал. 8 Кога́то те потъ́рсих, ти́ бе́ше се въ́рнал/въ́рнала.

Exercise 2

1 Не́, не сме́ и вче́ра не бя́хме ку́пили. 2 Не́, не съм и вче́ра не бя́х ку́пила. 3 Не́, не е́ и вче́ра не бе́ше поръ́чала. 4 Не́, не е́ и вче́ра не бе́ше отгово́рил. 5 Не́, не съм и вче́ра не бя́х поръ́чал/поръ́чала. 6 Не́, не съм и вче́ра не бя́х ку́пил.

Exercise 3

1 Да́, но преди́ да се́дна, и́скам да погово́ря с Пе́тър. 2 Да́, но преди́ да зами́на, и́скам да погово́ря с Пе́тър. 3 Да́, но преди́ да се́днем, и́скаме да погово́рим с Пе́тър. 4 Да́, но преди́ да се́дна, и́скам да погово́ря с Пе́тър. 5 Да́, но преди́ да се въ́рна, и́скам да погово́ря с Пе́тър. 6 Да́, но преди́ да изля́за, и́скам да погово́ря с Пе́тър. 7 Да́, но преди́ да оти́де, и́ска да погово́ри с Пе́тър.

Exercise 4

1 Като се върна, ся́дам пред телеви́зора. 2 Като излéзем оти́ваме на рáбота. 3 Като се върне, ся́да пред телеви́зора. 4 Като тръ̀гнеш, ви́наги забрáвяш чáнтата си. 5 Като сéднат, запóчват да четáт. 6 Като заку́сите, оти́вате на рáбота.

Exercise 5

Тáзи годи́на прекáрах отпуската/вакáнциятя си във Вáрна. Бя́х напрáвил/напрáвила резервáция в ху́бав хотéл бли́зо до плáжа. Бя́х реши́л/реши́ла да пъту́вам с влáк до Вáрна, но пó-късно разбрáх, че е пó-бързо да пъту́вам с автобу́с. Когáто присти́гнах във Вáрна, слъ̀нцето грéеше и ду́хаше лéк/слáб вя́тър. Взéх такси́ до хотéла, кóйто се нами́раше на 4 киломéтра от градá. Вечéрях в ресторáнта и след товá спáх до 8 часа на слéдващия дéн.

Exercise 6

1 Твърдéнието, че Геóрги не познáвал Мéри, не é вя́рно. 2 Твърдéнието, че Милéна и Свéтла обя́двали сáмо в пицари́и, не é вя́рно. 3 Твърдéнието, че Áна не знáела нéмски, не é вя́рно. 4 Твърдéнието, че Бóби Филарéтов не би́л мнóго извéстен, не é вя́рно. 5 Твърдéнието, че на óбед българите пи́ели сáмо водá, не é вя́рно. 6 Твърдéнието, че Бóби сегá пи́шел ромáн, не é вя́рно. 7 Твърдéнието, че ни́е не смé говóрели български, не é вя́рно.

Bulgarian–English glossary

Pronouns, numerals, names of days and months, and compass directions are not listed in the vocabulary. Look for these in the index. Adverbs formed regularly from the neuter form of adjectives are not listed separately. Grammar information is normally given only for nouns and verbs that deviate from standard patterns. These are defined as follows.

Noun gender by ending

consonant, including **-й**: masculine

-а/**-я**:	feminine
-о, **-е**:	neuter

Plural endings for nouns:

masculine single-syllable:	**-ове**
masculine more syllables:	**-и**
feminine:	**-и**
neuter ending in **-о**:	**-а**
neuter ending in **-е**:	**-та**
neuter ending in **-ие**:	**-ия**

Verbs

The dictionary form is first person singular.

Aspect pairs are separated by a slash:

e.g. imperfective verb/perfective verb

If the perfective verb is formed by adding a prefix, only the prefix is given after the slash.

Present tense is indicated for **и**-verbs and **e**-verbs, but not for **a**-verbs, which are always recognised by their first person ending **-ам/-ям**.

Aorist tense is not indicated for **a**-verbs, **и**-verbs that show an **-и-** in the aorist, or for **e**-verbs ending in **-на**, which always show an **-a-** in the aorist. The aorist tense is given after the present tense and separated by a semicolon (;).

Abbreviations used

adj.	adjective	m.	masculine
adv.	adverb	p.	person
coll.	collective	part.	(past active) participle
colloq.	colloquial	pf.	perfective
conj.	conjunction	pl.	plural
f.	feminine	prep.	preposition
imp.	imperative	sing.	singular
impers.	impersonal	voc.	vocative
impf.	imperfective		

A

а	and; but
абе́	but; why
абсолю́тно	absolutely
а́виокомпа́ния	airline
автенти́чен, -чна	authentic
автога́ра	bus station
а́втор	author
аге́нция	agency
адре́с	address
аерога́ра	airport
ако́	if;
ако́ оби́чате	please, if you please
актьо́р	actor
акце́нт	accent
албу́м	album
а́ло	hello
ама́	but, why
америка́нец (m.), **америка́нци** (f.)	American
ами́	er, well
амфитеа́тър	amphitheatre
аналги́н	painkiller (a degraded brand name, like aspirin)
англи́йски	English
англича́нин	Englishman
англича́нка	Englishwoman
апартаме́нт	apartment, flat;
апартаме́нт под на́ем	apartment to let
апети́т	appetite
аранжиме́нт	arrangement

архитектýра	architecture
архитектýрен, -ýрна	architectural

Б

бáба	grandmother
багáж	luggage
багáжник	luggage compartment, trunk
базáр	bazaar
Балкáните (pl.)	the Balkans
балкáнски	relating to the Balkans
Балкáнския полуóстров	the Balkan peninsula
балкóн	balcony
банáн	banana
бáня	bathroom, facilities
бáр	bar
барелéф	bas-relief
бáрман	bartender
басéйн	pool
баскет-боли́ст (m.), **баскет-боли́стка** (f.)	basketball player
бащá (m., voc. **тáтко**)	father
без	without
безпокоя́ се, -и́ш се	to worry
бéли	*see* **бя́л**
бензи́н	petrol
библиотéка	bookshelf; library
би́вш, -а, -е, -и,	former
би́знес	business;
би́знес консултáнт	business consultant
билéт	ticket
би́лков	herbal;
би́лков чáй	herbal tea
би́ра	beer
благодаря́	thank you
блéд	pale
блестя́, -и́ш	to shine, glisten
бли́зо	close by, near;
бли́зо до	close to, near to
бли́зък, -зка	close; used as a noun: close relative or friend
блóк	block of flats
блýза	blouse
бóйлер	water heater
бóлен, -лна	sick, ill
боли́	to ache;
боли́ ме глáвата	to have a headache
бóлка	pain
бóлница	hospital
бóр	pine
бóрдна кáрта	boarding card
брáво	bravo
брáт, брáтя (pl.)	brother
братовчéд (m.), **братовчéдка** (f.)	cousin
брóнзов (adj.)	bronze
буквáлно	literally
букéт	bunch, bouquet
булевáрд	boulevard
буркáн	jar
бути́к	boutique
бути́лка	bottle
бъ́бря, -иш	to chat
бъ́лгарин (m.), **бъ́лгари** (pl.), **бъ́лгарка** (f.)	Bulgarian
бъ́лгарски (adj.)	Bulgarian

бърз quick
бързам to hurry
бюро́ desk, writing table; agency
бя́л, **-а**, **-о**, **бе́ли** white

В

в (before **в** and **ф**: **във**) in; at
ваго́н (railway) carriage
ва́жен, **-жна** important
вале́ж (usually pl.) precipitation
вали́; **валя́** (3rd p. only) to precipitate, rain
валу́тен, **-тна** relating to foreign currency;
  валу́тен ку́рс rate of exchange
ва́на bath(tub)
вариа́нт variant, option
вдру́гиден the day after tomorrow
вдя́сно to/at the right
ведна́га immediately
веднъж once
ве́к, **векове́** century
вели́к great
великоле́пен, **-пна** grandiose, marvellous
ве́рен, **вя́рна**, **-о**, **-ве́рни** true, faithful
вероя́тно probably
веселя́, **-иш се** to party, have fun
ве́стник newspaper
ветрове́ *see* **вя́тър**
ве́че already
ве́чер (adv.) in the evening, evenings
ве́чер (f.) evening;
  до́бър ве́чер good evening
вече́ря supper, evening meal
вече́рям to have supper
ве́щ (f.) thing, object; belonging
взаи́мно mutually
взе́мам/взе́ма, **-еш**; **взе́х** to take
ви́д type, sort
ви́е ми се свя́т to feel dizzy
ви́ждам/ви́дя, **-иш**; **видя́х**, imp. **виж** to see
византи́йски Byzantine
ви́наги always
ви́но wine
висо́к high, tall
ви́ц joke
вка́рвам/вкара́м drive in, put in; insert
вклю́чвам/вклю́ча, **-иш** to include; switch on
вку́с taste
вку́сен, **-сна** tasty, delicious
вкъщи at home; homewards
вла́жен, **-жно** humid, damp
вла́к train
вла́ст (f.) power, authority
вли́зам/вля́за, **вле́зеш**; **вля́зох**, imp. **вле́з** to come in, enter
влия́я, **-я́еш**; **влия́х/по** to influence

влю́бен	in love, infatuated
вля́во	to the left
вме́сто	instead of
внима́вам (impf. only)	to pay attention; take care
внима́ние	attention
внима́телно	carefully, attentively
вода́	water
во́дка	vodka
во́дя, **-иш**	to lead, carry out
война́	war
впечатля́ващ	impressive
впу́скам/впу́сна, **-еш се в не́що**	to get into, engage in something
вра́г, **врагъ́т**	enemy
врата́	door
вратовръ́зка	necktie
вре́ме (1) (sing. only)	weather
вре́ме (2), **времена́** (pl.)	time
връ́зка	connection
връ́щам (**се**)/ **въ́рна**, **-еш** (**се**)	to return
връ́щане	return trip
все́ па́к	after all, still
всъ́щност	actually
вхо́д	entrance
вче́ра	yesterday
във	*see* **в**
въ́здух	air
възмо́жно	possible
възмо́жност	possibility
възстановя́вам/ възстановя́, **-и́ш**	restore
вълну́вам се (impf. only)	to worry, be disturbed
вълну́ващ	exciting, thrilling
въ́н от	outside
въпро́с	question
вървя́, **-и́ш**; **-вя́х**	to go, walk
въ́рна се	*see* **връ́щам се**
върху́	on, upon
въ́трешен, **-шна**	interior, internal
вя́рвам/ повя́рвам	to believe
вя́рно	*see* **ве́рен**
вя́тър, **ветрове́** (pl.)	wind

Г

га́дене	nausea
га́ди ми се	to be nauseous
га́йда	bagpipe
гале́рия	gallery
га́ра	station, train station
гардеро́б	dresser, wardrobe
ге́н, **ге́ни**	gene
герма́нец (m.), **герма́нка** (f.)	German
Герма́ния	Germany
г-жа	*see* **госпожа́**
глава́	head
главобо́лие	headache
гла́ден, **-дна**	hungry
гле́дам	to watch; see
гле́дка	view
гло́ба	fine; fee
глу́пав	stupid
г-н	*see* **господи́н**
гово́ря, **-иш** (impf. only)	to speak
годи́на	year

голя́м, **-а**, **-о**, **голе́ми**	large, big
го́рски	relating to **гора́** forest, wood
горчи́ ми	to taste bitter
господи́н, **господа́** (pl.)	Mister
госпожа́	Madam, Ma'am
госпо́жица	Miss
го́ст (m.), **го́сти** (pl.), **го́стенка** (f.)	guest
госту́вам (impf. only) **на ня́кого**	to visit somebody
го́т, **го́ти** (pl.)	Goth
готва́ч (m.), **готва́чка** (f.)	chef, cook
го́твя, **-иш** (impf. only)	to cook
гото́в	ready
гра́д, **градъ́т**, **градове́** (pl.)	town, city
гради́на	garden
гра́дус	degree
градче́	town, small town
грама́тика	grammar
гра́фик	schedule
гра́х (sing. only)	peas
греша́, **-иш**	to err
гре́шка	error
гре́я/погре́я	to shine, warm
гри́жа, **-иш се/ по- за ня́кого/не́що**	to take care of somebody/ something
гри́п	flu
гро́зде (sing. only, coll. noun)	grapes
гру́па	group
гъ́ба	mushroom
Гъ́рция	Greece

Д

да́ (1)	yes
да (2)	introduces clauses, serving instead of infinitives
да́вам/да́м, **даде́ш**; **да́дох**, imp. **да́й**	to give
да́же	even
дале́че	far away
дали́ (conj.)	whether
да́ма	lady
дви́гател, **-лят**	engine
движе́ние	movement; traffic
дворе́ц **дворци́** (pl.)	castle, palace, hall
дво́рцов	relating to **дворе́ц**
дево́йка	girl, young woman
де́йстващ	functioning, working
действи́телно	really, in fact
де́н, **деня́т**, **дни́** (pl.)	day
десе́рт	pudding, dessert
дете́, **деца́** (pl.)	child
де́тство	childhood
джа́з	jazz
джо́б	pocket
дива́н	couch, sofa
дие́та	diet
диза́йнер	designer
ди́ня	watermelon

дирéктен, **-тна** direct
дискотéка disco, club
днéс today
днéшен, **-шна** today's, contemporary
до next to, by, beside; until
добрé fine, well;
  добрé дошлѝ welcome!
доброво́лен, **-лна** voluntary
добъ̀р, **добрá**, **добро́** good;
  до́бър дéн good morning, good afternoon
довéждам/ доведá, **-éш**; **довéдох** to take along, bring (a person)
довéчера tonight
довѝждане goodbye, au revoir
дово́лен, **-лна** content, satisfied
до́йда *see* **ѝдвам**
докато́ until; while
до́ктор doctor
докумéнт document, paper
до́лар dollar
до́лу (adv.) below, down under
до́м, **домъ̀т** home, house
домакѝнствам to do household chores
домакѝня hostess; housewife
домáт tomato
домáшен, **-шна** relating to home, home-made;
  домáшен телефо́н home phone
донáсям/донесá, **-éш** to bring
дорѝ (и) even
до́ста much, a lot; very
достáтъчно sufficiently, enough
достѝгам/ достѝгна, **-еш** to reach
дотáм there, to that place
дочу́ване goodbye, au revoir (on the telephone)
д-р *see* **до́ктор**
дрáг dear
дрéбни change (small coins), pl. of **дрéбен** small, tiny
дрéха piece of clothing, (pl.) clothes
дру́г other
ду́ха (3rd p. only) about wind: to blow
ду́ш shower
ду́ши (pl. only) people (when used with a numeral)
дъжд rain
дъ̀лго (adv.) long
държá, **-ѝш** (impf. only) to hold;
  мно́го държá на нéщо to attach great importance to something
дъщеря́ daughter

Е

éвро, **éвро** (pl.) euro
Éвропа Europe
éвтин cheap, inexpensive

едвá (ли)	hardly
единúчен, **-чна** **единúчна стáя**	unique, single; single room
едúнствен	single, only
едностáен, **-áйна**	one-room
ездáч	horseman, rider
éзеро	lake
езúк	language; tongue
езúков тéст	language test
екзóтика	exotism
екзотúчен, **-úчна**	exotic
екскýрзия	trip, excursion
експеримен-тúрам (impf. only)	to experiment
експéрт **експéрт по нéщо**	expert; an expert on something
елá	*see* **úдвам/дóйда**
елегáнтен, **-тна**	elegant
електроенéргия	electroenergy
емоционáлен, **-лна**	emotional
ентусиáст	enthusiast
етáж	floor, storey
етикéт	label
éто	here is . . ., here it is

Ж

жáден, **-дна**	thirsty
жéга	heat
желáя, **-áеш**; **-áх** (impf. only)	to wish; desire
женá	woman; wife
жéнен	married
жéртва	sacrifice
жúв	alive
живéя, **-éеш**; **-вя́х**	to live, dwell
живóт	life
живóтно, **живóтни** (pl.)	animal
жúлище	home, dwelling
жълт	yellow

З

за	towards, in the direction of; for, for the benefit of
забавля́вам се (impf. only)	to have fun
забáвям се/ **забáвя**, **-иш се**	to be delayed
забрáвям/ **забрáвя**, **-иш**	to forget
забраня́вам/ **забраня́**, **-úш**	to forbid
заваля́ва/завалú (3rd p. only)	to start raining
заведéние	place of entertainment; restaurant
завéждам/ **заведá -еш**	to take somewhere, take along (about persons)
завúвам/завúя, **-еш**	to turn
завóй	turn, curve
завръ́щам се/ **завъ́рна**, **-éш се**	to return
заговáрям/ **заговóря**, **-иш**	to start talking
зад (prep.)	behind

за́едно	together
зае́т	busy
зака́рвам/ зака́рам	drive, give a ride
заку́свам/заку́ся, -иш	to have breakfast
заку́ска	breakfast; light meal
закъде́	where to
закъсне́ние	delay
закъсня́вам/ закъсне́я, -е́еш; -ня́х	to be late
зала́гам/зало́жа, -иш	to bet
замина́вам/ зами́на, -еш	to depart
занима́вам се/ занима́я, -еш се с нещо	to be (become) occupied with something, do something
заобика́лям/ заобикаля́, -и́ш	to surround
запа́звам/запа́зя, -иш	to preserve; reserve
запа́лвам/запа́ля, -иш	to ignite, set fire to; start
запи́свам/ запи́ша, -еш; -пи́сах	to write down, make a note;
запи́свам ча́с	to set up an appointment
запи́твам/ запи́там	to inquire, ask
заповя́дай	here you are!
запозна́вам се/ запозна́я, а́еш; -зна́х се	to become acquainted
запозна́нство	acquaintance, introduction
запо́чвам/ запо́чна, -еш	to begin
зара́двам се	*see* **ра́двам се**
заради́	for . . . sake, on account of
заре́ждам/ заредя́, -и́ш	to fill, replenish
затова́	therefore
захра́нване	electric supply
защо́	why
защо́то	because
звезда́	star
зву́к (pl. **зву́ци**) (pl. **зву́кове**)	musical sound; any sound
звуча́, -и́ш (impf. only)	to sound
звъня́, -и́ш/по-	to ring
здра́в	healthy, in good health
здра́ве	health
здраве́й	hi, hello
здра́сти	hi there
зе́ле	cabbage
зеле́н	green;
зеле́н лу́к	spring onions;
зеле́на салата	lettuce; green salad
зеленина́	greenery
зеленчу́ци (pl. only)	vegetables
зи́мен, -мна	relating to **зи́ма** winter
зле́ ми е	to be ill
значе́ние	meaning; importance;
няма значение	it doesn't matter
зна́чи	thus; so that means.; therefore

зна́я or **зна́м, зна́еш** (impf. only)	to know (a fact)
зри́тел, зри́телят	viewer
зъ́б, зъ́би (pl.)	tooth
зъболе́кар (m.), **зъболе́карка** (f.)	dentist

И

и	and
игра́	game; play; acting
игра́я, -а́еш; игра́х (impf. only)	to play (games etc.)
и́двам/дойда, -еш; -до́х, part. **дошъ́л, -шла́,** imp. **ела́**	to come;
и́двам/до́йда на го́сти	to visit; come as a visitor
идеа́лен, -лна	ideal
иде́я	idea
иди́, иде́те	*see* **оти́вам/оти́да**
из	in, around
и́зба	wine cellar
изби́рам/избера́, -е́ш; -бра́х	to choose, select
и́збор	choice
изведнъ́ж	suddenly
изве́стен, -тна	known, well-known
извиня́вам/извиня́, и́ш	to excuse
извъ́н	outside
извънре́ден	extraordinary, unscheduled
изгле́ждам (impf. only)	to appear, look
изгу́бвам/изгу́бя, -иш	to lose
изда́вам/изда́м, -даде́ш; -да́дох	to publish, release
издъ́ржам/издържа́, -иш	to hold out, stand
изка́рвам/изка́рам	to spend (time, period of time etc.)
изка́чвам се/изкача́, -иш се	to ascend, climb up
изка́чване	ascent, climb; climbing
изли́зам/изля́за, -ле́зеш; -ля́зох	to exit, go out
изли́там/излетя́, -и́ш; излетя́х	to fly out
изнена́да	surprise
изо́бщо	at all
изпи́вам/изпи́я, -и́еш, -пи́х	to drink up
изпи́чам/изпека́, -пече́ш; -пе́кох	to bake
изпра́щам/изпра́тя, -иш	to send
изпу́скам/изпу́сна, -еш	to miss, skip
изпълне́ние	performance, rendering
изтрезвя́вам/изтрезне́я, -е́еш; изтрезня́х	to sober up
изтри́вам/изтрия, -и́еш; -три́х	to wipe
изца́пвам/изца́пам	to stain
изча́квам/изча́кам	wait, hold on
изя́ва	manifestation, field of activity
изя́м	*see* **я́м**

ико́на icon
иконо́мика economy
или́ or
и́ма (3rd p. sing. only) there is, there exists
и́мам (impf. only) to have
и́ме, **имена́** (pl.) name
и́мен де́н, **и́менният де́н**, **и́менни дни́** (pl.) name-day
и́мидж image
импера́тор emperor
интензи́вен, **-вна** intensive
интере́сен, **-сна** interesting
интересу́вам се от не́що to be interested in something
информацио́нен, **-нно** relating to **информа́ция** information
и́скам/по- to want
испа́нски Spanish
истори́чески historical
исто́рия history
италиа́нец (m.), **италиа́нка** (f.) Italian

K

ка́звам се (impf. only) to be called;
  ка́звам се . . . my name is . . .
ка́звам/ка́жа, **-еш**; **ка́зах** to say; speak; tell
кайма́ minced meat
ка́к how;
  ка́к си? how are you?;
  ка́к така́ . . .? what do you mean with . . .?
ка́кто like, as, just as
ка́л (f. or m.) mud
календа́р calendar
ка́мък stone
ка́ня, **-иш/по-** to invite
капа́к lid, bonnet
ка́рам (impf. only) to drive
карие́ра career
ка́рта map; card;
  бо́рдна ка́рта boarding card
карти́на picture
ка́са cash-desk; box office
катастро́фа road accident
като́ as, like
кафе́ café; coffee
кафя́в brown
ка́цам/ка́цна, **-еш** to land
ка́цане landing
ка́чвам се/кача́, **-иш се** to ascend, climb up; mount
кашкава́л yellow cheese
кварта́л city region, quarter
кварти́ра lodgings, apartment
кеба́пче grilled meatball
килогра́м kilo
киломе́тр kilometre
ки́но cinema
ки́сел sour;
  ки́село мля́ко yogurt
кла́са class
класа́ция ranking
кла́сика classics
клие́нт customer
кли́ника clinic
кло́н branch;
  кло́ни (pl.) of a tree;
  кло́нове (pl.) of a business etc.

кни́га	book
книжа́рница	bookshop
кога́	when, at which time
кога́то	when, at the time which
кола́	car
ко́ла, ко́ка-ко́ла	Coca-Cola, Coke
коле́га (m.), **коле́жка** (f.)	colleague
Ко́леда	Christmas
коле́кция	collection
ко́лко	how many; how much
комбина́ция	combination
коменти́рам	to comment
компа́ктдиск, компа́кт-дискове (pl.)	CD
компа́ния	company, companionship
компле́кс	compound, complex
компле́кт	set
компози́ция	composition
компю́тър	computer
ко́н, ко́нят, коне́ (pl.)	horse
конку́рс	contest
ко́нник	horseman, rider
консумати́в (usually pl.)	(office) supplies
конта́кт	contact
конфере́нция	conference
конце́рт	concert
ко́пие	lance
ко́пър	dill
кори́ца	(book) cover
ко́ст (f.)	bone
костю́м	costume; suit
кра́ен, -а́йна	last, final;
в кра́ен слу́чай	as a last resort
кра́й, кра́ища	land, region
кра́к, крака́ (pl.)	leg; foot
краси́в	beautiful
красота́	beauty
кра́ставица	cucumber
кра́тък, -тка	short, brief
кра́чка	step
кре́дит	credit
кре́нвирш	Frankfurter, hot dog
кре́пост	fortress
кри́пта	crypt
кро́на	krone/krona (monetary unit)
кръвно наля́гане (for short: **кръвно**)	blood pressure
кръсто́вище	crossroads
кръстосло́вица	crossword
култу́ра	culture
култу́рен, -рна	relating to culture; cultural
ку́п	bunch, pile
купо́н (colloq.)	party, gathering;
купо́нът тече́	the party goes on
купу́вам/ку́пя, -иш	to buy
куро́рт	resort, holiday village
ку́рс	course; class (of a given year)
кути́я	can; box
ку́хня	kitchen; cuisine

ку́че dog
къде́ where, at what place
къде́то where, at which place
към towards, in the direction of, to
късметли́я lucky fellow
къ́сно late
къ́ща house

Л

лв. *see* **ле́в**
ле́в lev, Bulgaria's monetary unit
легло́ bed
ле́к (adj.) light
ле́кар, ле́карят doctor
ле́ля (maternal) aunt
ле́сен, -сна easy
летен, ля́тна, ле́тни summerly, relating to summer
лети́ще airport
ли question particle
ли́пса lack
ли́псва ми не́що (impf., 3rd p. only) to miss something
ли́псвам (impf. only) to be lacking;
  ли́псваш ми I miss you
ли́ра pound;
  англи́йска ли́ра pound sterling
ли́тър litre
ли́фт cable car
личи́ си (impf., 3rd p. only) it tells, one can tell
ли́чно personally
ловя́, -и́ш/за- to fish, hunt for; catch
ло́ш bad
ло́шо ми е to feel ill
лу́к onion
луксо́зен, -зна luxurious
лъ́в, лъвъ́т lion
лъ́ч, лъчи́ ray
люби́тел amateur, enthusiast
любо́в (f.) love
любопи́тен, -тна curious
ля́то, лета́ (pl.) summer

М

магази́н shop, department store
ма́й it seems
ма́йка mother
максима́лен, -лна maximal, high
ма́лко a little
ма́лък, -лка small
ма́ркетинг marketing
мару́ля cos lettuce
маршру́т route, itinerary
ма́са table
масло́ butter
ма́ч football (soccer) match
меда́л medal
между́ between
мело́дия melody
меню́ menu
ме́сец month
месо́ meat
места́ *see* **мя́сто**
мечта́ dream, reverie
мечта́я, -а́еш; -та́х to dream, daydream

микробу́с	van
ми́л	dear, beloved
мина́вам/ми́на, -еш	to pass
ми́нал (adj.)	past
минера́лен,-лна	mineral
ми́нибар	minibar
ми́нус	minus
мину́та	minute
миризма́	smell
ми́сля, -иш (impf. only)	to think, consider
мла́д	young
младе́ж	boy, young man
мля́ко	milk
мно́го	much, a lot; very
моби́лен телефо́н or **мобифо́н**	mobile phone, cellphone
мо́га, мо́жеш; можа́х	to be able to
моде́л	model
мо́ден, -дна	fashionable, fashion
моде́рен, -рна	modern
мо́же (3rd p. sing. only)	it is possible that
мо́лив	pencil
мо́ля	please; you're welcome, don't mention it
моме́нт	moment
моми́че	girl
момче́	boy
море́	ocean; sea
мо́ст	bridge
мра́чен, -чна	dark; sinister
музе́й	museum
му́зика	music
музика́лен, -лна	musical
музика́нт	musician
мусака́	moussaka
му́скул	muscle
мъж, мъжъ́т, мъже́ (pl.)	man; husband
мълча́, -и́ш, мълча́х	to be silent
мълча́ние	silence
мя́сто, места́ (pl.)	place

Н

на	at; on; to
набли́зо	close by
на́вик	habit
навре́ме	in time
наго́твям/ наго́твя, -иш	to cook (in great quantities)
награ́да	prize
над	over
надо́лу	down; downwards
надя́вам се (impf. only)	to hope
надя́сно	to the right
на́ем	rent;
под на́ем	for rent
наздра́ве	cheers!
наизу́ст	by heart
наи́стина	really, in fact
накра́я	at last, finally
нала́га се (3rd p. only)	to become necessary
нали́	for forming tag questions: isn't it, doesn't it
нали́вам/нале́я, -е́еш; наля́х	to pour (liquids)
наля́во	to the left
наля́гане	pressure

нами́рам се (impf. only)	to be located
нами́рам/ наме́ря, -иш	to find
напи́тка	drink, beverage
напи́ша	*see* **пи́ша**
напра́во	straight ahead
напра́вя	*see* **пра́вя**
напри́мер	for instance
напълно	completely, fully
напълня́л, -е́ли	having gained weight
наро́д	people, nationality
наро́ден, -дна	folk, people's;
наро́дна пе́сен	folk song
наря́зан	cut-up, chopped;
наря́зан на си́тно	finely chopped
наса́м	this way, hither
насо́чвам/ насо́ча, -иш	to point, direct
настаня́вам/ настаня́, -и́ш	to lodge, accommodate
настрое́ние	mood
настъпвам/ настъ́пя, -иш (mostly 3rd p.)	to come, set in
нау́ча	*see* **у́ча**
национа́лен, -лна	national
нача́ло	beginning
на́чин	manner, way
не	no; not
небе́, небеса́ (pl.)	sky; heaven
недово́лен, -лна	dissatisfied
недоста́тък	flaw, defect

не́ка	exhortative particle, let's
не́мски	German
неоча́кван	unexpected
непра́вилен, -лна	wrong, incorrect
непракти́чен, -чна	impractical; clumsy
непреме́нно	definitely, absolutely
неприя́тен, -тна	unpleasant
непуша́ч	non-smoker
не́рвен, -вна	irritable, moody
нетърпе́ние	impatience
неумо́рно	tirelessly
не́що, неща́ (pl.)	thing, matter
ни́кога	never
ни́къде	nowhere
ни́то	neither
но́	but
но́в	new
новина́	piece of news
но́мер, номера́ (pl.)	size; number
номери́рам (impf. only)	to number
норве́жки	Norwegian
норма́лен	ordinary, regular; normal
но́с, носъ́т, носове́ (pl.)	nose
но́ся, -иш	to bring, carry
но́щ (f.)	night
ну́жда	need
ну́жен, -жна	necessary
ну́ла	nil, zero
ня́колко	some, a number of
ня́къде	somewhere, to somewhere

ня́ма (3rd p. sing. only) there isn't;
ня́ма за какво́ there is no reason to . . .
ня́мам not to have, negative form of **и́мам** to have;
ня́мам ни́що проти́в to have no objections

O

оба́ждам се/ оба́дя, -иш се to call, make a call on
о́бед *see* **обя́д**
обедине́ние union, unification
обединя́вам/ обединя́, -иш to unite, join
обе́кт object
обеща́вам/ обеща́я, -а́еш; -а́х to promise
обзаве́ден furnished
обика́лям/ обиколя́, -и́ш to walk around, circle
обикнове́н common, plain, ordinary
обикнове́но usually
обико́лка round, round trip
оби́чам to love, like
о́блак cloud
о́блачен, -чно cloudy
о́блачност (f.) cloud cover
обли́звам/ обли́жа, -иш; -ли́зах си пръ́стите to lick one's fingers, lick one's chops
ободре́н exhilarated, elated
обра́тен, -тна opposite
обсъ́ждам/ обсъ́дя, -иш to discuss
обу́вка shoe
о́бщ common
объ́рквам се/ объ́ркам се, to get mixed up get lost
обя́д or **о́бед** lunch; midday
обя́двам (impf. only) to have lunch
обясне́ние explanation
обясня́вам/ обясня́, -и́ш to explain
огладня́вам/ огладне́я, -е́еш; -дня́х to become hungry
ока́звам се/ ока́жа, -е́ш се; ока́зах се to turn out to be
океа́н ocean
око́, очи́ (pl.) eye
омле́т omelette
опа́шка queue
о́пера opera
о́перен, -рна relating to opera
опи́твам/ опи́там to try, test
опла́квам се/ опла́ча, -еш; -пла́ках се to complain
опозна́ваме се/ опозна́ем се (usually pl.) to get to know one another
определе́н certain, definite
опроверга́вам/ опроверга́я, а́еш; -а́х to refute
оптими́ст (m.), **оптими́стка** (f.) optimist
организи́рам (impf. and pf.) to organise

ориенти́рам се (impf. only) to find one's way
осве́н except
освобожде́ние liberation
ослепи́телен, -лна blinding
оста́вам/оста́на, -еш to remain, stay behind
оста́вям/оста́вя, -иш to leave behind
от from, out of; by
отва́рям/отво́ря, -иш to open
отгова́рям/отгово́ря, -иш to answer, reply
отде́лям/отделя́, -и́ш to set aside, reserve
оти́вам/оти́да, -еш, -ох, part. **оти́шъл, -шла**, imp. **иди́** to go
оти́ване trip out
отка́звам се/отка́жа, -е́ш; -ка́зах се to give up; refuse, decline
отко́лкото than
откра́днал stolen
откри́вам/откри́я, -и́еш; -кри́х to discover; open
откри́ване opening
открове́н open-hearted, sincere
откъде́ from where
отли́чен, -чна excellent
отля́во from the left
отно́во again, anew
отноше́ние relation, relationship
отпа́днал feeble, weak
о́тпуска holiday, vacation
отсре́ща opposite
отстъ́пка price reduction
отта́м from there
отту́к from here
офе́рта offer
о́фис office
официа́лен, -лна official
оча́ква се (3rd p., impf. only) to be expected
оча́кване expectation
очеви́дно apparently
очи́ *see* **око́**
о́ще more; still, yet

П

паза́р market
пазару́вам (impf. only) to shop
па́к again
паке́т carton, package
пала́тка tent
па́лма palm tree
па́ля, -иш to ignite
па́метник memorial
пансио́н board; **пълен пансио́н** full board
пантало́н pair of trousers
пари́ (pl.) money
па́рк park
па́ркинг car park
па́рно central heating
парче́ piece, chunk
паспо́рт passport
па́ста за зъби toothpaste
патладжа́н aubergine, eggplant
пацие́нт (m.), **пацие́нтка** (f.) patient
певе́ц, певци (pl.) singer
пе́ене singing
пе́йка bench

пека́, **пече́ш**; **пе́кох/из-**	to roast, bake;
пека́ се на слъ́нце	to sunbathe
перио́д	(time) period
пе́сен, **пе́сни** (pl.)	song
пе́ш or **пеша́**	on foot
пе́я, **пе́еш**; **пях/из-**	to sing
пи́ене	drink, drinking
пие́са	play, stage play
пи́лешки (adj.)	chicken
пи́лешка су́па	chicken soup
писмо́	letter
пи́там/попи́там	to ask
пи́ца	pizza
пицари́я	pizza restaurant
пиша, **-еш**; **пи́сах/на-**	to write
пи́я, **пи́еш**; **пи́х**	to drink
пла́ж	beach
пла́н	plan
планина́	mountain
плани́рам (impf. and pf.)	to plan
плато́	plateau, high plain
платя́, **-и́ш/за-**	to pay
пле́ме, **племена́**	tribe
пло́д	fruit (pl. **плодове́** corresponds to the English coll. noun)
площа́д	(city) square
плу́ване	swimming
плю́с	plus
по	according to; along;
по поръ́чка	according to order;
по при́нцип	in principle
побе́да	victory
по́вече	more
пови́квам/пови́кам	call, send for
повръ́щане	vomiting
погле́ждам/погле́дна	to take a look at, glance at
под	under
пода́вам/пода́м, **-даде́ш**; **-да́дох**	to hand over
пода́рък	gift
подго́твям/подго́твя, **-иш**	to prepare
подзе́мен, **-мна**	underground
по́длез	(pedestrian) underpass
подо́бен, **-бна**	similar;
ни́що подо́бно	nothing of the kind
подпра́вка	spice, condiment
подро́бно	in detail
поду́хва/поду́хне (3rd p. only)	to blow
подходя́щ	matching, suitable
пожа́р	fire
позна́вам	to know, be acquainted with
позна́т (m.), **позна́та** (f.)	acquaintance
позна́я, **-а́еш**; **позна́х** (pf. only)	to guess
поискам	*see* **и́скам**
пока́звам/пока́жа, **-еш**; **-ка́зах**	to show
пока́нен	invited
покра́й	along
по́лет	flight
полити́к	politician

поли́тика	politics; policy
полити́чески	political
полови́н	half, one half;
полови́н килогра́м	half a kilo
полови́на	half, half part;
ше́ст и полови́на	half past six
полуо́стров	peninsula
получа́вам/ полу́ча, -иш	to receive, get
пома́гам/ помо́гна, -еш	to help
поми́слям/ поми́сля, -и́ш	to think over
по́мня, -иш (impf. only)	to remember
по́мощ (f.)	help
поне́	at least
поня́кога	sometimes
по́п, по́п му́зика	pop music
пора́двам се (pf. only)	enjoy;
пора́двам се на не́що	to enjoy something
портока́л	orange (fruit)
поръчвам/ поръчам	to order
поръчка	order, request
посеща́вам/ посетя́, -и́ш	to visit
посеще́ние	visit
по́-ско́ро	sooner, rather
по́сле	later
после́ден, -дна	last
посо́ка	direction
посре́щам/ посре́щна, -еш	to meet (someone arriving)
поста́вям/ поста́вя, -иш	to put, place
постоя́нно	continuously
построя́вам/ построя́, -и́ш; -я́х	to build
постъпвам/ постъ́пя, -иш	to act, take action
потвържда́вам/ потвърдя́, -иш	to confirm
по́чвам/по́чна, -еш	to begin (= **запо́чвам/ запо́чна**)
почерня́л, -е́ли	tanned
почи́вам/почи́на, -еш	to rest
почи́вен, -вна	relating to rest;
почи́вен де́н	holiday, day off
почи́вка	holiday, rest, break
почита́тел	devotee
почти́	almost
почу́вствам се	*see* **чу́вствам се**
по́ща	mail
появя́вам се/ появя́, -и́ш се	to appear, come about
пра́в	right, correct
правосла́вен	Orthodox
пра́вя, -иш/на-	to make, do
пра́зник	holiday; celebration
пра́зничен, -чна	relating to holidays; festive
празну́вам (impf. only)	to celebrate
пране́	washing
пра́скова	peach
пра́х	powder; dust;
пра́х за пране́	washing powder

пра́щам/пра́тя, -иш	to send, dispatch;
пра́щат ме за зеле́н хайве́р	I'm being led up the garden path (lit. 'I'm being sent out for green caviar')
преваля́ва/превали́ (3rd p. only)	to rain occasionally, in the form of showers
преви́вам се/превия, -и́еш; -ви́х се	to bend over
пре́вод	translation
пре́воден, -дна	translated
пре́глед	examination
прегле́ждам/прегле́дам	to look through, review; examine
пред	in front of, before
преда́ване	broadcast, radio/televison programme
предви́д:	
и́мам предви́д	to have in mind
предви́ждам/предви́дя, -иш	to foresee
преди́ да (conj.)	before
преди́ (adv., prep.)	earlier; before
преди́мно	mostly
предла́гам/предло́жа, -иш	to offer, suggest
предложе́ние	offer, suggestion
предпола́гам/предполо́жа, -иш	to suppose
предпочи́там/предпочета́, -е́ш; -че́тох	to prefer
предста́вям си/преста́вя, -иш си	to imagine
предста́вям/предста́вя, -иш	to introduce
предстоя́, -и́ш (impf. only)	to be imminent, at hand
предупрежда́вам/предупредя́, -иш	to warn
през	through, in (when used in time expressions)
президе́нт	president
Президе́нтст-вото	the Presidential offices
прекале́но	too, too highly
преме́рвам/преме́ря, -иш	to measure, try on for size
преме́ствам се/преме́стя, -иш се	to move house
пре́сен, пря́сна, пре́сни	fresh
преси́чам/пресека́, -сече́ш; -ся́кох	to cross
прете́глям/прете́гля, -иш	to weigh (something)
преумо́ра	over-exhaustion

пре́ход	hike, walk
преценя́вам/ преценя́, -и́ш	to assess, judge
при	at
приби́рам се/ приберá, -éш; -брáх се	to retire, go home
приближáвам се/приближá, -и́ш се	to near, approach
привлекáтелен, -лна	attractive
пригóтвям/ пригóтвя, -иш	to prepare
прие́мам/ прие́ма, -еш; прие́х	to accept
приемли́в	acceptable
признáвам/ признáя, -áеш; -знáх	to admit
прии́сква ми се/прии́ска ми се	to get a desire for
приклю́чвам/ приклю́ча, -иш	to come to an end
приклю́чване	finishing, completion
приключе́ние	adventure
при́нцип	principle
припáдам/ припáдна, -еш	to faint, swoon
природа	nature
присти́гам/ пристигна, -еш	to arrive
притесня́вам се/притесне́я, -е́еш се	to worry, feel nervous about
причи́на	reason
прия́тел прия́телка	friend; girlfriend
прия́телски	friendly
прия́тен, -тна	pleasant
прия́тно ми е	pleased to meet you (stock phrase at introductions)
прóбвам/по-	to try, try on
пробле́м	problem
проверя́вам/ проверя́, -и́ш	check, try out
прогнóза	forecast, prognosis
прогрáма	programme
програми́ст	programmer
продáвам/ продáм, -даде́ш; -дáдох, imp. **-дáй**	to sell
продавáчка	saleslady, shop assistant
продължáвам/ продължá, -и́ш	to continue
прожéкция	showing (of a film)
прозóрец	window
прóлет (f.)	spring, springtime
прóлетен, -тна	relating to spring
проме́ням/ променя́, -иш	to change
промя́на, проме́ни (pl.)	change
пропу́скам/ пропу́сна, -еш	to miss, skip
прóсто	simply
проти́в	against
проце́нт	percent
прочетá	*see* **четá**

проявя́вам/ проявя́, **-и́ш**	to show, display, manifest
пръст, **пръсти** (pl.)	finger; toe
пря́к, **пря́ка**, **пря́ко**, **пре́ки**	direct, straight
пря́ка	cross street
публику́вам (impf. only)	to publish
пуло́вер	sweater
пу́ша, **-иш/из-**	to smoke
пъб	pub
пъдпъдъ́к	quail
пък	on the other hand
пълен, **-лна**	full
пъпеш	honeydew melon
първенство́	championship
пържен	fried
пържо́ла	cutlet
път (1), **пъти** (pl.)	time;
за пръв път	for the first time
път (2), **пътят**, **пътища** (pl.)	road
пътник	traveller; passenger
пъту́вам (impf. only)	to travel

Р

ра́бота	work
рабо́тен, **-тна**	relating to work
рабо́тя, **-иш/по-**	to work
ра́двам се/за-	to be happy about something;
ра́двам се на не́що	to enjoy something
ра́дио	radio
разби́рам/ разбера́, **-еш**; **разбра́х**	to understand;
разби́ра се	of course, naturally
разва́лям/ разваля́, **-и́ш**	to spoil
разви́тие	development
развлече́ние	entertainment, diversion
разгле́ждам/ разгле́дам	to have a look at, inspect
ра́зговор	conversation
ра́зказ	short story
разка́звам/ разка́жа, **-еш**; **-ка́зах**	to tell
разкъсан	scattered; torn
ра́злика	difference
разли́чен, **-чна**	different, various
разписа́ние	schedule
разпи́твам/ разпи́там	to question, interrogate
разруша́вам/ разруша́, **-и́ш**	destroy
разсе́ян	distracted
разхо́дка	stroll, walk
разхо́ждам се/ разхо́дя, **-иш се**	to stroll, go for awalk
разцве́т	flourishing
разчи́там (impf. only)	to rely (on **на**)
разширя́вам/ разширя́, **-и́ш**	to expand, widen
райо́н	area
раки́я	fruit brandy
ра́нен, **ра́нна**	early
ра́но	early
расте́ние	plant

реаги́рам (impf. and pf.)	to react
реа́кцията	reaction
реа́лен, **реа́лна**	real, realistic
редо́вно	regularly
режисьо́р	film director
резерва́т	reserve, preserve
резерва́ция	booking
резерви́рам	to book, reserve
резервоа́р	tank
река́	river
рекла́ма	advertisement
реклами́рам	advertise, promote
реле́ф	relief
религио́зен, **-зна**	religious;
религио́зна слу́жба	religious service
рели́гия	religion
република́нски	republican; nationwide (as relating to Bulgaria)
ре́сто	change, amount returned
рестора́нт	restaurant
ре́чник	dictionary
реша́вам/реша́, **-иш**	to decide; solve
реше́ние	decision
ри́ба	fish
риба́р	fisherman;
риба́рски	fisherman's
ри́мски	Roman
рису́вам/на-	to paint, draw
ритуа́л	ritual
ро́д	family, kin
роде́н	born
роди́на	motherland
роди́тел	parent
рожде́н де́н	birthday
ро́к	rock, rock and roll
ро́кля	dress
рома́н	novel
рома́нтика	romance
ното́нда	rotunda
руи́на	ruin
руло́	roll
ру́с	fair-haired
руса́лка	mermaid
ру́ски	Russian
ръка́, **ръце́** (pl.)	hand; arm
ря́дко	seldom

С

с (**със** before **с** or **з**)	with
сала́м	sausage
сала́та	salad
салфе́тка	napkin
са́м, **сама́**, **само́**, **сами́**	alone, by oneself
самоле́т	airplane
самостоя́телен, **-лна**	independent, self-contained
са́ндвич	(toasted) sandwich
сапу́н	soap
сва́тба	wedding
све́ж	fresh
свете́ц, **светци́** (pl.)	saint
свети́, **света́**, **свето́**, **свети́**	holy;
Света́ Мари́на	St Marina
све́тло-	light (as in **све́тлоси́н** light blue etc.)
свето́вен, **-вна**	worldwide
светофа́р	traffic light

сви́нска пържо́ла	pork chop, cutlet
свобо́ден, **-дна**	free, available
свъ́рзвам/свъ́ржа, **-еш**; **-рзах**	to connect
свъ́ршвам/свъ́рша, **-иш**	to come to an end, finish
свя́т, **светъ́т**	(the) world
сгра́да	building
сега́	now, at the moment
седа́лка	seat
се́дмица	week
се́дна	*see* **ся́дам**
седя́, **-и́ш/по-**	to sit, be seated
сезо́н	season
секрета́рка (f.)	secretary
се́лище	settlement, township
се́ло, **села́** (pl.)	village
семе́ен, **-ейна**	relating to family; married
семе́йство	family
се́нки	*see* **ся́нка**
серви́з	repair shop
серви́рам	to serve
сервитьо́р	waiter
серио́зен, **-зна**	serious
сестра́	sister
се́щам се/се́тя, **-иш се**	to recall, have something dawn on oneself
си́в	grey
сигна́л	signal
си́гурен, **-рна**	safe, sure, certain
си́гурно (adv.)	surely
си́лен, **-лна**	strong, potent
си́мвол	symbol
символизи́рам (impf. only)	to symbolise
симпати́чен, **-чна**	appealing, attractive
си́н, **синъ́т**, **синове́** (pl.)	son
си́н, **си́ня**, **си́ньо**, **си́ни**	blue
синопти́к	meteorologist
си́пя, **-еш**; **си́пах** (impf. only)	to pour (solids), serve
си́рене	feta cheese
си́тен, **-тна**	fine, fine-grained
ска́ (mostly plural **ски́**)	ski
скио́р	skier
ско́ро	soon
ску́чен, **-чна**	boring
скъ́п	expensive; dear
сла́б	weak, slight
сла́бост (f.)	weakness
сла́гам/сло́жа, **-иш**	to put, place
сле́д като (conj.)	after
след (prep.)	after
сле́двам	to follow
сле́дващ	following
следо́бед	afternoon; in the afternoon
сли́зам/сля́за, **сле́зеш**; **сля́зох**	to get off (bus, train), descend
сло́жа	*see* **сла́гам**
слу́жба	duty, service
служи́тел (m.), **служителка** (f.)	civil servant
случа́ен, **-а́йна**	(by) chance, coincidental
слу́чай	occasion, opportunity

слу́чва ми се не́що/слу́чи ми се не́що	something happens to me
слъ́нце	sun
слъ́нчев	sunny
сля́за	*see* **сли́зам**
сме́ням/сменя́, -и́ш	to change, switch
смехъ́т	*see* **смя́х**
сме́шен, -шна	funny, comical
сме́я, -е́еш; смя́х се (impf. only)	to laugh
смя́на	change, shift
смя́х, смехъ́т	laughter
снегъ́т	*see* **сня́г**
сни́мам/сне́ма, -е́меш; сне́х	to photograph
сни́мка	photograph
сно́щи	last night
сня́г, снегъ́т	snow
со́бствен	one's own, private
со́к	juice
со́л (f.)	salt
сола́риум	sunbed salon
спаге́ти (pl. only)	spaghetti
спа́лен ваго́н	sleeper, sleeping wagon
спа́лня	bedroom
специа́лно	especially
спече́лвам/спече́ля, -иш	to win
спе́шност	urgency, emergency
спирам/спра́, спре́ш; спря́х	to stop
спи́рка	(bus, tram) stop
списа́ние	journal, magazine
спи́сък	list, register
споко́ен, -о́йна	quiet
спо́мен	memory, recollection
спо́мням си/спо́мня, -и́ш си	to remember, recollect
спо́р	quarrel; discussion
споре́д	according to
спо́рт	sport
спо́ртен, -тна	sporting, relating to sport;
спо́ртна кариера	sports career
спорту́вам (impf. only)	to do sports
справо́чник	handbook, guidebook
спя́, спи́ш; спа́х	to sleep
сре́бърен, -рна (adj.)	silver
сред	amidst
среда́	surroundings, milieu
сре́ден, сре́дна	mean, median, middle
сре́ща	meeting; date
срещам/сре́щна, -еш	to meet (by appointment)
срещу́	opposite, facing; against
ст.	*see* **стоти́нка**
ста́ва (3rd p. only)	to happen
ста́вам/ста́на, -еш	to become; to get up, stand up
ста́нция	station
ста́р	old
стара́телно	diligently
стара́я, -еш; -ра́х се/по-	to make an effort

старобъ́лгарски	Old Bulgarian
ста́туя	statue
ста́я	room
сти́га с те́зи ше́ги	enough of these jokes
сти́гам/сти́гна, -еш	to reach, arrive at
сти́л	style
сто́ка	goods, merchandise
сто́л	chair
стоматологи́чна кли́ника	dental clinic
стома́х, стома́си (pl.)	stomach
стоно́жка	centipede
стоти́нка	1/100th of a **ле́в**, the currency of Bulgaria
стоя́, -и́ш, -я́х (impf. only)	to stand; remain
страна́	side; country
стра́нен, -нна	strange, peculiar
стра́ница	page
страхо́тен, -тна	terrible (*frequently*: formidable, colloq.)
стра́шно	awfully; very
стре́с	stress
стру́ва ми се, че	I think that, it seems to me that
стру́ва си да . . .	it's worth it to . . .
стру́вам (usually 3rd p., impf. only)	to cost
студе́н	cold
студе́нт (m.), **студентка** (f.)	student
су́ма	sum
су́па	soup
су́трин (f.)	morning; (adv.) in the morning, mornings;
сутринта́	in the morning, this morning
су́х	dry
сце́на	stage
сцени́чен, -чна	relating to stage;
сцени́чен и́мидж	stage image
съби́рам/ събера́, -еш; събра́х	to collect;
съби́раме се	(1st p. plural) to get together
събли́чам се/ съблека́, -ече́ш; съблеко́х се	to undress
съве́т	(piece of) advice
съве́твам/по-	to advise
съвре́менен, -енна	contemporary, modern
съгла́сен, -сна съм	to agree
съдба́	fate, destiny
съжале́ние	regret;
за съжале́ние	regrettably, unfortunately
съжаля́вам/ съжале́я, -е́еш; -ля́х	to be sorry, regret
създа́ване	creation, making
съмня́вам се (impf. only)	to doubt
съ́н, съня́т, съ́нища (pl.)	dream
сънў́вам (impf. only)	to dream (about)
съпру́г (m.), **съпру́га** (f.)	husband, spouse; wife, spouse

сърцé, **сърцá**	heart
със	*see* **с**
съсéден, **-дна**	neighbouring
съ̀щ(и) (adj.)	same
съществ́увам (impf. only)	to exist
съю́з	union
ся́дам/сéдна, **-еш**	to sit down
ся́нка, **сéнки**	shadow

Т

табéла	sign
такá	so, in that way;
такá ли	is that so?;
такá че	so, consequently, thus
такси́	cab, taxi
такъ̀в, **такáва**, **такóва**, **таки́ва**	such, of such character or kind
тáм	there
тáнц, **тáнци** (pl.)	dance, dancing
танцу́вам (impf. only)	to dance
тáтко	daddy
твъ̀рде	rather, much, very
твърдéние	claim
теáтър, **теáтри** (pl.)	theatre
тéкст	text
телá	*see* **тя́ло**
телеви́зия	TV, television
телеви́зор	television set
телефóн	telephone
телефóнен, **-нна**	relating to telephone
температу́ра	temperature
тéн	tan
терáса	terrace
тéст	test
тетрáдка	notebook, exercise book
техни́к	mechanic
техни́чески	technical
ти́score	

туристи́чески relating to tourist
турки́ня Turkish woman
ту́рчин, ту́рци (pl.) Turk
тъ́жен, -жна sad
тъ́кмо just, exactly
тъ́нък, -нка thin
тъп silly
търпели́в patient
тъ́рся, -иш/по- to look for, seek
тъ́ща mother-in-law (wife's mother)
тя́ло, тела́ body

У

у at, to (usually about a person or his/her home)
увелича́вам се /увелича́, -и́ш; -и́х се to increase
уверя́вам се/ уверя́, -и́ш се в не́що to become convinced of something
удо́бен convenient
удово́лствие pleasure
ужа́сен, -сна terrible
уи́кенд weekend
уи́ски whisky
ул. *see* **у́лица**
у́лица street
уме́рен moderate
уми́рам/умра́, -е́ш; умря́х to die
уморе́н tired
уника́лен, -лна unique
упа́дък decline
упла́швам се/ упла́ша, -иш се to become frightened
упражне́ние exercise
уро́к lesson
усе́щам/усе́тя, -иш to feel, sense
успе́х success
успокоя́вам се/успокоя́, -и́ш се to set one's mind at ease
успя́вам/успе́я, -е́еш; успя́х to manage to
уста́ mouth
у́тре tomorrow
у́тро morning
ухо́, уши́ (pl.) ear
у́ча, -иш/на- to learn; study
уче́бник textbook; **уче́бник по бъ́лгарски** textbook of Bulgarian
у́чен scientist, learned person

Ф

фа́кс fax (machine, message)
фи́гура figure
фи́лм, фи́лми (pl.) film, movie
фи́рма firm, company
фолкло́р folklore
фолкло́рен relating to folklore
фо́рум forum
фре́нски French
фре́ска fresco

Х

хайве́р caviar
ха́йде let's, come on
халка́ ring, wedding band

ха́н	khan
ха́пвам/ха́пна, -еш	to snack, have a bite
хара́ктер	character
харе́свам/ харе́сам	to like
харти́я	paper
ха́рча, -иш/по-	to spend
хва́ля, -иш се/ по- с не́що	to boast of something
хи́жа	chalet
хиподру́м	hippodrome, race track
хи́т	hit, pop song
хля́б	bread; loaf of bread
хо́дя, -иш	to go;
хо́дя на ку́рс	to go to lessons
хо́л	sitting room
хо́ра (pl.)	people
хороско́п	horoscope
хоте́л	hotel
хра́м	cathedral
хра́м-па́метник, хра́м-па́метникът	memorial cathedral
храна́	food
християнски	Christian
ху́бав	beautiful, fine
худо́жествен	relating to art
худо́жник	artist
ху́мор	humour
ху́н, ху́ни (pl.)	Hun

Ц

цве́те, цветя́ (pl.)	flower
цвя́т, цветъ́т	colour
цена́	price
це́нен, -е́нна	valuable
центра́лен, -лна	central
це́нтър, це́нтрове (pl.)	centre
цивилиза́ция	civilisation
ціга́ра	cigarette
цъ́рква	church
ця́л, -а, -о, це́ли	whole, entire

Ч

ч.	*see* **ча́с**
чадъ́р	umbrella
ча́й	tea
ча́к	only, not until
ча́кам/по-	to wait
ча́нта	bag, briefcase
ча́о (colloq.)	bye!
ча́с, часъ́т, часове́ (pl.)	hour
часо́вник	watch, clock
ча́ст (f.)	part
части́ца	part, particle
ча́ша	glass, cup
че (conj.)	that
черве́н	red
че́рен, -рна	black;
че́рен ча́й	plain tea
чере́ша	cherry
Черномо́рието	the Black Sea coast
че́рпя, -иш/по-	to treat someone to something
чести́т рожде́н де́н	happy birthday!
чести́то	congratulations!
че́сто	often
че́сън	garlic
чета́, чете́ш; че́тох/про-	to read
че́твърт	quarter (part)
чи́пс	crisps
число́	number, figure
чи́ст	clean

чове́к, **хо́ра** (pl.)	man, human being
чу́вам/чу́я, **чу́еш**; **чу́х**	to hear
чу́вствам се/по-	to feel
чу́вство	sense; feeling
чуде́сен, **е́сна**	wonderful
чу́дя, **-иш се/по**	to wonder
чужби́на	abroad
чуждене́ц (m.), **чужденци́** (pl.), **чужденка́** (f.)	foreigner
чу́шка	pepper fruit, bell pepper

Ш

шара́н	carp
шве́д, **шве́ди** (pl.)	Swede
шега́	jest, joke
шегу́вам се/по-	to joke, jest
ше́ф	boss
шка́ф	cupboard
шокола́д	chocolate
шо́пска сала́та	farmer's salad (with feta cheese)
шо́рти (pl. only)	shorts
шотла́ндец	Scotsman
Шотла́ндия	Scotland
шо́у	show
шу́м, **шумъ́т**	noise
шу́нка	ham

Щ

ща́нд	shop counter, stall
ща́стие	happiness
щастли́в	happy
ща́тски до́лар	US dollar
ще́дър, **-дра**	generous
що́м	as soon as

Ъ

ъ́гъл, **ъ́гли** (pl.)	corner

Я

я́бълка	apple
я́вен, **-вна**	obvious
я́года (usually pl.)	strawberry
я́дене	food; eating
язови́р	dam
я́м, **яде́ш**; **я́дох**, imp. **я́ж/из-**	to eat
я́сно ми е	it is clear to me; I understand
я́стие	dish, course

Index

The numbers given against each entry refer to the unit(s) where the relevant information is given.

Grammar

adjectives 2
  plural 5
  with articles 7
  comparison 6
adverbs 5
  comparison 6
aorist 11, 12, 13, 16, 17
article
  definite 3
  indefinite 5
  with adjectives 7
aspect 5, 13, 17

comparative 6
conditional 15

future tense 5
  aspect usage 17
  future in the past 15

imperative 4
  with indirect speech 7
imperfect 13, 15, 17
impersonal constructions 10, 12
indirect speech 7, 12
infinitive, lack of 1, 2, 6

negation 1
  double 3
  in future tense 5
  in the future in the past 15
  negation particle 1, 3, 7
nouns 2
  plurals 4, 5, 6
  vocative form 9
numerals 3, 4
  for masculine nouns denoting persons 9
  ordinal 10
  Roman 14

passive 12, 14
past participles, formation 14, 16
perfect 14, 16, 17
pluperfect 17
possessive pronouns 9, 11
prepositions 3, 5, 8
present tense
  formation 1, 2, 3, 7
  usage 11, 15, 16, 17
pronouns
  deictic 2, 9
  interrogative 8
  personal, direct object 3, 10
  personal, indirect object 6
  personal, subject 1

personal, word order 7
possessive 9
reflexive 11, 15
relative 8

questions 1, 3
in indirect speech 7

reflexive pronouns 11
reflexive verbs 12
reported verb forms 16, 17

superlative 6

Words and expressions

акó 15, 17

би́х 15
боли́ ме 10

в, във 3, 8
вали́ 13
вървя́ 8

горчи́ ми 10

да (conjunction) 6
да́м 6
де́н 6
до 8

еди́н 5
е́то 3

за 8
заку́свам 3
зле́ ми е 10
зна́я 6

и 10
и́ли 8
и́мам 1, 2, 13

ка́к да . . . 8
като́ 17
кога́то 17
кóй 8
кóйто 8
край 8
кра́к 10

ли 1
ло́шо ми е 10

мина́вам/ми́на 8
мо́га 9
мо́же 9

на 8
на сто́ 17
не 1
ни́що 3
ня́ма да 5
ня́мам 1, 2, 5, 13

обя́двам 3
о́нзи 9
от 8
оти́вам/оти́да 8

пи́е ми се 10
по 8
по́вече 6
покра́й 8
полови́н 6
полови́на 6
почи́вам (си)/почи́на (си) 17
преди́ да 17
през 8
при 8
проце́нт 17
пъ́т 6
пъту́вам 8

ръка́ 10

с, със 3, 8
са́мо 10
сво́й 11
се 12, 15
си (pronoun) 15
сле́д като 17
студе́но ми е 10
съм 1, 3, 11, 13
aorist 11
imperative 4
imperfect 13
perfect 14

то́пло ми е 10
то́чно 10
тръгвам/тръгна 8
тря́бва 9, 16

харе́свам 7

че 6, 12

ще 5
щом 17

яде́ ми се 10
я́м 3

Topics

apartment 2

books 5

cinema 11

days of the week 5

family 9

health 10
hotel 2

jokes 16

market 7
months of the year 7
name-day celebration 12
names 12
nationalities 1
newspapers 5

polite address 1

restaurant 3

shopping 6, 7

telephone 4
time 4
tipping 3
tourism 14, 17
travel 8, 14, 16

weather 13